U0919557

上海高校马克思主义理论高峰学科建设项目资助

上海大学马克思主义中国化研究丛书

戴维森的真之理论

戴益斌　著

中国社会科学出版社

图书在版编目（CIP）数据

戴维森的真之理论／戴益斌著．—北京：中国社会科学出版社，2022.2
（上海大学马克思主义中国化研究丛书）
ISBN 978 – 7 – 5203 – 9590 – 8

Ⅰ.①戴… Ⅱ.①戴… Ⅲ.①唐纳德·戴维森—语言哲学—研究 Ⅳ.①H0

中国版本图书馆 CIP 数据核字（2022）第 014267 号

出 版 人　赵剑英
责任编辑　喻　苗
责任校对　胡新芳
责任印制　王　超

出　　版　中国社会科学出版社
社　　址　北京鼓楼西大街甲 158 号
邮　　编　100720
网　　址　http://www.csspw.cn
发 行 部　010 – 84083685
门 市 部　010 – 84029450
经　　销　新华书店及其他书店

印　　刷　北京明恒达印务有限公司
装　　订　廊坊市广阳区广增装订厂
版　　次　2022 年 2 月第 1 版
印　　次　2022 年 2 月第 1 次印刷

开　　本　710 × 1000　1/16
印　　张　19.25
字　　数　306 千字
定　　价　99.00 元

《上海大学马克思主义中国化研究丛书》
编委会

总　序

中国共产党即将迎来建党100周年，这也是马克思主义“中国化”“化中国”的100年。100年来，中国共产党始终坚持马克思主义基本原理与中国革命、建设、改革的具体实践相结合，形成了一系列与时俱进的理论创新成果，深刻回答了什么是社会主义、怎样建设社会主义，建设什么样的党、怎样建设党，实现怎么样的发展、怎样发展，新时代坚持和发展什么样的中国特色社会主义、怎样坚持和发展中国特色社会主义等一系列重大课题；并带领中国人民从“站起来”走向“富起来”“强起来”，为解决人类共同问题提供了“中国智慧”和“中国方案”。迈入全球化、信息化、智能化时代，面对新的时代背景、新的实践基础和新的人民诉求，进一步梳理马克思主义中国化的进程和成果，深化马克思主义中国化研究，仍然是摆在我们面前的时代课题。

上海大学是一所具有“红色基因”的高等学府。1922年10月23日，国共两党合作创办了上海大学，成为中国共产党传播马克思主义、培养革命干部的重要舞台。瞿秋白、邓中夏、蔡和森等一大批早期共产党人曾任职上海大学，积极宣传、传播马克思主义，推动了马克思主义中国化的历史进程。今天的上海大学秉承老上海大学的红色传统，一直将马克思主义中国化、培养新时代的马克思主义者视为自己的神圣使命。上海大学马克思主义学院在此方面，自然更是肩负使命，责无旁贷。2015年，上海大学马克思主义学院获批上海市马克思主义理论学科发展同城平台、上海高校“马克思主义理论高原学科”，2016年获批上海市示范马克思主义学院，2018年获批上海高校“马克思主义理论高峰学科”和马克思主义理论研究智库，2019年获批上海市习近平新时代中国特色社会主义思想研究基地和上海市高水平地方高校重点创新团队。以上述平台为依托，学院组织力量，积极开展20世纪20年代上海大学马克思主义中国化的文献整理和研究，开展马克思主义中国化的历史、理论和实践研究，为推动马克思主义中国化贡献“上大力量”。

在多年的研究过程中，上海大学马克思主义学院在马克思主义中国化方面，逐渐形成了智能时代的马克思主义、马克思主义价值思想中国化、思想政治教育课改革与创新等特色研究方向，逐渐形成了与当年的红色传统遥相呼应的“上大特色”。特别是以上海高校马克思主义理论高峰学科建设为依托，正在努力探索马克思主义中国化的当代学术形态，并以之为特色灌注到学生培养的全过程，培育立场坚定、业务过硬、勇于担当的“时代新人”。

策划、出版这套《上海大学马克思主义中国化研究丛书》，正是上海大学马克思主义学院不忘初心，传承红色基因，推进当代马克思主义中国化的重要举措。我们衷心地希望，能够以更加开阔的胸怀，凝聚更多的力量参与这项工作，推出一系列重要成果，培育一大批时代英才，在今日的上海大学续写马克思主义中国化的新篇章。

孙伟平　邱仁富

2020年10月1日

目　　录

第一章
导　论

第一节　什么是真之理论(theories of truth)?[1]

顾名思义，真之理论是以真为研究主题的理论。两千多年以来，由讨论这个主题所形成的论文和著作已是汗牛充栋。因此，从现存的有关真的论文和著作中概括并讨论真之理论的所有内容是不可能的。目前，学界讨论真之理论的通用做法有两种。第一种做法首先确定真之理论研究的主要问题，然后就这些主要问题展开讨论。比如迈克尔·林奇（Michael P. Lynch）在其所主编的《真之本质：传统和当代的视角》这本论文集的序言中明确指出，本论文集主要关注两个问题：（1）真是否有任何潜在的本质?（2）如果有，这种本质到底是什么?[2] 第二种做法则试图在他人的真之理论的基础上，形成自己的真之理论。戴维森是这种做法的典型代表，他的真之理论是在讨论塔尔斯基真之理论的基础上形成的。直观上说，第一种做法更直接些，容易被学者们所接受；第二种做法的切入点简便些，可能会利于讨论的展开。当然，严格来说，第二种做法并没有回避“真之理论所研究的主要问题有哪些”这个问题，只不过这个问题不是由他本人回答的，而是由他所利用的真之理论回答的。

---

① 在本书中，如果引用的中文译者将“truth”译为“真理”，笔者统一将其改译为“真”，具体理由可参见王路先生于1999年在其翻译蒯因的《真之追求》所作的译者序。

② 参见 Michael P. Lynch（ed.），*The Nature of Truth*：*Classic and Contemporary Perspectives*，Cambridge：The MIT Press，2001，p. xi。

真之理论到底研究哪些问题呢？不同的学者对此有不同的看法。比如斯科特·索姆斯（Scott Soames）认为真之理论处理以下三件事情中的任何一件，非此即彼：（1）解释自然语言中的真之谓词；（2）为了某种深层次的还原主义的项目，用某种替代物替代这个谓词，经常使用形式化的定义；或者（3）为了更广泛的哲学目的，比如解释意义概念或捍卫这样或那样的形而上学的观点，使用某些在先的真之概念的理解。[①] 里查德·柯卡姆（Richard Kirkham）则认为真之理论希望回答的问题有八个，它们分别是：（1）什么是真？（2）某事物为真意味着什么？（3）我们使用的语词“真”和“假”是什么意思，（4）寻找“真之标准”，（5）提供有关真之用法的说明，（6）寻找“证据的标准”，（7）说明“句子的真之条件如何依赖于句子的结构”，（8）什么是陈述为真的必要充分条件？[②] 在笔者看来，虽然哲学家们对真之理论应具体回答哪些问题有不同的观点，但任何一个真之理论都应该回答“什么是真”这个问题。一方面，“什么是真”这个问题是真之理论的核心问题，不回答这个问题的真之理论很可能不是一个合格的真之理论。另一方面，我们也很难设想一个合格的真之理论不解释“什么是真”。

以索姆斯的观点为例。在索姆斯概括的三件事情中，第一件事情与“什么是真”这个问题直接相关，解释自然语言中的真之谓词也就是在解释真是什么意思、什么是真；第二件事情，用某种替换物替代真，也就是将真还原为另一个基础概念，并用其解释真；用形式化的方法定义真，主要是以逻辑的方式定义真，这也是在解释什么是真；而要想完成第三件事情，学者们也必须首先理解什么是真，然后才可能利用这种理解从事其他更广泛的哲学事业。

当然，在不同时代，“什么是真”这个问题可以有不同的表述方式。在传统哲学视域中，这个问题通常被表述为“什么是真的本质”；在当代分析哲学中，由于语言的转向，这个问题则经常被表述为“真”这个语

---

① 参见 Scott Soames，“What is a Theory of Truth?”，*The Journal of Philosophy*，Vol. 81，No. 8，1984，p. 411。

② 参见 Richard Kirkham，*Theories of Truth*：*A Critical Introduction*，Cambridge，MA：MIT Press，1995，p. 2。

词是什么意思？或者说，一个句子是真的意味着什么。等等。也就是说，虽然可能哲学家对“什么是真”这个问题有不同的提问方式，但其实质精神是一致的。

第二节　戴维森真之理论的主要内容

戴维森的真之理论是在塔尔斯基的真之理论上形成的，有些学者据此认为戴维森没有他自己的真之理论。柯卡姆是其中的代表之一。为了支持这种观点，柯卡姆首先区分了计划（projects）与纲领（programs）：纲领一般直接地与人类问题或兴趣相关，而计划能够获得意义，因为它能够应用于更广泛的哲学事业，这个更广泛的哲学事业被称为纲领。[①] 换句话说，纲领比计划涉及的范围更广，计划可以被看作解决纲领的工具。

紧接着，柯卡姆说道：“费尔德、戴维森、达米特正在从事更为广泛的哲学纲领，他们的工作关注于是否有某人的真之理论能够被用来服务于这样或那样的纲领。”[②] 我们不讨论费尔德和达米特的情况。柯卡姆认为戴维森是在从事更为广泛的哲学纲领，这个评价是正确的。我们一般将戴维森的这个更为广泛的哲学纲领称为意义理论，或者比意义理论更为广泛的哲学纲领，即他的统一理论。为了从事这样的纲领，戴维森的确在寻找是否有某种合适的真之理论可以为之服务，并且随后发现，塔尔斯基的真之理论可以用来从事这样的纲领。问题在于，这是否意味着戴维森没有自己的真之理论呢？柯卡姆的答案是很肯定的。在他看来，既然戴维森利用的是塔尔斯基的真之理论，那么他的真之理论就应该归功于塔尔斯基；因此，认为戴维森拥有自己的真之理论是错误的。

在笔者看来，柯卡姆的结论站不住脚。戴维森的确利用了塔尔斯基的真之理论，但他并没有毫无保留地使用塔尔斯基的真之理论。在《真与意义》这篇论文中，戴维森最早提出了利用塔尔斯基的真之理论从事意义理论的基本想法。但是，即使在这篇论文中，戴维森仍然对塔尔斯

---

① Richard Kirkham, *Theories of Truth: A Critical Introduction*, Cambridge, MA: MIT Press, 1995, p. 38.

② Ibid.

基的真之理论做出了修改。事实上，柯卡姆在讨论戴维森的意义理论时，也承认戴维森至少从四个方面修改了塔尔斯基的真之理论。[①] 很明显，我们不能将戴维森对塔尔斯基真之理论的修改视为塔尔斯基真之理论自身的内容，这些内容只能被视为戴维森自己的观点。事实上，如果考虑到戴维森在 20 世纪 70 年代以后，对“什么是真”这一问题所做的思考，就会很清楚地发现，戴维森的观点完全超出了塔尔斯基的真之理论所能解释的内容。因此，仅仅因为戴维森利用了塔尔斯基的真之理论就否认戴维森拥有自己的真之理论，这种观点有失公允。[②]

柯克·路德维希（Kirk Ludwig）在其主编的《唐纳德·戴维森》一书中概括出戴维森的真之理论的两个恒定主题：（1）真不能被还原为其他更基本的概念；（2）“真”是一个实质概念（a substantive concept）。[③] 路德维希的这个总结包含两层意思：其一，戴维森的真之理论曾发生过改变；其二，虽然戴维森的真之理论发生过改变，但有两个基本主题保持不变。在这两层意思中，重要的是路德维希的第二层意思。

在笔者看来，路德维希概括的这两个主题简练地总结了戴维森真之理论的主要论点。关于第一个主题，真无法还原为其他更基本的概念，这个论点实际上来源于戴维森的另一个更为核心的观点，即真是一个初始概念。正因为真是一个初始概念，所以它才不能被定义，也不能被还原为其他更基本的概念。当然，严格来说，戴维森并没有证明真是一个初始概念，这个观点只是戴维森的假设。但需要注意的是，这个假设并不是一个随意的假设。戴维森从塔尔斯基的真之理论中发现，既然我们不能定义真，并且，塔尔斯基真之理论的工作依赖了对真之概念的直觉，那么我们有理由认为真是一个初始概念，即每个人对真都有一种先在的理解。这是很多学者将戴维森的真之理论视为真之初始论（primitivism）

① 参见 Richard Kirkham, *Theories of Truth: A Critical Introduction*, Cambridge, MA: MIT Press, 1995, pp. 230 – 237。

② 考虑到塔尔斯基的真之理论在当代哲学界产生的巨大影响，我们会很清楚地发现，塔尔斯基之后的哲学家在讨论真时，已经很难忽视塔尔斯基的这项工作。但这并不意味着其他哲学家不能在塔尔斯基真之理论的基础上，发展出新的类型的真之理论。

③ 参见 Kirk Ludwig, *Donald Davidson*, New York: Cambridge University Press, 2003, pp. 11 – 12。

的原因所在。因此，我们倾向于将路德维希总结的第一个主题修改为真是一个初始概念。

关于第二个主题，戴维森认为真是一个实质概念，从哲学史上看，这个论点并不是一个新论点。事实上，除紧缩论之外，基本所有其他类型的真之理论都认为真是一个实质概念，比如符合论认为真的本质在于与事实相符，实用主义者认为真的本质在于其效用，它们都承认真具有实质属性。戴维森与众不同的地方在于，他认为我们不能像符合论者、实用主义者所做的那样将真抽离出来，单独研究真的本质问题。在他看来，研究真的本质问题应该从真与其他心理—语义概念之间的关系入手，从真与这些概念之间的联系中寻找真的本质。这些心理—语义概念包括意义、信念、价值、合理性等。

戴维森的这两个论点之间有着紧密的联系。一方面，正因为真是一个初始概念，所以戴维森才认为单独研究真的本质问题是不可能的，因为任何将真抽离出来进而研究真的努力都会涉及它本身，因此他主张从真与其他概念之间的联系中发现真的本质；另一方面，由于真与其他心理—语义概念之间存在着紧密联系，单独研究真的本质问题是不可取的，这在一定程度上也可以证实真是一个初始概念，它不能被还原为其他更基本的概念。

戴维森下面的这段话体现了他对真之理论的基本态度，并且可以间接地说明他为什么会持有这两个论点。

> 我们对真之概念之所以感兴趣，只是因为存在真可以应用于其上的关于世界的现实对象和状态：言语、信念状态、标记。如果我们不理解这些实体是真的是什么意思，我们就不能刻画这些状态和事件的内容。因此，除了形式化的真之理论外，我们还必须阐明真是如何述谓这些经验现象的。①

---

① Donald Davidson, "The Folly of Trying to Define Truth", *The Journal of Philosophy*, Vol. 93, No. 6, 1996, pp. 276 – 277. 这篇论文后来也收录在戴维森的论文集《真、语言和历史》之中，但略有改动。如无特殊注明，后文的引用皆出自期刊中的论文。

这段话中至少包含以下三层意思。首先，戴维森指出，我们之所以研究真，是因为真之概念可以应用于言语（utterances）、信念、标记等这些现实对象和状态。这些现实对象或状态一般被统称为真之载体。其次，要想理解这些状态和事件的内容，说明它们的特点，我们必须知道这些状态和事件是真的是什么意思。最后，虽然塔尔斯基的真之理论从形式化的角度很好地刻画了真之概念的主要特征，但形式化的真之理论是不够的，因为我们关注真的目的在于说明真之概念是如何被应用在经验现象之上的。综合这三层意思，戴维森实际上为真之理论指明了一个研究方向，即通过研究形式化的真之理论如何被应用在经验现象之上揭示真之概念的本质。

笔者认为，戴维森主张从研究形式化的真之理论如何被应用于经验现象之上揭示真之概念的本质可以说明他为什么会认为真是一个初始概念和真是一个实质概念。如果真不是一个实质概念，没有自己的本质，那么它就不会应用在经验现象之上；如果真不是一个初始概念，那么我们就没有必要从研究它如何应用在经验现象之上揭示它的本质，因为在这种情况下，为其寻找某种更为基础的替代物可以更好地说明它的本质。

综上所述，在把握戴维森的真之理论时，需要明确的是，在戴维森的理解中，真是一个初始概念，并且真是一个实质概念。本书的讨论也将始终围绕这两个论点展开。

第三节　本书的结构

本书围绕戴维森真之理论的两个核心论点展开，主要分为三个部分。

第一部分内容包括第二章、第三章和第四章。在这三章中，我们将首先讨论他的第一个论点，即真是一个初始概念。在这部分内容中，一个历史的视角是需要的，因为相关文献可以证明，戴维森并非从一开始就认为真是不可定义、不可还原的，真之初始论经历过一系列过程。

戴维森的第二个论点即真是一个实质概念将在第二部分得到详细的阐述，包括第五章、第六章、第七章和第八章这四章内容。由于真是一个实质概念这一论点是戴维森通过研究真与其他概念之间的关系得出的，本书也将在此部分着力讨论真与其他概念之间的关系。戴维森认为，真与许多其他概念之间存在紧密关系；但毫无疑问的是，真与意义、真与解释、真与信念，以及真与合理性之间的关系是他讨论的重点。本书第二部分的四章内容即是围绕这四组概念展开论述的。

第三部分内容主要讨论的是戴维森与其他哲学家之间的争论，以及戴维森对其他类型的真之理论之间的批评，包括第九章、第十章和第十一章这三章内容。戴维森的批评者众多，他对其他类型的真之理论的批评也很多。详细讨论戴维森每一位对手的观点既不可能，也可能是不必要的。唯此，本书只能人为地设定一个标准，即只讨论戴维森本人与其有过直接交锋的重要批评者。依据此标准，我们可以选取的重要哲学家大概有以下几位：罗蒂、霍维奇（Paul Horwich）、普特南、达米特。事实上，这几位哲学家大致也可以代表不同的哲学立场。罗蒂代表的是真之实用论；霍维奇则是真之紧缩论的代表人物；普特南在相当长的一段时间内是实在论的代表人物；而达米特则持有反实在论立场。这几种立场大概覆盖了当代哲学领域中几种主流的真之理论。因此，在一定程度上，我们可以认为，讨论戴维森与他们之间的争论以及戴维森对他们的批评实际上相当于讨论戴维森的真之初始论与其他几种主流的真之理论之间的争论。这也是本书选择将这几位哲学家作为戴维森竞争对手的另一个重要动机。

需要注意的是，本书的这种安排在一定程度上可以说只是一种权宜之计。因为根据前文的论述，戴维森的两个核心论点之间存在紧密联系，很难将二者截然区分开来。这意味着，我们不可能在谈到真是一个初始概念的时候，完全撇开真是一个实质概念这一论点。反过来亦是如此。在讨论戴维森的批评者时，也会出现这种情况。我们不可能在谈到戴维森的核心论点时，不考虑批评者的意见；也不可能在处理戴维森与其他人的交锋过程中，不涉及戴维森的核心论点。但从另一个角度上看，这种讨论方式可能最符合戴维森的精神内核。因为戴维森坚持整体论的思考方式，不仅在思考意义问题时是如此，在讨论真与行动、解释、信念、合理性等之间的关系问题时也是如此。这意味着，在戴维森的思想框架中，不同问题之间是相互关联的。在安排本书的内容结构时，笔者也遵从戴维森的这种理解思路。

第二章
真与符合、满足

在哲学史上，真之符合论可能是讨论最多的一种真之理论。它历史悠久，而且极具生命力。一般而言，学界会谈到两种不同意义上的符合论，即广义上的符合论与狭义上的符合论。

根据沃尔夫冈·加莱尼（Wolfgang Künne）的观点，通过区分符合内容的不同，可以将广义的符合论区分为“以‘事实’为基础（fact - based）的符合论”和“以‘对象’为基础（object - based）的符合论”。[①] 前者认为一个陈述为真，当且仅当，它与事实相符；后者认为，一个陈述为真，当且仅当，陈述中的谓词与其对象相符。一般认为，广义上的符合论可以追溯到亚里士多德的真之定义：“说是者不是，或者说不是者是，是假的；而说是者是，和说不是者不是，是真的。”[②] 人们之所以认为亚里士多德的这种真之定义是一种符合论，是因为亚里士多德在这里谈到了“说是者（不是者）”与“是者实际上是（不是）”，并且利用二者之间的关系说明了真假的本质，并且，他并没有将“是者”限定为对象或事实。

与广义的符合论相对，狭义上的符合论指的是 20 世纪初期由罗素和

---

① 参见 Wolfgang Künne, *Conceptions of Truth*, Oxford: Clarendon Press, 2003, chapter 3。需要注意的是，加莱尼是在广义的意义上使用“事实”一词的，他并没有在“事实”“事态”与“实在”等语词之间做严格的区分。因此，像那些以事态为符合对象的真之理论也属于以事实为基础的符合论。

② Aristotle, “Metaphysics”, *in The Complete Works of Aristotle*, Janathan Barnes (ed.), Princeton: Princeton University Press, 1991, p. 57. 1011b25.

摩尔（G. E. Moore）提出的一种真之理论。在广义的符合论中，它相当于以事实为基础的符合论。也就是说，狭义的符合论加上以对象为基础的符合论，相当于广义上的符合论。

戴维森在一段时间内似乎曾认为真是一种符合关系，支持某种以对象为基础的符合论。不过在具体谈到戴维森式的以对象为基础的符合论之前，让我们首先考察以事实为基础的符合论，以及他对这种以事实为基础的符合论的批评。我们选择以罗素式的符合论为例先来考察以事实为基础的符合论。之所以选择罗素式的符合论，因为罗素式的符合论是以事实为基础的符合论的典型代表。

第一节 罗素式的符合论

在如何理解真的问题上，罗素并非一开始就支持真之符合论。也就是说，罗素对真之概念的思考经历过一些思想上的转变。但需要注意的是，这种思想史的发展过程不是我们在这里需要关注的内容。我们需要把握的是罗素在其思想成熟时期所支持的符合论是什么样子的。

罗素首先讨论了真之载体，即真可以应用于其上的那些实体。在他看来，在原初的意义上，真是关于信念的述谓；在衍生的意义上，真可以看作关于句子的述谓。① 罗素的这个观点表达了两层意思。其一，真可以应用于信念和句子之上；其二，真在信念上的应用优先于它在句子上的应用。信念是思想的类型之一，句子则代表了语言。真在信念上的应用优先于它在句子上的应用，意味着思想优先于语言，这一观点后来遭到了很多人的批评，比如戴维森、达米特等人。不过，这里不是讨论这个问题的地方。

罗素指出，决定信念真假的因素不在信念内部，而在信念之外，他称之为“事实”，偶尔也称之为“复杂的统一体”。关于事实，罗素强调，它属于客观世界，除了一些特殊情况，它不是由我们自己的思想或信念创造出来的。那么什么是事实呢？罗素说：

---

① 参见 Bertrand Russell, *An Inquiry into Meaning and Truth*, London: George Allen and Unwin, 1940, p. 227。

> 当我谈到一个“事实”时，我不是指世界上的一个简单事物，而是指某物有某种性质或某些事物有某种关系。①

从这句话中，我们可以看出，罗素所说的事实与事物是相互区别的，事物指的是某个对象，比如电脑、杯子等；而事实指的是事物的某种状态，比如电脑正处在开机状态。前者可以用语词或短语来表达，后者则需要使用一个句子来描述。因此，当罗素说事实决定信念真假时，他说的是事物的某种状态决定信念的真假。

那么，事实如何使信念为真呢？罗素认为，真存在于信念和事实相符的形式之中。他说道：

> 当信念与某个相关联的复杂体相符合时，它是真的；当它不符合时，则是假的。②

根据罗素对事实的描述，我们可以知道，与信念相关联的复杂体即是与信念相关联的事实。因此，罗素表达的意思是：一个信念是真的，当且仅当它与事实相符；如果它与事实不符，就是假的。举个例子来说，如果我相信太阳是太阳系的中心，那么这个信念就是真的；反之，如果我认为地球是太阳系的中心，那么这个信念就是假的。因为太阳是太阳系的中心是一个事实。

如何判定信念是否与相关的事实相符？在《哲学问题》中，罗素曾给出过一个典型的例子用以说明这个问题：奥赛罗错误地相信苔丝狄蒙娜爱卡西欧。③ 罗素认为，这个例子之所以很典型，因为它不但为解释假

---

① 伯特兰·罗素：《我们关于外间世界的知识》，陈启伟译，上海译文出版社2006年版，第39页。

② Bertrand Russell, *The Problems of Philosophy*, Oxford: Oxford University Press, 1921, p. 128.

③ 罗素的这个例子涉及对间接语句的解释，而这个问题实际上引起过很多的争论，罗素的分析只是其中的一种，其他的解释可以参见 Gottlob Frege, “On sense and reference”, in *Philosophical Writings of Gottlob Frege*, P. T. Geach and M. Black (ed. And trans.), 3th ed., Oxford: Blackwell, 1980; Donald Davidson, “On Saying That”, in *Inquiries into Truth and Interpretation*, 2nd ed., Oxford: Clarendon Press, 2001 等。

预留了空间，还蕴含了信念的一般结构。前者，我们从例子本身就可以看出；而后者，则需要进一步分析。罗素说：

> 如果假是被允许的，那么判断或信念中涉及的关系就必须被认为是几项之间的关系，而不是两项之间的关系。①

罗素的这个观点是很清楚的。将这个观点应用到罗素的例子中，那么为了使奥赛罗的信念是假的成为可能，我们应该将“奥赛罗相信苔丝狄蒙娜爱卡西欧”这个句子解释成多项之间的关系，而不能将其解释成奥赛罗和他的信念对象二者之间的关系。因为无论我们将奥赛罗的信念对象解释成“苔丝狄蒙娜爱卡西欧”，还是“苔丝狄蒙娜对卡西欧的爱”，“相信”这个谓词都会使得“奥赛罗相信苔丝狄蒙娜爱卡西欧”这个句子为真。

罗素的建议是，将奥赛罗的信念看作奥赛罗、苔丝狄蒙娜、爱、卡西欧四者之间的关系，其中奥赛罗是主体，其余三者都是客体，“相信”一词将这四者连成一个整体。需要注意的是，罗素的这个建议并没有要求主体和其他三个客体都具有“相信”这样的关系，而只要求主体与这三个客体所形成的组合具有“相信”关系；并且，三个客体所形成的组合是按一定次序组成的。因此，奥赛罗的信念实际上包含两种组合，即由“相信”一词将“奥赛罗”“苔丝狄蒙娜”“爱”“卡西欧”这四个词项联系在一起的组合和由“苔丝狄蒙娜”“爱”“卡西欧”这三个词项形成的组合。前者可以表达为“奥赛罗相信苔丝狄蒙娜爱卡西欧”，后者可以表达为“苔丝狄蒙娜爱卡西欧”。如果“苔丝狄蒙娜爱卡西欧”这个组合存在，那么奥赛罗的信念——苔丝狄蒙娜爱卡西欧——就是真的；而如果“苔丝狄蒙娜爱卡西欧”这个组合不存在，那么，奥赛罗的信念就是假的。需要注意的是，罗素所说的“存在”，指的是客观世界中的存在，而不是观念上的存在。因此，“苔丝狄蒙娜爱卡西欧”这个组合存在意味着“存在苔丝狄蒙娜，卡西欧和关系‘爱’，并且苔丝狄蒙娜和卡西

---

① Bertrand Russell, *The Problems of Philosophy*, Oxford: Oxford University Press, 1921, p. 125.

欧之间有关系‘爱’”。通过这种分析，我们可以知道，罗素说事实使信念为真指的是事实以一一对应符合的形式使信念为真的。如果不存在这样的事实，那么信念就是假的。

以上即是罗素所支持的真之符合论的核心思想。通过罗素式的符合论，我们大致可以分析出以事实为基础的符合论大概有以下两个特征。

首先，预设事实的存在。罗素认为，真是信念与事实之间的符合，这意味着事实必然是存在的，并且是信念之外的存在，与信念不在同一层次之中，只有这样，信念与事实之间才可能有符合关系。

其次，信念（或者句子、命题等其他真之载体）与事实之间的符合关系，大致是一一对应的符合关系。罗素对“奥赛罗相信苔丝狄蒙娜爱卡西欧”这个事例的分析，很好地说明了这一点。

事实上，以事实为基础的符合论的这两个特征受到了很多学者的批评。关于第一个特征，即预设事实的存在，不少学者认为，“事实”这一概念是不太清楚的。我们似乎可以认为自然事实的存在，但伦理事实、美学事实、规范事实等这些非自然领域中的事实是否存在呢？如果它们存在，我们应该赋予它们何种地位？如果它们不存在，这是否就意味着伦理信念、美学信念、规范信念等这些内容就没有真假呢？因为毕竟没有与之符合的事实。

关于第二个特征，即信念与事实之间符合关系，很多学者对此也表达了困惑。按照罗素的意见，它们之间是一一对应的。罗素甚至为此坚持一种外在关系说，即认定表达关系的这些语词，比如“大于”“多于”等，它们陈述的关系是外在的，并非属于对象本身。问题在于，这种一一对应的符合关系似乎太强了。很难想象条件句、虚拟句这些句子表达出的信念与其对应的事实之间存在一一对应的关系。

第二节 戴维森的弹弓论证

戴维森对罗素这种以事实为基础的符合论非常不满。但他给出的理由与我们在上一节谈的理由并不相同。戴维森认为，以事实为基础的符合论用句子与事实之间的符合关系解释真，将会导致非常严重的后果。他给出了一个简短的论证说明这个问题。学界后来将戴维森这种类型的论证称为“弹弓论证”。

“弹弓论证”这个术语最早出现在巴威斯（J. Barwise）和佩里（J. Perry）合作的论文《语义的清白和不妥协的情境》中。巴威斯和佩里对弹弓论证的解释是：

> 一个十分有影响的且实质上是先验的论证。毫无疑问，这个论证是从弗雷格的评论中提出的。丘奇在其关于卡尔纳普的评论中明确地主张这一论证，蒯因、戴维森和其他人以各种各样形式严格、冷酷无情的方式发展了这一论证。它似乎排除了不寻常的情景语义学的可能性。这个论证很小，很少能占据半页篇幅，并且只采用了最少的弹药——一个描述理论和一个非常流行的逻辑等值概念——我们称之为“弹弓”。①

从巴威斯和佩里的论述中，我们可以明白，弹弓论证指的是一类论证，它非常简短，戴维森反驳符合论的论证是其中的一种。在戴维森之前，有不少人曾提出过相似的论证，包括巴威斯和佩里已提及的阿朗佐·丘奇（Alonzo Church）、蒯因以及他们尚未提及的哥德尔。最初，弹弓论证是弗雷格的评论者在评论弗雷格的思想时从中提炼出来的。它利用了两个基本假设。这两个基本假设在不同版本的弹弓论证中表述略有不同，但都可以从弗雷格的著作中找到相应的文本支持，它们分别是逻辑等值概念和等值替换规则。弗雷格的评论者提出弹弓论证原本是为了支持弗雷格的观点，即句子的指称是真值，但后来学者们发现这个论证可以用来反驳很多其他的理论，比如符合论、情境语义学（situation semantics）等。这是学者们之所以大量讨论弹弓论证的原因所在。为了更好地理解戴维森的弹弓论证，我们选择从丘奇版本的弹弓论证谈起。之所以选择丘奇的弹弓论证，有两个方面的原因。首先，丘奇版本的弹弓

① Jon Barwise and John Perry, “Semantic Innocence and Uncompromising Situations”, in *Midwest Studies in Philosophy*, *Volume* Ⅵ: *The Foundations of Analytic Philosophy*, P. A. French, T. E. Uehling, Jr. and H. K. Wettstein (ed.), Minneapolis: University of Minnesota Press, 1981, p. 395.

论证是历史上最早版本的弹弓论证，而且给出的论证非常直观。[①] 其次，在戴维森的文本中，谈到最多的弹弓论证也是丘奇版本的弹弓论证。

在其《卡尔纳普的〈语义学导论〉》一文中，丘奇最早通过他的弹弓论证指出卡尔纳普将命题当作句子的所指是错误的。[②] 随后，这一论证在其 1956 年的著作《数理逻辑导论》中以不同形式重新出现。由于丘奇 1956 年的论证没有为读者预设任何逻辑知识，为了方便起见，我们以这种形式的弹弓论证为例进行说明。

丘奇版本的弹弓论证（以下简称 CS）依赖于两个假设：（1）当一个复杂名称中所包含的名称被另一个具有相同指称的名称替代时，这个复杂名称的指称保持不变（以下简称 CA1）；（2）同义句具有相同的指称（以下简称 CA2）。根据这两个假设，丘奇给出了以下论证：

（C1）沃尔特·司各特是《威弗利》的作者；

（C2）沃尔特·司各特是总共写了 29 本威弗利小说的人；

（C3）沃尔特·司各特所写的威弗利小说的总数是 29；

（C4）犹他州所包含的县的总数是 29。[③]

丘奇认为，在这个论证中，C1、C2、C3 和 C4 的指称都相同。[④] 根据丘奇的论述，C1 和 C2 具有相同的指称，这一点比较好理解。因为后者是通过用短语“总共写了 29 本威弗利小说的人”替换前者中的短语“《威弗利》的作者”获得的。由于这两个短语具有相同的指称，即沃尔特·司各特，CA1 可以保证 C1 和 C2 的指称相同。类似地，C3 和 C4 的指称也相同。而至于 C2 和 C3，丘奇认为，即使 C2 和 C3 不是同义的，

---

① 有些学者将弹弓论证的源头追溯到弗雷格，这种考虑有一定的合理性，因为从弗雷格那里，我们可以找到弹弓论证的假设。但弗雷格本人并没有给出过任何形式的具体论证，因此，我们倾向于认为首先提出弹弓论证的是丘奇。

② 参见 Alonzo Church，“Carnap's Introduction to Semantics”，*The Philosophical Review*，Vol. 52，No. 3，1943，pp. 298 – 304。

③ 参见 Alonzo Church，*Introduction to Mathematical Logic*，Princeton：Princeton University Press，1956。

④ 与一般的演绎推理使用逻辑规则进行推理不同，弹弓论证是以指称相同作为推理的基础。

至少是非常接近的，以至于能确保它们拥有同样的指称。① 这也就是说，C2 和 C3 的意思相近，根据 CA2，它们的指称也相同的。因此，C1 和 C2 的指称相同，C2 和 C3 的指称相同，C3 和 C4 的指称也相同。由于关系“相同”具有传递性，因此，C1、C2、C3 和 C4 的指称都是相同的。但是在这四个句子中，丘奇最关心的是 C1 和 C4。因为从 C1 和 C4 这两个句子来看，它们除了真值之外，没有任何东西是相同的。因此，丘奇的结论是：句子的指称是真值，而不是卡尔纳普所说的命题。如果丘奇的这个论证即 CS 是有效的，那么从肯定的意义上看，CS 为弗雷格的论点即句子的指称是真值，提供了强有力的论据；从否定的意义上看，CS 否定了句子指称任何其他东西的可能性。

戴维森版本的弹弓论证（以下简称 DS）与 CS 相似，也依赖两个假设，只是这两个假设与 CS 的假设略有不同。② 这两个假设分别是：（1）逻辑等值的单称词项拥有同样的指称（以下简称 DA1）；（2）当一个单称词项所包含的单称词项被另一个具有同样指称的单称词项替换时，这个单称词项不会改变它的指称（以下简称 DA2）。通过对比，我们可以发现，DA2 与 CA1 是类似的，但 DA1 与 CA2 不同。DA1 所关注的是句子之间的逻辑等值关系，而 CA2 所关注的是句子之间的同义性。也就是说，DA1 关注的是真值，而 CA2 关注的是意义。DS 和 CS 之间出现这种差别是可以理解的，因为丘奇本质上只是接受了弗雷格在名称的意义和其指称之间所做的区分，而戴维森则希望更进一步，用真解释意义。因此，DS 首先假设的是句子的真值，而不是它的意义。但需要注意的是，DS 和 CS 之间的这种区别是表面的，因为根据 CA2 以及戴维森对句子意义的理解，即句子的意义在于其真之条件，③ 我们可以很容易地推论出 DA1：

令 M（x）是句子 x 的意义，R（x）是句子 x 的指称，TC（x）是句子 x 的真之条件，假设存在两个句子 a、b：

---

① 参见 Alonzo Church, *Introduction to Mathematical Logic*, Princeton: Princeton University Press, 1956, p. 25。

② 参见 Donald Davidson, “Truth and Meaning”, in *Inquiries into Truth and Interpretation*, 2nd ed., Oxford: Clarendon Press, 2001, p. 19。

③ 有人可能会质疑将“句子的意义当作其真之条件”的这种理解，但是对于戴维森而言，这点不应存在任何问题。

(1) $(M(a) = M(b)) \rightarrow (R(a) = R(b))$ [CA2]

(2) $a <=> b$ [假设]

(3) $TC(a) = TC(b)$ [(2)]

(4) $M(a) = TC(a)$ [“意义”的理解]

(5) $M(b) = TC(b)$ [“意义”的理解]

(6) $M(a) = M(b)$ [(4)、(5)]

(7) $R(a) = R(b)$ [(1)、(6) MP]

(8) $((a <=> b) \rightarrow (R(a) = R(b))$

[(2)、(7) 条件证明]

在这个推论中,(8) 是 DA1 的形式化表达。同样地,我们也可以从 DA1 推论出 CA2。这也就是说,DS 与 CS 的前提条件实际上并没有什么区别,这也是众多学者将戴维森的弹弓论证与丘奇的弹弓论证归为一类的原因所在。[①]

假设 R 和 S 分别是两个不同的句子,并且在真值上相同,根据 DA1 和 DA2,戴维森构建了自己的弹弓论证:

(D1) R

(D2) $\iota x (x = x \wedge R) = \iota x (x = x)$

(D3) $\iota x (x = x \wedge S) = \iota x (x = x)$

(D4) S

其中,ιx 是限定摹状词的标志,在英语中可以读作“the x such that...”[②]。在这个论证中,D1 和 D2 是逻辑等值的,根据 DA1,它们的指称相同。同样地,D3 和 D4 的指称也相同。D2 和 D3 的区别只在于前者所包含的单称词项是 $\iota x (x = x \wedge R)$;而后者所包含的单称词项是 $\iota x (x = x \wedge S)$。[③] 由于 R 和 S 具有相同的真值,因此,$\iota x (x = x \wedge R)$ 和 $\iota x (x = x$

---

① 比如参见 Stephen Neale,“The Philosophical Significance of Gödel's Slingshot”, *Mind*, Vol. 104, No. 416, 1995, pp. 761 – 825; Stephen Neale and Josh Dever, “Slingshots and Boomerangs”, *Mind*, Vol. 106, No. 421, 1997, pp. 143 – 168。

② 参见 Donald Davidson,“Truth and Meaning”, in *Inquiries into Truth and Interpretation*, 2nd ed., Oxford: Clarendon Press, 2001, p. 19。

③ 严格说来,$\iota x (x = x \wedge R)$ 和 $\iota x (x = x \wedge S)$ 并不是单称词项,而是限定摹状词。关于这一点,我们在后文中会做出进一步的解释。

∧S）的指称相同。根据 DA2，D2 和 D3 的指称相同。这样，我们就可以得出结论：D1 和 D2 的指称相同，D2 和 D3 的指称相同，D3 和 D4 的指称也相同。因此，D1、D2、D3 和 D4 的指称都相同。由于 R 和 S 只是在真值上相同，DS 最终的结论是：所有真句子的指称相同，所有假句子的指称相同。从表面上看，这个结论似乎并没有什么新意，弗雷格早就表达过此种观点，但戴维森在《真与意义》一文的脚注 3 中提醒我们："这个论证不依赖句子应该指称的实体的任何一种特定的识别。"[①] 这也就是说，无论句子的指称是什么，通过这个论证，我们都会得到相同的结论，即所有真句子的指称相同和所有假句子的指称相同。丘奇、哥德尔、蒯因等人的弹弓论证也会得到同样的结论，这是他们的论证被统称为弹弓论证的原因所在。

由于以事实为基础的符合论认为句子指称的是事实，将 DS 的结论应用到这种符合论上，戴维森可以得出这样的结论：所有的真句子都符合同样的事实。戴维森称这样的事实为"大事实"（The Great Fact）。符合关系也将会是一种简单的属性，即句子与大事实之间的符合关系。很明显，如果 DS 是有效的，那么以事实为基础的符合论就是不能接受的，因为除了大事实之外，没有任何其他的事实能够用来解释真。既没有"太阳是太阳系的中心"这样的事实，也没有"苔丝狄蒙娜爱卡西欧"这样的事实，存在的只有大事实。下面这段话表达了戴维森对以事实为基础的符合论的基本态度：

> 当我们写下了"符合"，要区分大事实的各种名称就没有任何意义了；我们也可以满足于"符合大事实"这个单一短语。这个无法改变的谓词伴随着多余的本体论残余，但除此之外，除非我们把它看作"是真的"，否则它就显然没有说出任何东西。[②]

---

① Donald Davidson, "Truth and Meaning", in *Inquiries into Truth and Interpretation*, 2nd ed., Oxford: Clarendon Press, 2001, p. 19.

② Donald Davidson, "True to the Facts", in *Inquiries into Truth and Interpretation*, 2nd ed., Oxford: Clarendon Press, 2001, p. 42.

这段话表达了两层意思。首先，DS 表明以事实为基础的符合论的最终结论是所有的真句子符合于单一的大事实，因此，为了解释某个句子为什么是真的，为这个单一的大事实赋予各种各样的名称，比如“太阳是太阳系的中心”“苔丝狄蒙娜爱卡西欧”等，是没有意义的。其次，如果以事实为基础的符合论坚持认为句子是真的是因为它与大事实相符，这也是可以的；问题在于，这种解释除了表明句子是真的之外不能表述任何其他的东西，因为说句子符合大事实和说句子是真的一样，并不能增加任何东西。如果戴维森的解释是有效的，那么即使我们认为以事实为基础的符合论还未彻底失败，它也没有什么有价值的内容。

第三节　戴维森早期的符合论

上一节已经阐明，戴维森反对以事实为基础的符合论的原因在于，他认为以事实为基础的符合论用与事实相符解释句子为什么是真的会导致令人失望的结果。因此，戴维森要想坚持符合论，就必须在事实之外为解释句子为什么是真的提供基础。在语词与世界之间的关系中，戴维森找到了这种可能性。他指出：“陈述为真为假，是由于在做出陈述时所使用的语词，而正是语词才与世界有着有趣的、详尽的和约定性的联系。因而，任何严肃的真之理论都要处理这些联系，而正是在这里，符合的概念才能找到用武之地。”[①] 也就是说，戴维森认为，符合论要想解释一个句子为什么是真的或者是假的，应该从语词与世界之间的关系入手，因为只有语词才与世界中的对象有着直接的联系，即那些“有趣的、详尽的和约定性的”联系。

戴维森之所以认为符合论应该关注语词与对象之间的关系，与他对塔尔斯基真之理论的认识直接相关。塔尔斯基在定义真之概念时，并没有采用直接定义的方式，而是采用迂回的方式，借助“满足”概念定义真。当然，在使用“满足”概念定义真之概念之前，塔尔斯基已经为“满足”概念给出过严格定义。对于塔尔斯基的这项工作，戴维森评

---

① Donald Davidson, “True to the Facts”, in *Inquiries into Truth and Interpretation*, 2nd ed., Oxford: Clarendon Press, 2001, p. 43.

价道：

> 由塔尔斯基发展的语义学真之概念，应当被叫作一种符合论，因为其中有一部分是由满足概念起作用的；因为已经完成的部分显然是，为真的属性始终是由语言和其他东西之间的关系而有成效地得到解释的。[①]

换句话说，塔尔斯基的真之理论之所以应该被视为一种符合论，因为它所使用的满足概念表达的是语言和其他东西之间的一种关系，而这种关系可以被视为一种符合关系。比如说，塔尔斯基对一个函数满足一个带有变元的 n 元谓词的解释是，这个谓词适用于（is true of）这个函数根据一定次序为这些变元指派的实体。在这个解释中，满足概念将实体与谓词联系起来了，如果为变元指派的实体满足该谓词，那么由之形成的句子就是真的，反之则为假。这样，从认识论的角度来看，满足概念实际上表达了语词与世界之间的关系，塔尔斯基的真之理论因而可以被视为一种真之符合论。[②]

假如戴维森的解释是有效的，即塔尔斯基的真之理论可以被视为符合论，那么需要阐明的是，塔尔斯基式的符合论与罗素式的符合论即以事实为基础的符合论是不同的。在笔者看来，区分这两种不同类型的真之理论是非常清楚的。

首先，在塔尔斯基的真之理论中，满足的对象并不是事实，而是序列。虽然戴维森认为我们可以将塔尔斯基的满足对象解释成世界之中的对象，但戴维森所说的世界之中的对象与罗素所说的事实仍然是有区别的。戴维森所说的对象是语词的指称对象，而罗素所说的事实是句子的指称对象。我们以罗素的例子即苔丝狄蒙娜爱卡西欧为例阐明二者之间的不同。按照罗素的解释方式，只有当“苔丝狄蒙娜爱卡西欧”这个事

---

① Donald Davidson, “True to the Facts”, in *Inquiries into Truth and Interpretation*, 2nd ed., Oxford: Clarendon Press, 2001, p. 48.

② 严格来说，塔尔斯基的真之理论是否可以被视为一种符合论，这在学界是有争议的。塔尔斯基曾认为自己的真之理论是符合论，但在更多的学者看来，他的真之理论是中立的，可以从不同的角度得出不同的观点。比如紧缩论者认为，塔尔斯基的理论实际上支持的是真之紧缩论。

实存在的情况下，我们才认为“苔丝狄蒙娜爱卡西欧”这个句子是真的。因此，罗素式的解释可以表述为：“苔丝狄蒙娜爱卡西欧”这个句子是真的，当且仅当“苔丝狄蒙娜爱卡西欧”这个事实存在。如果按照戴维森所理解的塔尔斯基式的解释方式，我们可以将“苔丝狄蒙娜”视为一个专名，将“爱卡西欧”视作函数或谓词。如果“苔丝狄蒙娜”指称的对象苔丝狄蒙娜满足“爱卡西欧”这个谓词，那么“苔丝狄蒙娜爱卡西欧”这个句子就是真的。因此，戴维森所理解的塔尔斯基式的解释方式可以表述为：“苔丝狄蒙娜爱卡西欧”这个句子是真的，当且仅当“苔丝狄蒙娜”指称的对象苔丝狄蒙娜满足“爱卡西欧”这个谓词。由于“苔丝狄蒙娜”所指称的对象是现实中的苔丝狄蒙娜，“苔丝狄蒙娜”所指称的对象满足“爱卡西欧”这个谓词便可理解为表达了语言与世界之间的一种关系。

其次，罗素式的符合论要求真句子与事实相符，但塔尔斯基式的符合论并没有这方面的要求。这是后者的一个优势，因为根据弹弓论证，通过假设句子所指称的事实解释句子为什么是真的的符合论最终会导致出现大事实这样怪异的结论；但在戴维森的眼中，塔尔斯基式的符合论可以避免这样的结论。因为塔尔斯基式的符合论并没有要求句子指称事实，它只要求句子中的语词指称的对象满足该句子中的谓词。

最后，罗素式的符合论所讨论的对象都是闭语句，因为符合事实的只有闭语句；而塔尔斯基式的符合论所讨论的对象大多是开语句，因为在满足关系中，被满足的东西是带有空位的函数。我们仍然以“苔丝狄蒙娜爱卡西欧”这个句子为例说明这个问题。在罗素式的解释中，“苔丝狄蒙娜爱卡西欧”这个句子指称的是一个完整的事实，“苔丝狄蒙娜”、关系“爱”和“卡西欧”这三者并不是相互独立的。但是在塔尔斯基式的解释中，“苔丝狄蒙娜爱卡西欧”这个句子实际上是通过为“爱卡西欧”这个谓词指派“苔丝狄蒙娜”这个专名所指称的实体形成的。因此，严格来说，在塔尔斯基式的解释中，“苔丝狄蒙娜爱卡西欧”这个句子应该被分析为一个开语句即“x 爱卡西欧”和一个专名“苔丝狄蒙娜”，讨论“苔丝狄蒙娜爱卡西欧”这个句子是否是真的，就是分析在为变元“x”指派苔丝狄蒙娜时，这个句子是否为真。也就是说，罗素式的符合论讨论的是单个的闭语句和单个的事实之间的关系，而塔尔斯基式的符合论讨论的是一个开语句和能够被指派给开语句中变元的对象之间的关系。

从塔尔斯基式的这种符合论与罗素式的符合论的对比中，可以发现，戴维森实际上是将塔尔斯基式的符合论视为以对象为基础的符合论，强调的是语词与对象之间的关系，这与以事实为基础的符合论不同。实际上，如果回顾哲学史，我们会发现，与以事实为基础的符合论相比，以对象为基础的符合论历史更为悠久。① 因为在弗雷格之前，基本上所有的真之理论讨论的都是语词与对象，弗雷格之后，句子才被视为理解的基本单位，与句子相对应的事实才有可能被提及。

虽然与以事实为基础的符合论相比，以对象为基础的符合论有很多优点，并且戴维森似乎一度坚持这种形式的符合论，② 但是随着戴维森思想的成熟，他最终放弃了以对象为基础的符合论。戴维森后来在多个地方对自己以前持有的这种观点表示后悔。比如在其 1987 年《〈真和知识的融贯论〉补记》一文中，他坦白道：

> 我曾认为，在为一种语言刻画真时，将语词置于与对象的关系中是必要的这个事实足以使人们对符合论的观点产生某些误解；但是现在在我看来，这是一个错误。③

又如在其 1990 年的论文《真之结构及其内容》中，戴维森说：

> 我本人过去论证过，塔尔斯基表明如何产生的那种理论是某种

---

① 比如参见 Thomas Aquinas，*Truth*，Q. 1，in *Thomas Aquinas Selected Writings*，edited and translated by Ralph McInerny，London：Penguin Classics，1998。

② 有学者认为，很难在一种形而上学的意义上认为戴维森支持所谓的以对象为基础的符合论。因为戴维森所借助的是塔尔斯基的“满足”概念来说明符合关系的，但塔尔斯基的“满足”概念纯粹就是一种理论上的构造，不能被视为现实世界中语词与对象之间的关系。在我看来，这种观点有一定的合理性。问题在于，戴维森本人的观点与他依据的证据之间可以区分开，不能因为塔尔斯基的真之理论无法为戴维森的观点辩护就否认戴维森本人倾向于支持以对象为基础的符合论，虽然这的确在一定程度上导致戴维森后来放弃了他的这种符合论。

③ Donald Davidson，“Afterthoughts”，in *Subjective*，*Intersubjective*，*Objective*，Oxford：Clarendon Press，2001，p. 154.

符合论。我这样说的根据是，不采用一种像所指或满足这样使表达式与世界中的对象联系起来的概念，就无法给出这样一个理论。现在对我而言，称这样的理论是符合论乃是错误的。①

从这些论述中，我们非常清楚地看到，戴维森自20世纪80年代中后期就已经放弃将塔尔斯基的真之理论称为符合论了，同时也放弃了他所支持的以对象为基础的符合论。笔者认为，戴维森之所以放弃以对象为基础的符合论，归纳起来，可能有以下几个方面的原因。

首先，戴维森并不认可建立在语词与对象满足关系之上的符合论。在《真之结构及其内容》一文的注36中，戴维森提道：

把“符合”看作“满足”，你就把真定义为符合。从句子所“符合”的实体的反直觉和人为的实质，以及从所有真句子都会符合相同的实体这一事实来看，这个想法的古怪性是明显的。②

这也就是说，符合关系并不能被看作满足关系，二者之间是不同的。满足关系是可以理解的，但符合关系是很怪异的，弹弓论证已经表明了这一点。因此，戴维森认为，将符合关系解释成满足关系，进而解释真，这种做法是不可取的。

其次，戴维森认为，我们理解符合论时并不是基于语词与对象之间的关系理解符合论的。戴维森从他人批评符合论的角度举出了几个例子，他指出：

通常对符合论的抱怨是，将个人的语词或信念与世界相比较多少是可能的这种建议是没有意义的……纽拉特（Otto Neurath）就提出这种指责……亨普尔（Carl Hempel）表达了相同的反对意见，因而谈到“陈述和事实的不幸对立”。罗蒂……坚持认为，一种真之符

① Donald Davidson, “The Structure and Content of Truth”, *The Journal of Philosophy*, Vol. 87, No. 6, 1990, p. 302.

② Ibid.

合论的观点使真这个概念毫无用处。[1]

从这几个人的反对意见来看，戴维森发现，哲学家们比如纽拉特、亨普尔、罗蒂等人所理解的符合论都是罗素式的符合论，都是以句子与事实之间的关系为基础的，并不包含以语词与对象之间的关系为基础的符合论。这也就是说，很多人倾向于认为，以对象为基础的符合论严格说来，并不是一个真正的符合论，符合论指的就应该是通常所说的狭义的符合论，即以事实为基础的符合论。

更重要的是，戴维森认为，对语词与对象之间关系的讨论其实应该被纳入另一种理论的名义之下，即指称理论，而不就该归属到符合论的框架之下。戴维森说道：

> 人们可以为个体对象进行定位，如果句子恰巧命名或描述它们，但是即使这样，这种定位也只是在与一个指称框架相关的意义上是有意义的。[2]

这句话的意思是很清楚的。虽然描述或命名对象的一般是语词或短语，但是戴维森认为，即使描述或命名对象的是句子而不是语词或短语，关于个体对象的描述或命名应该在指称框架之内进行。因为，一般而言，学者们都认为处理对象与语言之间关系的是指称理论。由于以对象为基础的符合论所描述的是对象与语词之间的关系，因此，这个理论应该称为指称理论，而不是符合论。[3]

戴维森的第一个理由认为将满足解释成符合是不可理解的，因为满足是可理解的，而符合是不可理解的，这种看法主要是因为戴维森相信DS是有效的。如果有人否认DS的有效性，进而用满足解释符合的内涵，

---

① Donald Davidson，“The structure and content of truth”，*The Journal of Philosophy*，Vol. 87，No. 6，1990，p. 302.

② Ibid.，p. 303.

③ 虽然戴维森认为，将讨论语词与对象之间关系的理论称为符合论，而不是指称理论，可能只是一种用词上的错误，但正是这种用词上的错误才导致概念上的混乱。参见Donald Davidson，“Afterthoughts”，p. 154.

这也未尝不可。因为符合概念本身就是模糊的，需要学者们的进一步澄清。

第二个理由即借用一些哲学家的观点来否认以对象为基础的符合论是符合论是一个很弱的观点，毕竟有些学者认为以对象为基础的符合论是符合论。加莱尼是其中的一个典型代表，斯坦福哲学百科全书“真之符合论”词条伯作者玛丽安·大卫（Marian David）也同意加莱尼的观点。①

笔者认为，在这三个理由中，最重要的是第三个理由。戴维森之所以将塔尔斯基的真之理论看成以对象为基础的符合论主要是因为塔尔斯基使用了“满足”概念，并认为这个概念表达了对象与语词之间的关系。但这一点并不必然导致塔尔斯基的真之理论是一个以对象为基础的符合论。理由大概有三点。其一，塔尔斯基的“满足”概念，实际上是一种理论构造，其中经历了对形式语言、合式公式的定义等步骤，它在何种程度上可以被理解为在认识论领域中描述了对象与语词之间的关系，是一个有待商榷的问题。其二，即使同意将“满足”概念扩展到认识论领域，也不必然导致一种对真之概念的认识，因为在当代分析哲学中，处理对象与语词之间关系的是指称理论，而非真之理论。当然，指称理论可能会影响到对真之理论的构建，但这是另外一个问题。② 其三，除了塔尔斯基的真之理论使用了满足概念之外，戴维森找不出其他理由为以对象为基础的符合论辩护。综上所述，笔者认为，戴维森早期对塔尔斯基真之理论的解读是有问题的，塔尔斯基式的真之理论很难被理解为一个以对象为基础的真之理论。而且，由于指称理论可以并且能更好地处理对象与语词之间的关系，笔者认为，我们没有必要坚持这样一种以对象为基础的符合论。也就是说，在我看来，应该将符合论限定为狭义的符合论，即以事实为基础的符合论。因此，在后文中，除非特别注明，笔者所说的符合论指的即是以事实为基础的符合论。

---

① 参见 Marian David，“The Correspondence Theory of Truth”，*The Stanford Encyclopedia of Philosophy*（Fall 2016 Edition），Edward N. Zalta（ed.），URL = <https：//plato. stanford. edu/archives/fall2016/entries/truth - correspondence/>。

② 我们将在第四章中详细讨论这个问题。

至此，我们可以理解戴维森为什么会放弃以对象为基础的符合论，并且知道戴维森所反对的符合论指的是狭义的符合论，即通过假设与事实相符来解释真之概念的符合论。如果戴维森的这种理解是有效的，那么现在问题的关键就在于：戴维森的弹弓论证是否真的可以反驳符合论。为了回答这个问题，我们有必要重新考察 DS。

第四节　对弹弓论证的重新审视

从表面上看，DS 只使用了两个假设，即 DA1 和 DA2。它们分别可以表述为"逻辑等值的单称词项拥有同样的指称"和"当一个单称词项所包含的单称词项被另一个具有同样指称的单称词项替换时，这个单称词项不会改变它的指称"。但是通过考察 DS 的论证步骤，我们可以发现，DS 实际上还蕴含了另外两个假设：（1）句子具有指称；（2）限定摹状词等同于单称词项。假设 1 来源于弗雷格，在 DS 中，我们很容易发现它的存在。从 DS 所使用的推论基础，即指称相同上，我们就可以看出句子被假设为拥有指称。否则，D1 不可能和 D2 的指称相同，D3 也不可能和 D4 的指称相同。而至于假设 2，则需要我们做进一步的说明。在 DS 中，限定摹状词的标志"ιx"出现在 D2 和 D3 中，与之相应的表达式有"$\iota x(x=x\wedge S)$""$\iota x(x=x\wedge R)$"和"$\iota x(x=x)$"。这些表达式应该称作限定摹状词。但是在戴维森解释 DS 时，并没有任何内容与限定摹状词有关。一个合理的理解是，戴维森认为他所阐释的内容中已包含了对限定摹状词的说明。根据戴维森对 D2 和 D3 的解释，D3 是通过用表达式"$\iota x(x=x\wedge S)$"替换 D2 中的表达式"$\iota x(x=x\wedge R)$"获得的，它们之所以具有相同的指称是因为 DA2。而我们知道，DA2 说的是当一个单称词项所包含的单称词项被另一个具有同样指称的单称词项替换时，这个单称词项不会改变它的指称，这也就是说，表达式"$\iota x(x=x\wedge S)$"和"$\iota x(x=x\wedge R)$"被戴维森当成了单称词项。否则，D2 和 D3 不可能具有相同的指称。因此，我们可以确定，DS 中蕴含了假设 2。这样，我们就可以得出结论，即 DS 实际上包含 4 个假设：假设 1、假设 2、DA1 和 DA2。如果这 4 个假设中的任何一个是有问题的，那么 DS 就是不成立的。

需要注意的是，有些学者试图从 DS 的构造本身发现它的问题。比如说，有人认为R是一个闭语句，构造出 ιx（x = x ∧ R）这样的句子是不合语法的；另一些人认为 ιx（x = x ∧ R） = ιx（x = x）这样的表述有故意为之的痕迹，在一般情况下不会出现，因此不可当真；还有些人认为在不清楚R所表达的内容的前提下，构造出 ιx（x = x ∧ R） = ιx（x = x）是无效的，因为 ιx（x = x ∧ R） = ιx（x = x）这个句子有存在的含义，但R可以是虚构的，并不真实存在。[①] 笔者认为，这些质疑虽然在一定程度上是合理的，但它们都没有接触到问题的实质，因为戴维森完全可以采用另外的形式表述DS以规避这些构造上的问题。[②] 因此，这些质疑不在我们的考虑范围之内，我们的任务是通过分析上面所提到的4个假设来考察戴维森的弹弓论证。

我们首先考察假设1：句子有指称。与之相反的观点认为句子没有指称。如果句子没有指称，那么DS就是不成立的。但认为句子没有指称对于DS而言，并没有什么意义。因为戴维森设计出DS的目的在于反驳符合论，而符合论本身认为句子是有指称的，符合论认为句子之真在于与事实相符。假如为了反驳DS而否认句子有指称，那么这同时也否定了符合论，DS也就没有存在的必要。因此，我们认为假设1在DS中是合理的。

假设2将限定摹状词等同于单称词项，这在学界造成了很大的争议。罗素是反对这一假设的代表。在他看来，单称词项是指称某个个体对象的名称或短语，它的语义值是一个对象；但限定摹状词是一个不完整的表述，它不能单独指称一个对象，对它的理解需要将其置于句子之中，通过理解完整的句子理解它。如果将限定摹状词当作单称词项，那么当我们否定那些包含指称为空集的单称词项的句子时，就会出现问题。比如说句子p：当今的法国国王是秃子。如果将“当今的法国国王”视为单

---

① 参见 Robert Cummins and Dale Gottlieb, “On an Argument for Truth – functionality”, *American Philosophical Quarterly*, Vol. 9, No. 3, 1972, pp. 265 – 269。

② 事实上，在《对事实为真》这篇论文中，戴维森的确采用了另一种形式讨论他的弹弓论证，而且在构造上并没有任何问题。由于这种形式的弹弓论证与我们目前所讨论的戴维森的弹弓论证只在表述上有所差别，因此没有必要详细讨论。具体内容参见 Donald Davidson, “True to the Facts”, in *Inquiries into Truth and Interpretation*, 2nd ed., Oxford: Clarendon Press, 2001, pp. 37 – 54。

称词项，那么 p 的否定应该是 p′：当今的法国国王不是秃子。假设 p 为假，那么 p′应为真，但事实上 p′仍然为假，因为并不存在当今的法国国王。因此，罗素主张将限定摹状词和单称词项区别开来，重新分析限定摹状词背后的逻辑结构。限定摹状词是以指示词“the”开头的短语。[①] 为了方便起见，我们以英语为例进行说明。比如句子“The F is G”，在这个句子中“the F”是一个限定摹状词，根据罗素的摹状词理论，它的逻辑形式可以表达为：$\exists x\ (Fx \wedge \forall y\ (Fy \rightarrow x = y)\ \wedge Gx)$。这也就是说，限定摹状词包含三重含义：存在含义，即存在一个 F；极大值含义，即最多只有一个 F；唯一性含义：即只有 F 是 G。如果将这样的逻辑分析方法运用到 p，那么 p 的否定不是 p′，而应是 p″：不存在当今的法国国王。这样，当我们假设 p 为假时，p 的否定即 p″就是真的。因为的确不存在当今的法国国王。[②]

如果罗素对限定摹状词的分析是有效的，那么我们有必要重新分析 DS 的逻辑结构。根据罗素的摹状词理论，出现在 DS 中的三个摹状词 $\iota x\ (x = x \wedge R)$、$\iota x\ (x = x \wedge S)$、$\iota x\ (x = x)$ 应该解释如下：

$\iota x\ (x = x \wedge R) = \exists x\ [\ (x = x \wedge R)\ \wedge \forall y\ (\ (y = y \wedge R) \rightarrow y = x)\ ]$；

$\iota x\ (x = x \wedge S) = \exists x\ [\ (x = x \wedge S)\ \wedge \forall y\ (\ (y = y \wedge S) \rightarrow y = x)\ ]$；

$\iota x\ (x = x) = \exists x\ [\ (x = x)\ \wedge \forall y\ (\ (y = y) \rightarrow y = x)\ ]$。

将这种解释应用到 DS 中，根据 D2 和 D3 的语义，两个等式 ιx（x =

---

① 严格来说，将带有“a”或“the”的短语视为摹状词并不准确。有很多不具备这种形式的表述可以视为摹状词，比如“my father”可以视为限定摹状词，它等于“the father of me”；而有些具备这种形式的表述不能视为摹状词，比如句子“He is a teacher”中的“a teacher”并不能视为一个真正的摹状词，而应看作一个谓词。

② 彼得·拉德洛（Peter Ludlow）还指出了罗素提出摹状词理论的另外两点动机。首先，从语义学上说，罗素的摹状词理论可以充实句子的语义解释。以“晨星”和“暮星”为例，假如句子 q：黛西想知道晨星是不是暮星。弗雷格的解释方案是引入含义，即晨星和暮星指称相同，但含义不同。但是如果我们将其看作摹状词，那么 q 可以解释成 q′：黛西想知道早晨出来的那颗星星是不是晚上出来的那颗星星。通过这种解释，从言（de dicto）还是从物（de re）的问题就会显现出来。如果是前者，黛西想知道的是说话的内容；如果是后者，她想知道的是语词所指代的对象。其次，从认识论上来说，区分单称词项和摹状词可以帮助我们区分亲知和描述的知识。比如我们可以通过亲身经历知道姚明是篮球运动员，也有可能只是通过这个描述知道它所包含的知识。前者是通过亲知获得的知识，后者则是描述的知识。参见 Peter Ludlow，“Descriptions”，The Stanford Encyclopedia of Philosophy（Fall 2013 Edition），http：//plato. stanford. edu/entries/descriptions/。

$x \wedge R) = \iota x (x = x)$ 和 $\iota x (x = x \wedge S) = \iota x (x = x)$ 可以分别改写为：

(D2′) $\exists x ((x = x \wedge R) \wedge \forall y ((y = y \wedge R) \rightarrow y = x)$

(D3′) $\exists x ((x = x \wedge S) \wedge \forall y ((y = y \wedge S) \rightarrow y = x)$

在这种分析中，DA2 在此处并不起作用，因为 D2′和 D3′都是限定摹状词，它们之间并没有指称相同的单称词项。这意味着 D2 和 D3 的指称并不相同。如果这一结论是成立的，那么戴维森就无法从 D2 过渡到 D3，DS 也将是无效的。[①] 当然，支持戴维森的学者可以通过否认罗素的限定摹状词理论而维护 DS。但仅仅否认罗素的限定摹状词理论可能是不够的，他还必须给出一个证明，证明限定摹状词是单称词项，并且能够解释将限定摹状词等同于单称词项可能出现的问题，而这并不是一件很容易的事情。

DA1 认为逻辑等值的单称词项具有相同的指称。DS 两次使用了这个假设。它们分别是论证 D1 和 D2 具有相同的指称，以及论证 D3 和 D4 具有相同的指称。对于 DA1 而言，目前学界大概有两种反对意见。第一种反对意见认为，DA1 是不成立的。在他们看来，逻辑等值的单称词项可以有不同的指称。塞尔、巴威斯和佩里是这种观点的代表人物。第二种反对意见认为，即使我们承认 DA1 是有效的，也无法保证 D1 和 D2 的指称相同，因为我们无法保证 D1 和 D2 的真值相同。巴瑞·泰勒（Barry Taylor）等人持有这种观点。我们首先考察第一种意见。

塞尔是一个符合论者，他对逻辑等值的概念并没有提出任何质疑，但他并不接受 DA1。在他看来，DA1，也即是他自己所说的 2b 原则，是违反直觉的。[②] 比如说，根据 DA1，从“雪是白的”这个陈述符合“雪是白的”这个事实推论出“雪是白的”这个陈述符合“雪是白的且 2 + 2 =4”这个事实是有效的，因为“雪是白的”这个陈述与“雪是白的且 2 +2 =4”这个陈述是逻辑等值的。当然，这个例子可能出现循环论证的问题，因为 DS 的目的是反驳符合论，而该例子却预设了句子之真在于与事实相符。塞尔的回复是：你也一样（tu quoque）。[③] 塞尔的意思是说：虽然 DS 并没有具体明确句子的指称到底是事实、事态还是别的什么东

---

① 此种分析同样适用于丘奇的弹弓论证。

② 参见 John Searle, *The Construction of Social Reality*, London: Free Press, 1995, p. 223。

③ 参见 John Searle, *The Construction of Social Reality*, London: Free Press, 1995, p. 225。

西，但 DS 本身事先预设了句子包含指称，然后才通过这个论证否认了句子的指称。需要注意的是，在塞尔的符合论中，“事实”一词的含义与我们通常的理解不同，它不是某种使句子成真的实体，而是句子的成真条件。因此，塞尔例子的准确表述应该是：根据 DA1，我们可以从“雪是白的”这个陈述的成真条件是雪是白的，推论出“雪是白的”这个陈述的成真条件是雪是白的且 2 + 2 = 4。但这是不可接受的，因为从直觉上讲，2 + 2 = 4 与雪是白的并没有任何关系。换个角度来讲，在逻辑等值的句子中，等值替换并不能保证两个句子分别所符合的事实是相等的。比如说，在直觉上，“雪是白的”这个陈述所符合的事实和“存在唯一的 x 使得 x 等于 x，等于存在唯一的 x 使得 x 等于 x 且雪是白的”这个陈述所符合的事实是不同的，但 DA1 却允许我们做这样的替换。塞尔认为：

> 必须尊重“事实”、“真”和“符合”的直觉概念是任何关于真和符合解释的充分条件。弹弓论证很显然是失败的，因为它接受一条原则 2b，它违反了普通的直觉概念……而任何违反我们直觉的原则都需要许多论证为之辩护，但在这个案例中，没有为此反直觉的结果提供任何辩护。①

从塞尔的论述中，我们可以发现，塞尔对 DA1 的反驳严重依赖于他的直觉，并主张直觉是判断一个论证是否有效的标准。如果塞尔对直觉的理解是有效的，并且他的论证是可行的，那么 DA1 可能就是有问题的，因为戴维森本人并没有为 DA1 提供任何辩护，DA1 只是 DS 的一个假设。但问题在于，即使在直觉上，塞尔也没有向我们阐明什么是“事实”，什么是句子的“成真条件”；而且塞尔也没有向我们阐明依据于直觉的论证到底在多大程度上是有效的。由于篇幅问题，我们暂时不考虑塞尔对“事实”或“成真条件”的直觉解释可能面临的问题，而以格纳隆斯·罗德里格斯·佩雷亚（Gonalo Rodriguez - Pereyra）所提出的一个类似于弹弓论证的论证为例，阐明依据于直觉的论证的说服力可能是很弱的。佩雷亚的这个论证可以表述如下：

---

① John Searle, *The Construction of Social Reality*, London: Free Press, 1995, pp. 224 - 225.

（P1）事实苏格拉底是有死的

（P2）事实 ιx（x = 苏格拉底） = ιx（x = 苏格拉底 ∧ x 是有死的）

（P3）事实 ιx（x = 苏格拉底） = ιx（x = 苏格拉底 ∧ x 是个雅典人）

（P4）事实苏格拉底是个雅典人。①

在这个论证中，佩雷亚只利用了塞尔所说的直觉概念。如果我们接受塞尔关于事实的直觉概念，那么我们应该承认这个论证是成立的。首先，在直觉上，我们应该相信 P1 所指称的事实与 P2 所指称的事实是相同的。因为 P2 只不过是 P1 的一种形式化表达方式。如果事实“苏格拉底是苏格拉底，且苏格拉底是有死的”与事实“苏格拉底是有死的”是不同的，那么我们很难找出什么使“苏格拉底是有死的”为真，很难理解什么是“苏格拉底是苏格拉底，且苏格拉底是有死的”。类似地，在直觉上，我们也相信 P3 所指称的事实与 P4 所指称的事实是相同的。其次，如果我们遵从直觉的经验解释，我们也应该相信 P2 所指称的事实与 P3 所指称的事实是相同的，因为“x = 苏格拉底 ∧ x 是有死的”与“x = 苏格拉底 ∧ x 是个雅典人”指称的是同一个人，即苏格拉底。因此事实“ιx（x = 苏格拉底） = ιx（x = 苏格拉底 ∧ x 是有死的）”与事实“ιx（x = 苏格拉底） = ιx（x = 苏格拉底 ∧ x 是个雅典人）”所指的应该是同一个事实。将这些由直觉得来的结果综合在一起，我们可以知道，P1 所指称的事实与 P2 所指称的事实是相同的，并且 P2 所指称的事实与 P3 所指称的事实是相同的，并且 P3 所指称的事实与 P4 所指称的事实是相同的。由于“相同关系”具有传递性，因此，P1 所指称的事实与 P4 所指称的事实是相同的，也即事实“苏格拉底是有死的”与事实“苏格拉底是个雅典人”是相同的。

问题在于，“苏格拉底是有死的”所指称的事实与“苏格拉底是个雅典人”所指称的事实在直觉上是不同的。② 换句话说，通过利用佩雷亚的

---

① 参见 Gonzalo Rodriguez - Pereyra，“Searle's Correspondence Theory of Truth and the Slingshot”，*The Philosophical Quarterly*，Vol. 48，No. 193，1998，pp. 513 - 522。

② 佩雷亚的结论更激进些。在他看来，将他的弹弓论证推广，我们可以获得这样的结论，即所有关于实体 e 的真句子或者符合任何或所有关于 e 的事实，或者符合一个相同的关于 e 的事实。这个结论虽然与弹弓论证获得的结论不太一样，但同样是很难接受的。参见 Gonzalo Rodriguez - Pereyra，“Searle's Correspondence Theory of Truth and the Slingshot”，*The Philosophical Quarterly*，Vol. 48，No. 193，1998，p. 517。

论证，我们获得的结论违反我们的直觉。因此，如果佩雷亚的论证是有效的，那么以直觉作为推理的论据就是有问题的。因为佩雷亚的论证所依赖的是直觉，但我们利用这个论证却得出了违反直觉的结论。这意味着塞尔通过利用直觉反驳 DA1 可能是有问题的。塞尔要想反驳 DA1，应该给出更合理的论据。[①]

和塞尔一样，巴威斯和佩里也反对 DA1。但他们的立足点和塞尔的不同。塞尔的立足点是符合论；而巴威斯和佩里的立足点则是一种新的语义学，即情境语义学。情境语义学认为句子指称的不是真值，而是情境（situation）。根据巴威斯和佩里的解释，情境是世界的部分，而世界，不仅包括对象和对象的集合，也包括对象的属性和它们之间的关系。[②] 因此，情境也是由拥有属性且与其他对象处于一定关系之中的对象构成。立足于情境语义学，巴威斯和佩里认为 DA1 是有问题的，因为两个逻辑等值的句子可能描述两种完全不同的主题，它们指称的情境所涉及的对象或与对象相关的属性有可能是完全不同的。比如说，句子“雪是白的”和句子“雪是白的且草是绿的或草不是绿的”是逻辑等值的，但前者谈论的是雪，而后者不但谈论雪，还谈论草。在 DS 中，D1 和 D2 是逻辑等值的，但 D1 只谈论 R，而 D2 还涉及 x。类似的情况还涉及 D3 和 D4。巴威斯和佩里说道：

---

① 对于塞尔而言，一种可能的做法是通过添加模态词否认事实 P2 和事实 P3 是相同的，因为在 P2 中，“x = 苏格拉底 ∧ x 是有死的”是必然的，而在 P3 中，“x = 苏格拉底 ∧ x 是个雅典人”则是一个偶然判断。这样，塞尔就可以反驳佩雷亚的论证，并坚持直觉论证的有效性。但这种方案的一个严重后果是将整个论证的语境带入混乱之中，因为仅仅为 P2 和 P3 添加摹状词将会使 P2 和 P3 的外延语境变为内涵语境，但 P1 和 P4 依然保持为外延语境。这样 P1 和 P2 所指称的事实就不可能相同，P3 和 P4 所指称的事实也不可能相同。由此形成的论证与佩雷亚的论证并不一样。因此，我们认为，塞尔可能会陷入一个两难的处境之中：要么坚持直觉论证的有效性，并利用它来反驳 DA1，但这同时会遭到佩雷亚相似论证的驳斥；要么放弃直觉论证的有效性，承认 DA1，进而承认 DS 的有效性。塞尔之所以会陷入这种僵局之中，根本原因在于他对“事实”的解释是不清楚的，虽然他认为“事实”是句子的成真条件，但他并没有具体解释什么是句子的成真条件，也没有确定事实同一所依赖的标准，而且，寄希望于利用直觉的解释终归是模糊的。

② 参见 Jon Barwise and John Perry，“Semantic Innocence and Uncompromising Situations”，in *Midwest Studies in Philosophy*，*Volume* Ⅵ：*The Foundations of Analytic Philosophy*，P. A. French，T. E. Uehling，Jr. and H. K. Wettstein（ed.），Minneapolis：University of Minnesota Press，1981，p. 388。

在我们的理论中，对于在相同的模型中两个陈述为真的关系而言，“逻辑等值”是一种词语误用；在它们的部分指称对象和属性的意义上，这些陈述完全不需要拥有相同的主题。[①]

也就是说，如果我们站在情境语义学的立场来考虑问题，那么两个句子是逻辑等值的并不能保证它们具有相同的指称。逻辑等值只能保证两个句子在相同的解释模型中具有相同的真值，并不能保证句子指称的主题相同。如果使用“逻辑等值”这一标准要求逻辑等值的两个句子具有相同的指称则是不恰当的，是对“逻辑等值”这一语词的误用。对于逻辑等值的两个句子而言，由于它们各自部分所指称的对象或属性可以不一样，这两个句子也因此可以拥有完全不同的主题；但 DA1 并没有考虑过句子的主题，因为 DA1 认为逻辑等值的句子具有相同的指称。

马尔科·鲁芬诺（Marco Ruffino）并不赞同巴威斯和佩里对 DA1 的这种批评。[②] 他将 DA1 所涉及的句子的指称问题称为句子的关于物（aboutness）问题，也即巴威斯和佩里所说的句子讨论的主题是什么的问题。在他看来，仅凭一个句子，我们很难判断它的主题是什么。比如说，句子“约翰是耶稣的十二门徒之一”指向的到底是约翰，还是耶稣，或者门徒之一，还是数字十二？鲁芬诺认为，对于这个单一的句子而言，这个问题是不清楚的。他说道：

正如弗雷格所指出的，一个思想可以通过不同的方式分析，这些不同的分析方式中没有一个能够宣称自己优先于其他的分析方式。也就是说，一个句子本身不是关于一个东西或其他，而只能通过句子与分析它的特殊方式相结合。通过改变分析，我们可能改变它的

① 参见 Jon Barwise and John Perry，“Semantic Innocence and Uncompromising Situations”，in *Midwest Studies in Philosophy*，*Volume* Ⅵ：*The Foundations of Analytic Philosophy*，P. A. French，T. E. Uehling，Jr. and H. K. Wettstein （ed.），Minneapolis：University of Minnesota Press，1981，p. 398。

② 参见 Marco Ruffino，“Church's and Gödel's Slingshot Arguments”，*Abstracta*，Vol. 1，No. 1，2004，pp. 23 – 39。

关于物。①

在这段话中，鲁芬诺要求我们区分句子、句子的关于物以及句子的分析方式这三种东西，并强调句子的分析方式对于句子关于物的影响。其中，最关键是第二句话，它向我们阐述了这样的一个观点，即句子只有通过与它的分析方式相结合才能确定它的关于物。如果这种观点是有效的，那么 D1 和 D2 的主题就是不确定的；要想确定它们的主题，巴威斯和佩里还必须借助于分析句子的方式。问题在于，我们很难看出鲁芬诺为什么会持有这样的观点。鲁芬诺在第二句话中使用了“也就是说”这样的短语，按照这样的表述，我们可以推知鲁芬诺认为句子需要通过分析方式确定它的关于物这种观点来源于他的第一句话。但在第一句话中，无论是前半句所表达的意思即一个思想拥有不同的分析方式，还是后半句所表达的意思即不同分析方式的地位相等，都没有表达出句子需要通过分析方式才能确定它的关于物这种观点。鲁芬诺可能认为，一个思想既然有不同的分析方式，那么不同的分析方式总会影响句子的主题，这可以从他的第三句话，即句子的关于物可能会随着它的分析方式的改变而发生改变看出来，但情况可能并非如此。首先，思想的确有不同的分析方式，而且没有一种分析方式具有优先地位，但这并不意味着一个句子本身不是关于某个主题的。因为思想是通过句子表达的，一旦一个句子已经形成，那么它就是以某种方式阐述思想；而不是说，句子形成后，还需要其他的分析方式与之结合来共同确定句子的主题。在上述例子中，句子“约翰是耶稣的十二门徒之一”指向肯定是约翰，而不会是其他。否则的话，它会采取另外的表达方式。当然，我们承认，的确有不同的方式分析句子，比如使用现代逻辑，或使用语法知识分析句子，但这是关于句子结构的，而与句子表达的主题无关。其次，在情境语义学中，巴威斯和佩里强调了句子指称的情境是由句子部分所指称的对象通过组合性原则构成的。这也就是说，句子所指称的内容与句子的部分相关。在 D1 中，唯一相关的内容只有 R，但在 D2 中，除了 R 之外，还

---

① 参见 Marco Ruffino，“Church’ s and Gödel’ s Slingshot Arguments”，*Abstracta*，Vol. 1，No. 1，2004，p. 37。

涉及 x。不论鲁芬诺使用何种分析方式，D1 的主题与 D2 的主题肯定不同。因此，鲁芬诺对巴威斯和佩里的批评是不成立的。

当然，需要指出的是，巴威斯和佩里对 DA1 的批评是建立在情境语义学的基础之上的，如果放弃情境语义学，转而接受弗雷格式的分析，那么 DA1 的有效性就是不言自明的。巴威斯和佩里承认这一点，但他们同时指出：

> （认为逻辑等值的句子具有相同的指称的）这种理解思路将这种观点即所有的真句子指代同样的事物作为论证的前提，而它同样是该论证的结论。①

这也就是说，如果 DS 使用逻辑等值的句子具有同样的指称这样的观点作为前提，那么它就会出现循环论证的问题。因为 DS 想要获得的结论是，如果句子符合事实，那么所有的真句子符合相同的事实。在这种情况下，我们根本无须弹弓论证，因为逻辑等值的概念就可以保证真值相同的句子具有相同的指称。② 巴威斯和佩里试图提醒我们，弗雷格之所以选择逻辑等值这种关系，有很多因素是基于数学上的考虑，以及由此而带来的一些语义上的考虑，他的逻辑等值概念并不一定是唯一的选择。换句话说，如果我们能找到一种不同于弗雷格式的语义学，并且这种语义学对逻辑等值的解释与弗雷格不同，那么这将证明，在 DS 中，直接使用 DA1 可能是有问题的。巴威斯和佩里认为他们的情境语义学提供了这样的一种可能，这也是他们强烈反对 DA1 并进一步反对 DS 的原因所在。

我们接下来以泰勒的观点为例考察 DA1 的第二种反对意见。③ 泰勒

---

① Jon Barwise and John Perry, "Semantic Innocence and Uncompromising Situations", in *Midwest Studies in Philosophy*, *Volume* Ⅵ: *The Foundations of Analytic Philosophy*, P. A. French, T. E. Uehling, Jr. and H. K. Wettstein (ed.), Minneapolis: University of Minnesota Press, 1981, p. 398.

② 参见 Jon Barwise and John Perry, *Situations and Attitudes*, Cambridge, The MIT Press, 1983, p. 26。

③ 参见 Barry Taylor, *Modes of Occurrence*: *Verbs*, *Adverbs*, *and Events*, Oxford: Blackwell, 1985。

首先基于模型 M 区分了语言 L 中标准的限定摹状词和堕落的（rotten）限定摹状词。[①] 在他看来，限定摹状词 ιx A（x）在模型 M 中是标准的，当且仅当，它的公式 A（x）在 M 的解释下只对于域 D_M中的一个元素为真，其中 M 视 D_M为 L 的变元域；如果在 M 的解释下，D_M中没有一个元素，或者有不止一个元素使该摹状词为真，那么它就是堕落的。对于标准的限定摹状词而言，为其寻找一个模型理论不存在任何问题，因为标准的限定摹状词与其指称物具有一一对应的关系。关键问题出现在堕落的限定摹状词身上。泰勒所依据的是弗雷格式的解释模式。[②] 按照这种解释模式，堕落的限定摹状词被当作一个概念词，指称的是这个概念词表达的概念，由于概念是由其外延确定的，因此，判断一个堕落的限定摹状词在 D_M中所指代的元素的唯一约束条件是其外延。[③] 也就是说，我们只能通过限定摹状词的外延判断它所指代的元素。在这种情况下，泰勒认为，D1 和 D2 可能不是逻辑等值的。泰勒的理由是：可能存在这样的一个弗雷格式的模型，其中 R 被赋值为假，而 x 则指代 D_M中这样的一个元素，在约定的意义上，这个元素被指派为其公式的外延为空集的堕落的限定摹状词的指代，在这个模型中，D1 为假，而 D2 为真。[④] 泰勒的意思是说，在弗雷格式的解释模式下，我们可以设想这样的一个模型，在这个模型中，R 为假，而 x 则被指派为空集，那么根据这种解释，D1 为假，而 D2 则相当于（$\phi = \phi$），因而为真。这表明，可能存在这样的一个模型，在这个模型中，D1 和 D2 的真值并不相同。这也就是说，D1 和 D2 并不是逻辑等值的，它们的指称也并不相同。如果泰勒的这种解释是对

① 有人将其称作为合适的摹状词（proper descriptions）和不合适的摹状词（improper descriptions），比如斯蒂芬·尼尔（Stephen Neale）。

② 除弗雷格式的解释模式外，还存在其他人的解释模式，比如希尔伯特（D. Hilbert）和伯奈斯（P. Bernays）的解释模式，卡尔纳普的解释方案等。具体参见 Stephen Neale，"The Philosophical Significance of Gödel' s Slingshot"，Mind，Vol. 104，No. 416，1995，pp. 761－825。

③ 参见 Gottlob Frege，*The Basic Laws of Arithmetic*，translated by M. Furth，Berkeley and Los Angeles：University of California Press，1964。

④ 参见 Barry Taylor，*Modes of Occurrence*：*Verbs*，*Adverbs*，*and Events*，Oxford：Blackwell，1985，p. 36。

的，那么 DA1 就无法在 D1 和 D2 之间起作用，这样，DS 将是无效的。①

泰勒是在弗雷格式的解释模式下理解限定摹状词的，弗雷格式的解释模式将限定摹状词当作单称词项，并允许限定摹状词的指称为空集，这是问题的关键所在。如果泰勒采取的是罗素式的理解模式，那么结论则完全不一样。因为根据我们对罗素摹状词理论的阐述，限定摹状词与单称词项是不同的，限定摹状词中的“x”无法被赋值为空集。因此，如果 R 为假，x 的指称不是空集，那么 D1 为假，D2 也为假；如果 R 为真，x 的指称不是空集，那么 D1 为真，D2 也为真。这也就是说，在罗素式的理解模式中，D1 和 D2 总是逻辑等值的，它们因此而具有相同的指称。因此，如果只考虑泰勒的观点，我们可以认为，泰勒对 DS 的反驳是有局限的，他的局限就在于必须在弗雷格式的解释模式下理解限定摹状词和逻辑等值。否则的话，他的反驳就是不成立的。但是如果联系假设 2，我们将会发现，泰勒的反驳比想象中的作用更大。因为基于泰勒的论证，我们可以得出这样的结论，即如果坚持弗雷格的理解模式，那么 DA1 无法保证 D1 和 D2 具有相同的指称，因为它们的真值可能不同；而如果坚持罗素的理解模式，虽然 DA1 可以保证 D1 和 D2 具有相同的指称，但摹状词理论却无法保证 D2 和 D3 的指称相同。因此，无论采用何种解释方式，DS 都是不成立的。②

---

① 泰勒并不反对弹弓论证。在他看来，戴维森式的弹弓论证的失败并不代表所有弹弓论证的失败。为此，他重新定义了“逻辑等值”这个概念：两个句子是逻辑等值的，当且仅当，相应的双条件句是逻辑为真的。新的逻辑等值的概念，被他称作“严格的逻辑等值”（tight logical equivalence）。由于严格的逻辑等值依赖于逻辑为真这个概念，而逻辑为真的概念将摹状词符号和等号排除在外，而只考虑量词和真值联结词。因此，严格的逻辑等值也排除了摹状词符号和等号。泰勒的动机是可以理解的，但他的做法却是令人担忧的。因为逻辑等值这个概念牵涉到很多其他的概念，比如逻辑后承、实质等值、真等。修改逻辑等值的定义必然会影响到对这些概念的理解。具体参见 Barry Taylor, *Modes of Occurrence: Verbs, Adverbs, and Events*, 1985; Stephen Neale, *Facing Facts*, Oxford: Clarendon Press, 2001。

② 通过否认假设 DA1，我们可以反驳戴维森的弹弓论证，但这并不意味着这种反驳对所有的弹弓论证都是有效的，因为并不是所有的弹弓论证都使用假设 DA1，比如哥德尔的弹弓论证。哥德尔的弹弓论证包含三个假设，它们分别是：（1）Fa 与 $a = (\iota x)(x = a \wedge Fx)$ 指称相同的事物；（2）所有指称事实的句子都具有谓语—论证（Fa）的形式；（3）组合性原则的假设。这三个假设中，没有一个与 DA1 相关。参见 Kurt Gödel, “Russell's Mathematical Logic”, in *The Philosophy of Bertrand Russell*, Paul Schilpp (ed.), Evanston & Chicago: Northwestern University Press. Reprinted in *Philosophy of Mathematics, Selected Readings*, 2nd ed., Paul Benacerraf and Hilary Putnam (ed.), New York: Cambridge University Press, 1983, pp. 447–69; Stephen Neale, *Facing Facts*, Oxford: Clarendon Press, 2001。

在DS中，DA2主要是为了确保D2和D3的指称相同，它也引起了很多争议。我们在讨论假设2时已经阐明，如果利用罗素的摹状词理论区分摹状词和单称词项，那么DA2无法应用于DS，这样弹弓论证就会不攻自破。但是有不少学者认为，即使不利用罗素的摹状词理论，我们也可以证明DA2是有问题的。我们首先考察第一种观点。这种观点认为，如果我们能够确定事实的同一性条件，那么我们就可以反驳DA2，杨格是这种观点的代表。

由于DA2在D2和D3之间起作用，杨格因此分析D2和D3之间的关系。① 他的思路是这样的：如果我们能证明D2和D3所指称的事实是不同的，那么我们就可以证明DA2是不成立的。为了能够比较D2和D3所指称的事实，杨格需要能够判断事实是否同一的标准。他从肯尼斯·奥尔森（Kenneth Olson）那里找到了这条标准：两个事实是同一的，无论何时，它们必然地共存。② 用他自己的话来说：

> 两个事实是同一的，当且仅当，它们在同样的可能世界中被准确地发现。③

根据这条标准，我们可以推知，只在某个特定的世界中出现的两个事实不是同一的。比如说，事实“苏格拉底是有死的”和事实“苏格拉底是雅典人”，这两个事实在现存的这个世界中同时出现，但在其他世界中，苏格拉底仍然是有死的，但他可能不再是雅典人。因为苏格拉底是有死的是一个必然事件，而他是雅典人则是一个偶然事件。这样，这两个事实就不是同一的。这也就是说，必然发生的事实与偶然发生的事实不可能是同一

① 杨格重构了戴维森式的弹弓论证，虽然从表面上，他所分析的是自己重构的弹弓论证中的两个步骤 $t_A = 1$ 和 $t_M = 1$（其中 t_P 是这样的一个限定摹状词：如果P，那么这个数字是1；如果是非P，那么这个数字是0），但这两个步骤在本质上对应于戴维森弹弓论证中的D2和D3。具体参见 James O. Young, “The Slingshot Argument and the Correspondence Theory of Truth”, *Acta Analytica*, Vol. 17, No. 29, 2002, pp. 121–131。

② Kenneth Olson, *An Essay on Facts*, Stanford: CSLI/University of Chicago Press, 1987, p. 91.

③ James O. Young, “The Slingshot Argument and the Correspondence Theory of Truth”, *Acta Analytica*, Vol. 17, No. 29, 2002, p. 126.

事实，而两个偶然发生的事实却有可能是同一的。比如说，事实“上海在武汉的东部”和事实“武汉在上海的西部”，虽然这两个事实都是偶然的，但只要其中的任意一个事实在某个世界中出现，那么另一个事实必然也在该世界中出现，因此，这两个事实本身是同一的。现在的问题是：根据这条标准，D2 和 D3 所指称的事实是否同一呢？D2 和 D3 之间的不同在于前者所包含的短语是 $\iota x\ (x = x \wedge R)$，而后者在相同的位置上所包含的短语是 $\iota x\ (x = x \wedge S)$。由于 R 和 S 只是在真值上相同，这两个句子所指代的事实可以是不同的。比如说，假设 R 是句子“雪是白的”，而 S 是句子“草是绿的”，那么 D2 相当于句子“存在唯一的 x 使得 x 等于 x 且雪是白的，等于存在唯一的 x 使得 x 等于 x”，而 D3 则相当于句子“存在唯一的 x 使得 x 等于 x 且草是绿的，等于存在唯一的 x 使得 x 等于 x”。由于“雪是白的”和“草是绿的”都是偶然为真，因此，D2 和 D3 也是偶然为真。在某个世界中，D2 可能出现，但 D3 却不会出现。根据奥尔森的标准，D2 和 D3 所指称的事实不是同一的。因此，假设 DA2 是不成立的，通过替换指称相同的单称词项并不能保证两个句子的指称相同。

杨格认为，戴维森之所以被弹弓论证所吸引可能只是因为他并没有一条判断事实同一的清晰标准，而一旦我们清楚这一点，我们就不会轻易相信所有的真句子符合相同的事实。① 杨格的诊断很可能是正确的，但他所给出的答案却是值得商榷的。因为根据他的标准，即在同样的可能世界中出现的事实都是同一的，所有必然为真的句子都会指称相同的事实。比如说，“1 + 1 = 2”和“两点之间，直线最短”。如果结论真的如此，那么这对符合论的攻击不亚于弹弓论证。杨格也意识到这个问题，他提出了一系列的解决方案。这些解决方案大多立足于必然为真的陈述和偶然为真的陈述之间的区分，它们或者主张所有的必然为真的陈述指称同样的事实，而偶然为真的陈述根据它的意义的不同指称不同的事实；或者主张没有必然为真的事实，而只存在偶然为真的事实。② 但是这些解

---

① 参见 James O. Young, “The Slingshot Argument and the Correspondence Theory of Truth”, *Acta Analytica*, Vol. 17, No. 29, 2002, p. 127。

② 参见 James O. Young, “The Slingshot Argument and the Correspondence Theory of Truth”, *Acta Analytica*, Vol. 17, No. 29, 2002, pp. 127 – 131。

决方案面临着两个问题：（1）如何回应蒯因对经验主义的第一个教条即区分分析与综合所做的批评；（2）如何通过偶然陈述的意义判定它所指称的事实。杨格可能并不想回应第一个问题，他直接接受了传统哲学在必然陈述与偶然陈述之间所做的区分，即必然陈述因其组成部分的意义为真，而偶然陈述还需要依赖陈述之外的某些东西才能为真，虽然这种区分在蒯因的攻击下显得苍白无力。[1] 关于第二个问题，杨格实际上也没有给出具体答案，他提到了偶然命题在逻辑等值的情况下意义相同，指称同一个事实，但他只分析了两种情况：（1）原陈述 C 的意义直接同一的陈述，比如说 $C \wedge C$；（2）将原陈述 C 当作一个合取支与一个必然为真的陈述组成一个合取公式的陈述，比如 $C \wedge (A \vee \sim A)$。然而，即使我们承认偶然命题与必然命题之间的区分，这种处理方式也是不够的，因为存在一些意义不同的两个偶然陈述，它们指称的事实是相同的。比如我们前文所举的例子，陈述“上海在武汉的东部”和陈述“武汉在上海的西部”。这样的陈述既不属于杨格所分析的句子逻辑等值的第一种情况，也不属于它的第二种情况。而针对这样的句子，杨格要想通过它们的意义判定它们所指称的事实是否相同，必然首先给出一个意义理论。这也就是说，在给出一个意义理论之前，通过句子的意义确定句子指称的事实在杨格这里是行不通的。综合这两方面的问题，我们有理由认为杨格对 DS 的批评是不充分的，他需要为判断事实是否同一的标准做进一步的辩护。

我们接下来考察反对 DA2 的第二种意见。这种观点主张从解释的不同方式来考察 DA2，在他们看来，由于语词或句子有不同的解释方式，这些解释方式的不同将会限制 DA2 的应用范围，并因此而破坏 DS 的有效性。班尼特、巴威斯和佩里等人是这种观点的代表。

班尼特首先区分了解释语词的两种不同意见：弗雷格式的意见和罗素式的意见。前者认为我们只有通过适合它的描述才能指称个体事物，因此，即使是专名或指示词，当它们指称某个事物时，仍然蕴含了描述该事物的某种方式。后者认为有些语词可以指称一个事物但不必要明确

① 参见蒯因《经验论的两个教条》，载《从逻辑的观点看》，陈启伟、江天骥等译，中国人民大学出版社 2007 年版。

描述它的方式，也就是说，它只有指称，但没有含义。罗素称这样的语词为逻辑专名。根据这两种理解模式，班尼特分别为它们总结出各自判断事实同一的标准：在弗雷格的意义上，两个句子表达同样的命题，当且仅当，它们先天地可以相互推导；在罗素的意义上，两个句子表达同样的命题，当且仅当，通过使用具有同样指称的名称替换另一个罗素式的名称，它们可以相互推导。① 从班尼特给出的标准来看，这两条标准似乎与 DA1 和 DA2 所陈述的内容几乎一致，并没有任何实质不同，但这种观点只适用于分析弗雷格意义上的标准和 DA1 之间的关系，而罗素意义上的标准与 DA2 实际上有本质的不同。因为逻辑等值的概念是在弗雷格所创立的现代逻辑的背景下完成的，它可以被视为“先天地可以相互推导”的另一种表述；但罗素式的名称即逻辑专名与名称之间并不相同，因为逻辑专名不包含任何关于指称物的信息，但一般而言，我们所说的名称不但包括逻辑专名，还包括摹状词等包含有关于指称物信息的名称。而正是在这里，班尼特发现了弹弓论证的问题所在。他说：

> 关于 V－事实（V－fact）的表述不仅相对于不包含信息的罗素式的名称而言是透明的，对于限定摹状词而言也是透明的，这当然会制造麻烦。如果我们想要事实体面地各自保持独立，它们的名称相对于任何它们所包含的限定摹状词而言都必须不是透明的，不论该摹状词是人为的还是自然的，是通过逻辑等值引入的，还是从一开始就存在的。②

班尼特所说的“V－事实”指的是戴维森所说的大事实，而他使用形容词“透明的”修饰 V－事实意在表明 V－事实没有相应的界限。从上面这段话中，我们可以看出班尼特对 V－事实不满；并且他提了一个解决方案，即将摹状词所对应事实的透明性去掉，以保持每个事实的独立性。班尼特之所以对 V－事实不满，因为如果 V－事实是透明的，这意味着不但逻辑专名符合 V－事实，限定摹状词也符合 V－事实，而这是有问题

① 参见 Jonathan Bennett, *Events and their Names*, New York: Hackett, 1988, pp. 36－37。

② Jonathan Bennett, *Events and their Names*, New York: Hackett, 1988, p. 39.

的。因为符合论希望每个真句子都有其相对应的事实，如果逻辑专名和限定摹状词都符合 V-事实，那么所有的真句子将只符合同一个 V-事实。班尼特提出的解决方案要求我们从一开始就区分限定摹状词与逻辑专名，并进一步将限定摹状词从 DA2 的应用范围中排除出去，而只留下逻辑专名。因为 DS 之所以会得出大事实这种怪异的结论正是因为 DA2 没有区分各种不同的名称，而将摹状词与罗素式的名称等而视之。但限定摹状词包含逻辑专名所不包括的信息。当然，在某些情况下，如果我们不使用摹状词所携带的信息，而只使用它的指称，那么相互替换摹状词是可以的。问题在于，在 DS 中，DA2 的应用利用了限定摹状词中所包含的信息，因而是不被允许的。

通过考察理解名称的这两种方式，班尼特认为：在解释或陈述中，只有逻辑专名可以被安全地替换；逻辑专名之外的任何名称，只要它所包含的信息构成了解释或陈述的一部分，都不能被其他名称安全地替换。[①] 班尼特的这个观点可以看成他对 DA2 批评的一个总结。它限制了可相互替换的名称的情况，即逻辑专名。除此之外，弗雷格式的名称、摹状词等都不能安全地被替换。因此，为了避免弹弓论证所得出的结论，我们只需要在考虑替换问题时，用罗素式的方式使用名称，在考虑使用描述内容时，使用弗雷格式的方式。应该说，班尼特对 DA2 的诊断是成功的，因为他给出了解释事实同一的标准，并且指出了 DS 的一个错误在于 DA2 混淆了逻辑专名和限定摹状词。只不过，他并没有阐释为什么会存在两种不同的判断标准，也没有解释为何两种标准的使用会有不同的限制条件。我们认为，在处理这些问题时，巴威斯和佩里的解释更清楚一些。

巴威斯和佩里认为解释有两种不同的方式：无值（value-free）解释和有值（value-laden）解释。[②] 无值解释不考虑解释对象的语义值，有值解释则与之相反。在一些情况下，比如在处理专名时，这两种解释是

---

① Jonathan Bennett, *Events and their Names*, New York: Hackett, 1988, p. 40.

② 参见 Jon Barwise and John Perry, "Semantic Innocence and Uncompromising Situations", in *Midwest Studies in Philosophy*, *Volume* Ⅵ: *The Foundations of Analytic Philosophy*, P. A. French, T. E. Uehling, Jr. and H. K. Wettstein (ed.), Minneapolis: University of Minnesota Press, 1981, pp. 389-393。

一致的；但是在处理摹状词时，这两种解释并不相同。为了更好地理解这两种解释方式，巴威斯和佩里建议我们参考第三人称代词在确定它的指称物时所拥有的两种不同方式：（1）通过作为前项的其他表述间接地确定指称物；（2）通过说话者的关系直接地确定指称物。前者依赖于该代词与其他表述之间的关系，后者则依赖于它与说话者之间的关系。类似地，一个表述也有两种不同的方式指称情境：（1）约束言语前面的某个部分所描述的情境，或者约束言语作为一个整体所描述的情境；（2）通过与说话者的关系指称情境。前者对应于无值解释的方式，后者对应于有值解释的方式。

我们以 CS 中的 C2 即“沃尔特·司各特是总共写了 29 本威弗利小说的人”这个句子为例阐述巴威斯和佩里所说的无值解释与有值解释。如果我们使用无值解释的方式，那么 C2 描述的情境包括沃尔特·司各特、作者关系以及威弗利小说等，它们作为 C2 的组成部分共同构成了关于 C2 的语义描述；如果我们采用有值解释的方式，那么 C2 描述的情境中只有沃尔特·司各特，因为 C2 中的名称和摹状词所指称的都是沃尔特·司各特。因此，有值解释依赖于情境类型如何安置事物，而无值解释并不考虑情境类型中的具体事物。巴威斯和佩里所说的无值解释和有值解释的区分与基思·唐奈兰（Keith Donnellan）区分限定摹状词的归属性用法（attributive use）和指称性用法（referential use）是一致的。[①] 限定摹状词的无值解释或归属性用法表述的是一种关系，是从事件映射到个体的一个偏函数；而限定摹状词的有值解释或指称性用法，当它被应用到某些特定资源情境中，结果是该限定摹状词所表达的函数的值。[②]

基于有值解释与无值解释这两种解释方式的区分，巴威斯和佩里认为 DA2 是不清楚的。他们说道：

> 第二条原则是模糊的，它依赖于复杂的单称词项是以无值解释

---

① 参见 Keith Donnellan, “Reference and Definite Descriptions”, *The Philosophical Review*, Vol. 75, No. 3, 1966, pp. 281 – 304。

② 参见 Jon Barwise and John Perry, *Situations and Attitudes*, Cambridge: The MIT Press, 1983, p. 151。

> 的方式解释还是以有值解释的方式解释。如果采取第一种方式，并且假设第一条原则，论证的第一步有效，但第二步无效。采取第二种方式，第一步无效。①

在这段话中，第一条原则指的是 DA1，第二条原则指的是 DA2。巴威斯和佩里表达了他们对 DA2 的担忧。因为对于 DA2 即“当一个单称词项所包含的单称词项被另一个具有同样指称的单称词项替换时，这个单称词项不会改变它的指称”这条原则而言，存在两种不同的解释方式。如果采用无值解释的解释方式，那么 DA2 考虑的是单称词项的描述方式。由于 DA1 已经假设了逻辑等值的两个句子指称具有相同的指称，那么从 D1 过渡到 D2 是有效的，但 DA2 不能保证 D2 和 D3 具有相同的指称，因为 DA2 考虑的是单称词项的描述方式，在分析 D2 和 D3 时，必须考虑 ιx（$x=x\wedge R$）和 ιx（$x=x$）之间的关系，以及 ιx（$x=x\wedge S$）与 ιx（$x=x$）之间的关系，但 R 和 S 除了真值相同以外，没有任何内容是一致的，因此，DA2 并不能保证 D2 和 D3 的指称相同。如果采用有值解释的解释方式，那么 DA2 和 DA1 需要考虑单称词项的指称对象，但由于 D1 中只包含有 R，而 D2 中包含 ιx（$x=x$），这意味着 D1 和 D2 有不同的主题，从 D1 过渡到 D2 是不合法的。因此，无论采取何种解释，DS 都是无效的。

鲁芬诺不同意巴威斯和佩里对 DA2 的批评，他将巴威斯和佩里对 DA2 的批评称为多重视角的批评，因为巴威斯和佩里是从区分无值解释和有值解释的角度来批评 DA2 的。② 鲁芬诺给出了三个理由。虽然鲁芬诺给出的三个理由是以 CS 中的 CA1 为例展开讨论的，但这种讨论方式并不影响他的结论，因为 CS 中的 CA1 和 DS 中的 DA2 在实质上是一致的，只在表述上略微有些区别。因此，我们也以 CS 中的 CA1 作为讨论的文本。

---

① Jon Barwise and John Perry, “Semantic Innocence and Uncompromising Situations”, in *Midwest Studies in Philosophy*, *Volume* Ⅵ: *The Foundations of Analytic Philosophy*, P. A. French, T. E. Uehling, Jr. and H. K. Wettstein (ed.), Minneapolis: University of Minnesota Press, 1983, p. 402.

② 参见 Marco Ruffino, “Church's and Gödel's Slingshot Arguments”, *Abstracta*, Vol. 1, No. 1, 2004, p. 33。

首先，为了支持 CA1，鲁芬诺反对巴威斯和佩里认为 CS 中“《威弗利》的作者”和“总共写了 29 本威弗利小说的人”是两个彻底不同的属性。在他看来，一个人可以合理地认为“《威弗利》的作者”这个属性可能有一个深层次的结构，以至于这个属性事实上是（或可能蕴含）“总共写了 29 本威弗利小说的人”这个属性。[①] 鲁芬诺的意思是说，即使巴威斯和佩里采取有值解释的解释方式解释 C1 和 C2，也不能排除 C1 和 C2 所指称的事物在事实上是相同的，因为有可能 C1 和 C2 所包含的两个属性即“《威弗利》的作者”和“总共写了 29 本威弗利小说的人”在事实上有可能基于某种深层次的结构因而是相同的。但问题在于，如果鲁芬诺不给出这样的一个深层次结构，他没有办法证明这两个属性是相同的。仅凭理论上的一种可能性并不能驳斥“《威弗利》的作者”和“总共写了 29 本威弗利小说的人”这两个属性在事实上是不同的。在理由一中，鲁芬诺还认为，巴威斯和佩里似乎认为“x 是《威弗利》的作者”和“x 是总共写了 29 本威弗利小说的人”的词汇上的意义已经穷尽了这两个属性及其结构的所有内容，但支持意义作为一个实在论概念的人会反对这一点。[②] 为了证明这个观点，他借助了弗雷格实在论的视角，认为表述的含义在于其认知上的价值，而不能与语言的意义相等同。虽然鲁芬诺并没有解释什么是“意义的实在论概念”，但他似乎认为表述的意义在于它所对应的实体。如果这种理解是正确的，那么鲁芬诺之所以会抛出这样的论点，事实上仍然是想证明“《威弗利》的作者”和“总共写了 29 本威弗利小说的人”这两个属性是相同的。因为将意义当作一个实在的概念，认为语词的意义在于其所指称的实体，鲁芬诺就可以认为这两个属性共同指向同一个实在的东西，因而具有相同的意义。但这种做法对于维护弹弓论证而言，是得不偿失的。因为戴维森提出 DS 的目的之一就是反对以指称实体的这种方式理解句子或语词的意义。[③]

其次，鲁芬诺认为，巴威斯和佩里对 C2 和 C3 分析是有问题的。在

---

① Marco Ruffino, “Church' s and Gödel' s Slingshot Arguments”, *Abstrauta*, Vol. 1, No. 1, 2004, p. 35.

② 参见 Ibid., p. 35。

③ 参见 Donald Davidson, “Truth and Meaning”, *in Inquiries into Truth and Interpretation*, 2nd. ed. Oxford: Clarendon Press, 2001, pp. 17 –36。

他看来，巴威斯和佩里之所以认为从 C2 到 C3 的转换是不合法的，是因为 C2 的主题是沃尔特·司各特，而 C3 的主题是数字 29，但这种解释只有在将情境视为句子的指称时才成立，然而，丘奇和弗雷格等人都不同意句子的指称是情境。因此，他认为巴威斯和佩里的批评有循环论证的嫌疑。[①] 笔者认为，鲁芬诺的这种理解可能有些问题。丘奇和弗雷格等人，包括戴维森在内，都不同意句子的指称是情境，这是事实，但这不影响巴威斯和佩里的结论。因为在批评弹弓论证时，句子的指称是不是情境，这一点并不重要。重要的是句子的指称不能事先预设是真值。只要不事先预设句子的指称是真值，不论句子的指称是情境、事实，还是什么别的东西，坚持从无值解释的解释方式理解 CA1 必然会得出从 C2 到 C3 之间的转换是不合法的这个结论。巴威斯和佩里提出句子的指称是情境，只是在句子的指称是真值这一观点之外提出了另一种解释的可能，这并不影响他们的结论。所以，认为巴威斯和佩里的批评犯有循环论证的错误是站不住脚的。

最后，鲁芬诺认为，虽然摹状词有两种不同的解释方式，但这并不意味着一个摹状词只有一种用法；在他看来，如果摹状词同时拥有两种用法，那么巴威斯和佩里对弹弓论证的诊断就是不成立的。[②] 然而，即便我们同意鲁芬诺的观点，即除演绎科学之外，所有的表述都同时拥有这两种用法，这仍然不能驳倒巴威斯和佩里的诊断，因为同时拥有两种用法与同时使用这两种用法不是一回事。比如说，电脑有办公的功能，也有娱乐的功能，但是当我们使用电脑办公时，基本不会同时使用电脑娱乐，反之亦然。这也就是说，鲁芬诺要想证明巴威斯和佩里的诊断是错误的，还必须证明弹弓论证中的表述同时使用了这两种用法。但很明显，这是不可能的。因为摹状词的归属性用法和指称性用法是两种完全不同的用法，在同一种语境下，使用摹状词的一种用法必然会排斥另一种用法。综上所述，鲁芬诺对巴威斯和佩里的反驳难言成功，DA2 仍然是模

---

① 参见 Marco Ruffino, "Church' s and Gödel' s Slingshot Arguments", *Abstracta*, Vol. 1, No. 1, 2004, p. 36。

② Marco Ruffino, "Church' s and Gödel' s Slingshot Arguments", *Abstracta*, Vol. 1, No. 1, 2004, p. 36.

糊不清的。

至此，我们分析了 DS 中的四个假设：假设 1、假设 2、DA1 和 DA2。除了假设 1 之外，其他的三个假设都是有问题的。事实上，尚茨在一次国际会议上也曾向戴维森表达过对 DS 的不信任，比如使用 DA1 可能会导致 DS 有循环论证的嫌疑,① 但戴维森并没有正面答复尚茨的质疑。他只是在强调 DS 的目的在于证明如果真句子符合某物，那么所有的真句子都符合同样的事物，并且认为这只是概括了塔尔斯基的思想，即相对于闭语句而言，满足关系并不区分不被真之谓词区分的语句。② 问题在于，戴维森的这种回复只是他对 DS 所获得结论的一种再次说明，并不是 DS 的一个辩护。符合论认为句子之真在于与事实相符，这是从形而上学的角度对真的一种解释；而对于闭语句而言，满足不会做出真之谓词不做的区分，这只是阐述了闭语句没有变元的一种特性。戴维森通过概述塔尔斯基的真之理论并没有像 DS 那样从符合论的内部结构真正地反驳符合论。因此，笔者认为，戴维森实际上并没有为 DS 给出进一步的辩护，他试图通过 DS 反驳符合论的努力可能是失败的。

第五节 符合论的失败与表征论的终结

根据罗蒂的阐述，近现代哲学的一个核心议题是表征论，表征论承担着为其他学科奠定基础的任务。③ 表征论之所以能担任此项任务，因为其他的学科是在发现知识，而近代哲学的目的是为知识寻找基础，并且试图从研究认识者、心智活动或使知识成为可能的表征活动中寻找此项基础。认识就是准确地表征外在于心灵的事物。思想、言语、表述之所以具有内容是因为它们对实在的表征，如果它们能准确地符合事实或映

---

① 参见 Richard Schantz, "Davidson on Truth", in *Reflecting Davidson: Donald Davidson Responding to an International Forum of Philosophers*, Ralf Stoecker (ed.), Berlin: De Gruyter, 1993, pp. 25 – 35。

② 参见 Donald Davidson, "Reply to Richard Schantz", in *Reflecting Davidson: Donald Davidson Responding to an International Forum of Philosophers*, Ralf Stoecker (ed.), Berlin: De Gruyter, 1993, pp. 36 – 39。

③ 参见 Richard Rorty, *Philosophy and the Mirror of Nature*, Princeton: Princeton University Press, 1979。

现（mirror）实在，那么它们就是真的。因此，如何构建出一个普遍适用的表征论变成了哲学关心的焦点。与之相关的，对事实、事态、反事实情境、真之符合论等问题的研究也逐步成为哲学讨论不可或缺的部分。戴维森和罗蒂反对以这种方式理解哲学，他们认为，是时候发掘认为心灵和语言表征事实这种观点的荒唐之处了。戴维森和罗蒂的这种想法在哲学史上产生了重大影响，因为如果真如戴维森和罗蒂所言，表征论是荒唐的，那么哲学将会发生一系列转变，其中的很多问题都会随之消失或更新。

罗蒂认为戴维森对表征论的批评不是基于 DS，而是因为戴维森的工作拒斥了经验论的第三个教条，即框架—内容的区分。如果罗蒂的评论是对的，那么 DS 与拒斥框架—内容二分可以相互独立。利用拒斥框架—内容二分的工作，戴维森可以驳斥表征论。尼尔并不同意罗蒂的意见，他认为戴维森拒斥框架—内容二分的工作依赖于其反对事实的一个独立论证，即 DS。[①] 在他看来，戴维森在反驳框架适合经验或实在时，暗示了 DS，因为戴维森在论证的关键地方提到“没有任何东西，没有任何一样东西使句子和理论为真，这也就是说，能使一个句子为真的不是经验、不是表层刺激，不是世界……句子‘我的皮肤是温暖的’是真的当且仅当我的皮肤是温暖的。这里没有提到事实、世界、经验或证据”[②]，而这恰恰是 DS 和戴维森真之理论的结论；并且戴维森在该段的结尾加了一个脚注，即“参见论文 3”，而论文 3 指的正是他的论文《对事实为真》——DS 的出处之一。除此之外，尼尔认为罗蒂对戴维森的解释有很多内容超出了戴维森本人的想法。比如说，戴维森认为存在关于对象或事件的表征，但罗蒂并不支持这一点。戴维森本人倾向于支持尼尔的看法。他说：“斯蒂芬·尼尔是对的，我拒斥事实作为一种通过符合它能够解释真的实体，是我关于真和意义、拒斥框架—内容的区分、表征主义以及其他更多内容的观点的中心。因此，我非常感谢他，因为我非常依

---

① 参见 Stephen Neale，“On Representing”，in *The Philosophy of Donald Davidson*，Lewis Edwin Hahn（ed.），Illinois：Open Court Publishing Company，1999。

② Donald Davidson，“On the Very Idea of a Conceptual Scheme”，in *Inquiries into Truth and Interpretation*，2nd ed.，Oxford：Clarendon Press，2001，p. 194.

赖于他所探索的反对事实的论证。"[①] 根据戴维森的这个表述，结论是很清楚的，即戴维森反对表征论的工作依赖于DS。应该来说，这一点是很好理解的。因为任何形式的表征论都预设了真语句或真信念所表征的事实的存在，如果的确如DS那样否定了事实的解释地位，那么表征论自然而然就会被抛弃。

戴维森提出DS的目的是反驳符合论，而反驳表征论也依赖于DS，从这个角度来看，符合论与表征论的关系十分紧密。在戴维森眼中，符合是和表征联系在一起。他说道：

> 如果我们放弃作为实体、使句子为真的事实，那么我们就应该同时放弃表征，因为它们各自的合法性是相互依赖的。[②]

应该来说，这个观点是非常清楚的。事实作为实体使句子为真是符合论的观点，因此，当戴维森说事实使句子为真和表征是相互依赖的，这其实也是在说符合论和表征论是相互依赖的。放弃符合论意味着放弃表征论，放弃表征论也就是放弃符合论。但是根据我们之前的论述，非常清楚的是，戴维森通过DS反驳符合论的工作是失败的，事实并不像戴维森所说的那样被浓缩在一个大事实之中。在某种程度上，戴维森承认这一点，他说：

> 就像罗素语义学所做的，通过使属性和符合谓词的实体成为事实的部分，它（消除弹弓论证）是可以完成的。[③]

在这句话中，"罗素的语义学"主要指的是罗素的摹状词理论。因此，戴维森实际上承认，如果罗素的摹状词理论是有效的，那么通过利

---

① Donald Davidson, "Reply to Stephen Neale", in *The Philosophy of Donald Davidson*, Lewis Edwin Hahn (ed.), Illinois: Open Court Publishing Company, 1999, p. 667.

② Donald Davidson, "The Structure and Content of Truth", *The Journal of Phliosophy*, Vol. 87, No. 6, 1990, p. 304.

③ Donald Davidson, "Reply to Stephen Neale", in *The Philosophy of Donald Davidson*, Lewis Edwin Hahn (ed.), Illinois: Open Court Publishing Company, 1999, p. 667.

用摹状词理论可以驳斥 DS。这样，即使符合论和表征论不能证明自己的观点一定是正确的，至少可以免于 DS 的批评。但事实上，戴维森仍然坚持认为 DS 是有效的，原因在于，他认为罗素的摹状词理论并不能被嵌入到满足理论或真之定义之中。换句话说，罗素的摹状词理论在满足理论和真之定义中不起作用。在他看来，塔尔斯基的工作已经很好地阐释了怎样去定义真，但塔尔斯基的工作并未利用罗素的摹状词理论，因此，罗素的摹状词理论是不必要的。笔者认为，戴维森支持塔尔斯基的真之定义是可行的，但这不应该与他利用 DS 反驳符合论的工作相混淆。因为支持塔尔斯基的真之定义是一回事，利用 DS 反驳符合论则是另一回事。塔尔斯基的真之定义并不等同于 DS。即便塔尔斯基的真之定义没有使用罗素的摹状词理论，也不意味着摹状词理论是无效的。而且根据我们的分析，即使不利用摹状词理论，也可以证明 DS 是无效的。

在上一小节中，我们提到巴威斯和佩里的情境语义学，尚茨认为情境可以充当满足符合论要求的实体。他认为，从直觉上讲，说句子描述情境是正确的；戴维森本人也说句子是关于情境的，并且说句子将情境作为它们的主题。① 戴维森不同意尚茨的看法，他给出了两点理由。② 首先，戴维森认为，在情境语义学中，情境的定义是含混不清的。在他看来，即使遵从巴威斯和佩里的观点，根据对象、属性和关系定义抽象情境，真仍然不能通过指称抽象情境来定义，因为抽象情境不但符合真句子，也符合假句子。其次，戴维森认为，在抽象情境中，无法区分出真正符合真句子的情境，即真实的情境；因为真实情境的定义已经预设了真，真实的情境是通过符合真句子被定义的，而不是相反。戴维森指出，巴威斯和佩里本人也没有定义真实的情境，他们所依赖的是直觉，如果有人不同意他们的直觉，那么这个人很难被他们说服。戴维森的这两点理由实际上可以归结为一个问题，即什么是句子符合的情境。这个问题

---

① 参见 Richard Schantz, “Davidson on Truth”, in *Reflecting Davidson: Donald Davidson Responding to an International Forum of Philosophers*, Ralf Stoecker (ed.), Berlin: De Gruyter, 1993, pp. 32 – 34。

② 参见 Donald Davidson, “Reply to Richard Schantz”, in *Reflecting Davidson: Donald Davidson Responding to an International Forum of Philosophers*, Ralf Stoecker (ed.), Berlin: De Gruyter, 1993, p. 38。

略加修改适用于追问各种不同版本的符合论，比如什么是句子符合的事实，什么是句子符合的事态等。笔者认为，无法回答什么是真句子所符合的实体是符合论失败的真正原因。戴维森原本可以利用该问题向符合论发难，使用弹弓论证反驳符合论可能是多余的。

那么，什么是真句子符合的实体呢？我们首先参考符合论者是如何回答这个问题的。在前文中，我们曾提到了几种不同的符合论，分别是罗素的符合论、塞尔的符合论和尚茨的以情境语义学为基础的符合论。但是这三种符合论都没有清楚地阐明这个问题。罗素承认自己不打算详细解释这个问题，塞尔和情境语义学则是依赖于直觉。笔者认为，罗素和塞尔等人的做法实际上是无奈之举，他们要么选择逃避，要么选择直觉的解释。前者肯定是不行的，因为预设真句子符合的实体是符合论的理论基础，不解释什么是句子符合的实体意味着符合论的根基是不清楚的；后者也是不可取的，因为我们已经阐明过依赖直觉的解释是不可靠的。

事实上，之所以会造成上述这种局面，原因在于，“什么是句子符合的实体”这个问题本身在不预设对真的理解前提下是不可能回答清楚的。符合论者设定实体是为了解释真假，但任何解释本身都必然会涉及真假的问题，因为在众多解释中选择一种解释就相当于确定这种解释为真。否则的话，我们没有必要选择此种解释。同样，对实体的解释也是如此。也就是说，对实体的解释必定已经预设了对真的先在理解。如果这种解释是对的，那么脱离对真的理解去解释什么是句子符合的实体实际上是不可能的。当然，如果首先阐明什么是真，然后借助真解释实体，那么实体是可以解释清楚的，但这不满足符合论的要求。因为符合论需要首先解释什么是实体，然后才能通过利用与实体相符合的关系解释真。需要注意的是，我们对符合论的批评与弗雷格对符合论的批评并不一样。弗雷格认为，如果人们想说“如果一种表象与实在一致，那么它是真的”，那么由此什么也不会得到，因为为了应用这一说法，必须在一个给定的情况下确定一种表象与实在是否一致，这样就必然预先假设了被定义者本身。① 弗雷格的意思是说，应用真之定义的标准会预

① 参见《弗雷格哲学论著选辑》，王路编译，商务印书馆2013年版，第203页。

先假设定义本身，因而会造成无穷倒退的问题。这种批评是在已经设定什么是句子符合的实体的前提下批评符合论的；而我们想要强调的是，符合论在不借助真之概念的情况下无法准确地回答什么是句子符合的实体。

其次，符合论预设句子符合的实体，目的在于说明真句子与事实相符，而假句子与事实不符。但是如何确定一个实体呢，除了利用句子表述的内容之外，没有别的办法。比如说，要想确定单个实体“雪是白的”，必须首先理解句子“雪是白的”所表达的内容。这也就是说，实体是依赖于句子的，而不是相反。因此，离开句子本身去确定单个实体是不可能的。事实上，在离开句子的情况下确定单个实体不但是不可能的，也是不必要的。因为实体是依赖句子的，借助依赖句子的实体阐述句子的真假还不如直接通过句子本身阐述真假。因此，我们可以直接说句子“雪是白的”是真的，当且仅当雪是白的。这里不需要涉及任何事实、情境、世界之类的实体。

事实上，戴维森也认为预设实体没有必要。比如他在谈到亚里士多德的真之定义时认为，如果将亚里士多德的真之理论视为符合论，那么亚里士多德的符合论可能是最好的符合论，因为亚里士多德的符合论并没有假设句子符合的实体，而其他的符合论都预设了各种各样的实体。① 戴维森的这个评价显示出他对符合论的基本态度。正因为亚里士多德只利用了“是者实际上是或不是”与“说是者是或不是”这两者之间的关系阐述真与假，并没有假设真句子应该符合某种实体，所以戴维森才倾向于支持亚里士多德的真之理论。② 因此，严格说来，亚里士多德的真之理论并不是一个真正的符合论，因为它没有假设句子符合的实体。符合论预设句子符合的实体在解释真之概念中没有任何作用。

---

① 参见 Donald Davidson，“The Folly of Trying to Define Truth”，*The Journal of Philosophy*，Vol. 93，No. 6，1996，p. 266。

② 戴维森倾向于支持亚里士多德的真之理论还有另外两个原因：（1）亚里士多德的真之定义非常清楚，没有任何歧义；（2）亚里士多德的真之定义揭示了一个句子为真如何依赖于它的内部结构。具体参见 Donald Davidson，“The Folly of Trying to Define Truth”，*The Journal of Philosophy*，Vol. 93，No. 6，1996，p. 267。

戴维森在批评符合论时曾有过这样的总结：

> 对符合论的正确反驳并不是说，符合论使真成为人类不能合法追求的东西。真正的反驳其实是，这样的理论不能为真之载体（无论我们将真之载体视作陈述、句子还是言语）提供能够被说成与之相符合的实体。①

这个结论是非常清楚的。在第一句中，戴维森否定了常见的反对符合论的一种观点。这种观点认为，如果符合论是有效的，真在于句子与事实相符，那么真之概念将会成为与人类无关的东西。在第二句中，戴维森阐释了反驳符合论的真正原因，即符合论无法提供与句子相符的实体。需要注意的是，戴维森是在相信 DS 有效性的前提下得出这种结论的。因为如果 DS 是有效的，那么它可以证明符合论无法提供任何与真之载体相符合的实体。当然，我们已经证明了 DS 是无效的，但这不妨碍我们仍然接受戴维森的这个结论。因为我们已经证明了符合论无法回答“什么是句子符合的实体”这个问题，无法确定句子所符合的单个实体。换句话说，在不借助 DS 的情况下，戴维森的结论同样成立。这也就是说，符合论的确不能提供与真之载体相符合的实体。

接着上一段引文，戴维森说道：

> 如果这是对的，而我确信这是对的，那么我们也应该质问一种流行的假设，即句子，或说出句子的符号，或我们头脑中类似句子的实体或构造，可以恰当地被称为“表征”，因为没有任何东西可供它们表征。②

也就是说，戴维森认为，如果符合论不能提供真之载体所符合的事实，那么表征论的假设就是无效的；而且戴维森相信他利用 DS 已经证明

---

① Donald Davidson, “The Structure and Content of Truth”, *The Journal of Philosophy*, Vol. 87, No. 6, 1990, p. 304.

② Ibid.

了符合论无法提供真之载体所符合的事实，因此，在他看来，表征论是无效的。虽然我们所给出的理由与戴维森的理由不一样，因为我们并没有利用 DS，但结论是一致的，即符合论无法解释什么是句子符合的实体。基于这个结论，我们同样认为，表征论的确面临着被终结的命运。

第三章
真与融贯

上一章详细讨论了戴维森对符合论的批评以及符合论失败的真正原因。在确认符合论是失败的之后，戴维森面临着一个新的任务，即如何重新解释真。在其 1983 年的论文《真与知识的融贯论》中，戴维森认为自己的真之理论是一种融贯论。但是，在何种意义上可以认为戴维森支持的是一种形而上学的融贯论，这一点是值得商榷的。

第一节　符合无须对照

在《真与知识的融贯论》的开篇，戴维森坦承自己的任务是为真和知识的融贯论辩护。[①] 但是在戴维森眼中，他所为之辩护的融贯论与符合论并不相互排斥，用他自己的话来说，他的目的是展示"融贯产生符合"。[②] 从表面上看，戴维森的这个口号与他自己之前所持有的立场不一致，因为他之前曾严厉地批评符合论，但在此处，他似乎是在支持符合论。事实上，二者之间并不矛盾。因为戴维森对"符合"有不同的理解。戴维森所批评的符合论认为句子或信念为真在于与事实相符，这种理解符合的方式蕴含着事实的存在，它是一种对照式的符合论。戴维森并不

---

① 参见 Donald Davidson, "A Coherence Theory of Truth and Knowledge", in *Subjective, Intersubjective, Objective*, Oxford: Clarendon Press, 2001, p. 137。

② Donald Davidson, "A Coherence Theory of Truth and Knowledge", in *Subjective, Intersubjective, Objective*, Oxford: Clarendon Press, 2001, p. 137.

认可这种理解。在他看来，符合无须对照。也就是说，符合不需要预设真之载体与世界之间的对照关系。戴维森说：

> 我们一直以这种方式看待问题的：一个人拥有他关于世界的所有信念，即所有他的信念。他如何能辨别这些信念是否为真，或倾向于真？我们一直这样假定，只有通过将他的信念与世界相联系，或者以他的某些信念逐个地与感官所传递的东西相对照的方式，或者以他的信念整体与经验法庭相对照的方式。但是这种对照是行不通的，因为我们当然无法在我们的皮肤之外找到那些引起我们意识到的内部事件的东西。①

这段话包含两层意思。首先，它概括了我们判断信念是否为真的两种方式，即或者将信念与感官所传递的东西如感官刺激等逐一对照判断这些信念是否为真，或者将信念整体与经验整体对照判断这些信念是否为真。其次，戴维森认为，上述判断信念为真的两种方式都是错误的，因为我们无法在皮肤之外找到那些引起我们所意识到的内部事件即心理事件的东西。在这两层意思中，第二层意思是关键，因为它否定了两种常见的判断信念是否为真的方式。从表面上看，戴维森给出的理由可能有些奇怪，因为我们当然可以在皮肤之外找到那些引起我们心理事件的东西，比如在我皮肤之外的电脑，它引起了这样的一个心理事件，即我相信我正在用电脑改论文。戴维森之所以认为我们不能迈出这一步，因为他是站在认识论的角度考虑如何判断信念是否为真的问题，而不是在寻找引起信念的原因。前者是一个辩护问题，而后者则是一个因果解释问题。

传统哲学家在考虑信念的辩护问题时，或者将个体信念与感官所传递的东西相对照，比如感觉；或者将信念整体与经验法庭相对照，比如表象。前者以洛克为代表，后者以康德为代表。根据罗蒂的解释，洛克的心灵白板说赋予认识主体心灵中的印象或观念自我宣示的功能；因此，

---

① 参见 Donald Davidson，“A Coherence Theory of Truth and Knowledge”，in *Subjective*，*Inter-subjective*，*Objective*，Oxford：Clarendon Press，2001，pp. 143 – 144。

洛克认为，当一个物体印刻在心灵白板上，心灵能感知到印刻的东西是真的。[①] 罗蒂并不同意洛克的观点。在他看来，洛克之所以成功，因为洛克的心灵白板说是一个隐喻，并且这个隐喻模糊了心灵中关于某个对象的观念和心灵所拥有的关于该对象的知识这二者之间的区别。[②] 罗蒂的意思是说，洛克混淆了两种不同的东西，即观念和知识。心灵白板感知到印刻的东西，这是一种知觉，它可以进一步形成观念；心灵感知到印刻的东西是真的，这是一种知识，因为它已经形成了一个判断。因此，观念与知觉相关，它是关于心灵运行机制的解释，是关于外物如何引起心理事件的一种因果解释；而知识则与判断有关，它是关于认知主体所拥有信念的一种解释。由于心灵白板说赋予印象或观念自我宣示的功能，这导致心灵将印象或观念与它们所宣示的内容混为一谈，无法进一步区分它们。因此，当罗蒂说洛克的成功在于心灵白板说模糊了观念和知识时，他其实是在批评洛克，并认为洛克心灵白板说是失败的。罗蒂对康德的批评在本质上与他对洛克的批评是一致的。罗蒂认为康德的知识论混淆了综合和述谓。[③] 综合是在心灵中将心灵获得的表象组合在一起，这是一个自然因果解释的过程；而述谓则是对对象说点什么以形成一个句子，这涉及语言和判断。但在康德那里，二者被视为一回事，一个理性的认识主体相信一个句子是真的，只不过是先验自我将两种不同的表象，即直观与概念，组合在一起。综合与述谓因此而被混合在一起。

塞拉斯认为，所有感觉、知觉现象、表象等在传统的认识论中都是被赋予特权的“所予（the given）”，被视为第一人称的权威报告，它们被当作一个不需要预设学习、结合形式、刺激—反应模式的事实。[④] 根据塞拉斯的阐述，在过去很长的一段时间内，这样的所予一方面被要求是独立于其他的认知状态的且具有认识（epistemic）内容的基础认知（cognitive）状态；另一方面又要求其他的认知状态因为与这些基础认知状态

---

① 参见 Richard Rorty, *Philosophy and the Mirror of Nature*, Princeton: Princeton University Press, 1979, p. 143。

② 参见 Ibid., p. 144。

③ 参见 Ibid., p. 148。

④ 参见 Wilfrid Sellars, *Empiricism and the Philosophy of Mind*, Robert Brandom (ed.), Cambridge, MA: Harvard University Press, 1997。

之间的存在某些认识关系而具备认识内容。但任何一种所予都不可能同时完成这两项任务。根据前者，所予不具备任何推理关系，因为它是一个基础的认知状态，而且正因为这种基础性的地位才具有其他认知状态所没有的特权，比如是可知的，能得到辩护等；根据后者，所予又被要求具备与其他认知状态相关的推理关系，因为所予与其他的认知状态之间存在认识上的联系，其他的认知状态因为与所予之间的关系而具有认识上的地位。但这两方面的要求在本质上是无法调和的，任何一种所予不可能既具有推理关系，又不具备推理关系。因此，对塞拉斯而言，在认识过程中，添加任何一种所予都是无效的。塞拉斯对所予神话的攻击意味着认识的中介必须在认识论中被排除出去，认识只能通过考察该信念与其他信念之间的关系为它寻找基础。

戴维森的思路在本质上与塞拉斯和罗蒂的思路是一致的。在他看来，将信念基础置于感觉、知觉、所予、经验、感觉材料或转瞬即逝的显示等事物之上的所有理论都必须回答两个基本问题：（1）感觉与信念之间具有什么样的关系，使得感觉可以为信念辩护；（2）我们为什么会相信感觉是可靠的，即我们为什么会相信感官。①

关于第一个问题，传统的认识论者大多将感觉直接等同于信念，比如休谟。休谟将知觉和信念称为印象和观念，而观念只不过是印象在心灵中的再现。问题在于，这种处理方式会模糊比如说“知觉到红色斑点”和“知觉到斑点是红色的”这两种表达方式之间的区别。“知觉到红色斑点”表达的是一个知觉，没有做出任何判断；而“知觉到斑点是红色的”表达的则是一个判断，也即一种信念。戴维森提到有些人试图通过将判断限制在陈述知觉存在的范围之内，从而消除知觉与信念之间的区别。但这种做法在戴维森看来是行不通的，因为如果将判断内容限制在陈述知觉存在的范围之内，那么由此形成的信念将只能判断知觉是否存在，而不会推导出其他的信念内容，因此而失去它本应拥有的推理功能。而且事实上，并不存在这样的信念。

关于第二个问题，多数传统认识论者认为认知主体不会弄错向他显

---

① 参见 Donald Davidson, “A Coherence Theory of Truth and Knowledge”, in *Subjective*, *Intersubjective*, *Objective*, Oxford: Clarendon Press, 2001, p. 141。

现的事物。也就是说，他们大多倾向于认为，向认识主体显现的事物对认知主体而言都是真的。但即便如此，这也不能保证认知主体站在第三人称的角度因此而相信他者也不会弄错向他们显现的事物。换句话说，认知主体无法确定关于他者的知识，或他者拥有的关于外部世界的知识。因此，传统认识论在处理第二个问题时容易陷入怀疑论的窠臼。戴维森提到另一种理解的可能性。这种观点认为，知觉可以为信念辩护；也就是说，在某种条件下，知觉到红色斑点可以为信念斑点是红色的辩护。[①] 但是随后，戴维森便否定了这种可能性。在他看来，作为旁观者，我们可以认可这一说法，因为我们知道当事者的知觉；但是作为当事者，这是不可能的，因为当事者通过知觉为信念辩护不能依赖于已有的信念。也就是说，当事者必须在不持有斑点是红色的信念的情况下通过知觉到红色斑点为信念斑点是红色的辩护，但这是不可能的。因为知觉本身不是信念。戴维森分析了传统认识论之所以如此热衷于用知觉为信念辩护的原因，他说道：

> 在认识论事务上强调感觉或知觉来源于这样一种明显的想法：联结世界和我们信念的是知觉，并且它们之所以是辩护者的候选者因为我们经常意识到它们。[②]

也就是说，过去哲学家倾向于通过知觉为信念辩护的原因是：将认知主体所获得的信念与世界联系起来的是知觉，因此，认为知觉为信念提供对象是一个自然的选择过程。问题在于，这种选择方案并没有考虑到为信念辩护考虑的是信念的真假问题，而不是信念的自然产生过程。只有当我们考虑信念的自然产生过程时，我们才会借助知觉进行因果分析；而当我们考虑信念的真假时，我们依赖的是意识，意识是一种信念，而不是一种知觉。因此，考察一个信念是否是真的只能依赖于另一种信念。由于信念存在于认知主体的大脑，因此超出皮肤之外辨别信念是否

---

① Donald Davidson, "A Coherence Theory of Truth and Knowledge", in *Subjective*, *Intersubjective*, *Objective*, Oxford: Clarendon Press, 2001, pp. 142 – 143.

② Ibid., p. 142.

是真的是行不通的。

笔者认为，塞拉斯、罗蒂与戴维森对传统认识论的批评是合理的。从戴维森对传统认识论的批评中，我们可以推测出，他的口号“符合无须对照”中“无须对照”指的是为一个信念辩护不需要通过将该信念与知觉、印象等经验中介进行对照的方式来判断它是否为真。而至于“符合无须对照”中“符合”一词的意思，则有待进一步考察。从戴维森对“真符合事物所是的样子”这个观点的解释中，我们可以发现一些线索。他说道：

> 真符合于事物所是的样式。（不存在直接且非误导的方式陈述这一点，要想做出正确的表述，迂回之路，即利用刻画真时所采用的满足概念，是必要的。）①

在这句话中，括号内的部分是理解整个句子的关键。它表明，要想理解真与事物之间的关系必须利用满足概念。很明显，这种对“符合”概念的理解即是他在《对事实为真》这篇论文中所阐述的符合论的观点。而且，在阐述这种解释过程中，戴维森还特地加了一个注释，提醒读者参考他的论文《对事实为真》。因此，笔者认为，戴维森所说的“符合无须对照”仍然是在语词与对象的满足关系基础上理解真。戴维森后来放弃了这种观点，因为他后来认为以语词和对象的关系为基础的符合论并不是一种真正的符合论。但是这不妨碍我们得出这样的结论：在 1983 年提出“符合无须对照”这个口号时，戴维森仍然支持以语词和对象的关系为基础的符合论。也就是说，直至 1983 年，戴维森都未意识到以语词和对象的关系为基础的符合论并不是真正的符合论。这表明，在戴维森成熟的思想体系中，“符合无须对照”这个口号实际上是错误的。当然，这并没有否认戴维森对传统认识论的批评，因为传统认识论采取对照的

---

① Donald Davidson, “A Coherence Theory of Truth and Knowledge”, in *Subjective*, *Intersubjective*, *Objective*, Oxford: Clarendon Press, 2001, p. 139.

方式为信念辩护的做法，一直是戴维森所反对的。① 而且，正是基于这种批评，戴维森才转而支持真之融贯论。

第二节 戴维森的真之融贯论

一般而言，真之融贯论认为一个信念为真，当且仅当它与其他的信念相融贯。戴维森采取了不同的判断标准，他说道：

> 可以辨别融贯论的是这样的一个简单论断，即除了另一个信念之外，没有什么能视为持有一个信念的理由。②

戴维森的这条标准是很清楚的。如果这条标准有效，那么根据这条标准，戴维森的观点的确可以视为一种融贯论。因为根据我们的阐述，戴维森放弃了通过知觉为信念辩护的理解模式，并且将为真信念寻找基础的工作限定在该信念与其他信念之间的关系之上，这种解释与戴维森判断融贯论的标准是一致的。但需要注意的是，戴维森的融贯论与一般的融贯论不太一样。他并不认为每一个融贯的信念系统所包含的信念都是真的。也就是说，与信念系统相融贯并不能保证该信念一定为真。因为在一个信念系统中，认为一个信念是真的与该信念实际上是真的存在理论上的鸿沟。有可能一个认知主体认为他的信念为真，但他的信念实际上是假的。因此，融贯并不是信念为真的充分条件，而只是一个信念

---

① 欧内斯特·索萨（Ernest Sosa）并不同意这一批评，在他看来，在认识过程中排除认识的中介不一定会导致对照式符合论的失败。因为依据于在认识上可评估东西的随附性（the supervenience of the epistemically evaluative），我们可以同样辨别信念是否为真。为了证明这一结论，索萨借用了普特南孪生地球的思想假设。在这种情况下，他认为辨别信念是否为真必须随附于或起源于信念主体的物理属性或心理属性。从戴维森的角度看，这种批评是站不住脚的。首先，索萨并没有解释什么是在认识上可评估东西的随附性；从他有限的相关解释来看，他似乎也混淆了事实性问题和辩护问题，信念主体的物理属性或心理属性是一个事实性问题，而辨别信念是否为真的问题是一个辩护问题，二者完全不同。关于索萨的质疑，可以参见 Ernest Sosa，“‘Circular’ Coherence，‘Absurd’ Foundations”，in *Truth and Interpretation*：*Perspectives on the Philosophy of Donald Davidson*，Ernest Lepore（ed.），Basil Blackwell，1986。

② Donald Davidson，“A Coherence Theory of Truth and Knowledge”，in *Subjective*，*Intersubjective*，*Objective*，Oxford：Clarendon Press，2001，p. 141.

系统的限制条件。因此，真事实上不能根据融贯来定义。这是戴维森的真之融贯论与一般的真之融贯论相区别的主要地方。

由于融贯并不能确保一个信念肯定是真的，戴维森的融贯论实际上面临着一个难题，即如何证明信念的持有者相信他所持有的信念都是真的。融贯论本身无法解释这个问题。因为除了融贯这个限制条件之外，融贯论没有其他可资利用的工具，但融贯这个条件又不足以回答这个问题。问题在于，如果不回答这个问题，证明信念的持有者所拥有的大多数信念是真的，那么戴维森的融贯论就会失去存在的基础。戴维森通过分析信念的本质为这个问题找到了答案。

戴维森的论证分为两个部分。① 首先，他认为对言语、信念、命题态度的充分理解能导致这样的一个结论，即个人的大多数信念都是真的。这个结论同时也可以解释戴维森为什么会认为，如果一个信念与信念系统中的其他信念相融贯，那么它就是得到辩护的。然后，戴维森试图进一步阐明一个有思想的行动者必定能知道什么是信念，并且知道如何侦测和解释信念。戴维森认为这一点与说话者在大多数情况下总是能确保交流的成功这一事实是吻合的。

我们首先考察戴维森论证的第一部分。在这部分中，戴维森提出了他的一个核心论点：信念在其本质上是真实的（veridical）。② 从表面上看，这种观点似乎是有问题的，因为说话者有很多信念最终会被证明是假的。事实上，戴维森并不否认这一点，他在很多情况下都承认假信念的存在。因此，对于理解戴维森而言，仅凭假信念的存在而否定戴维森的观点即信念在其本质上是真实的，是鲁莽的。戴维森建议我们从什么决定信念存在及其内容这个问题入手。一个流行的观点认为，信念，作为一种心理事件，随附于物理事实，因此，物理事实决定了信念的存在及其内容。但这种答案不是戴维森想要的。因为戴维森希望追问的是信念的本质，根据他的异常一元论，心理事件不能还原为物理事件。因此，

---

① 参见 Donald Davidson，"A Coherence Theory of Truth and Knowledge"，in *Subjective*，*Intersubjective*，*Objective*，Oxford：Clarendon Press，2001，pp. 146 – 153。

② Donald Davidson，"A Coherence Theory of Truth and Knowledge"，in *Subjective*，*Intersubjective*，*Objective*，Oxford：Clarendon Press，2001，p. 146.

物理事件不可能决定信念的本质。那么，如何理解这个问题呢？戴维森采用了他一贯的解释者的视角。从解释者的立场出发，最重要的问题是理解。戴维森说：

> 当我们把命题态度系统地相互联系起来，并且把它们与其他层次上的现象相联系时，我们便获得了对它们本质的一种深入理解。①

信念是一种基本的命题态度。戴维森主张将命题态度联系起来理解它们的本质，也就意味着他主张将信念置入整个系统中来理解信念的本质。这个系统不但包括信念，也包括其他与之相关的内容，比如意义、价值等；并且，只有当解释者把信念置入它与其他心理现象的联系之中时，才可以深入地理解信念的本质。因此，要想理解信念的本质，预设信念或其他与之相关的东西是行不通的。蒯因的建议是将说话者引起的赞同（prompted assent）当作基础，这一建议在戴维森看来是非常睿智的，因为说话者引起的赞同依赖于他所说的句子的意义以及他的信念，同时，解释者又可以在不知道说话者句子的意义以及他的信念的前提下认为说话者赞同他所说的句子。而一旦解释者解释了说话者说出的句子，那么解释者同时也为说话者指派了信念。戴维森从蒯因的建议中得到很多启发，其中的一个关键点是这样表述的：

> 一个希望他的语词被人理解的说话者不能在当他赞同句子，即认为他们为真时，系统性地欺骗他预期的解释者。②

也就是说，如果说话者希望他所说的言语被他的解释者理解，那么他不能系统性地欺骗或误导解释者。从解释者的角度来看，这意味着解释者必须假设说话者所说的句子是真的。因此，由句子所表达的说话者的信念是真的。当然，仅凭这一点事实上并不能证明信念本质上是真实

---

① Donald Davidson, "A Coherence Theory of Truth and Knowledge", in *Subjective*, *Intersubjective*, *Objective*, Oxford: Clarendon Press, 2001, p. 147.

② Ibid.

的，因为它只是一种假设，是为了保证解释成功的假设。即使戴维森能证明这样的假设是必需的，也只是证明了解释者认为他所解释的说话者说出的句子所表达的信念是真的，并不能保证说话者的大多数信念事实上都是真的。宽容原则此时起了至关重要的作用。它要求解释者认为他所交流的说话者在同样的情境下与他自己相似，拥有相似的信念、相同的语言逻辑结构等。对于解释者而言，这是唯一能使解释继续下去的办法。如果宽容原则是有效的，那么它就可以保证说话者的大多数信念都是真的，因为宽容原则可以保证说话者的信念与解释者的信念相似。但是笔者认为，即便宽容原则能够保证说话者的信念与解释者的信念相似，戴维森声称信念在其本质上是真实的仍然是一件很危险的事情。这并不是因为信念有可能最终被证明是错的，更重要原因在于解释者在解释他所交流的说话者的言语时总是处于面对面的情况之下，总是与他们的周围环境相关，这样说话者所说出的句子往往局限于场合句，它所表达的信念也总是与周围环境相关。而至于理论句，由于它与说话者的周围环境没有直接的联系，解释者的视角似乎缺少足够的说服力。笔者认为，这是戴维森需要警惕的地方。我们将在讨论宽容原则时详细讨论这个问题。

戴维森论证的第二部分试图说明每一个有思想的行动者都知道什么是信念，并且知道怎么解释信念。这一点不可或缺的原因在于：严格来说，宽容原则确保的是解释者认为他所解释的说话者与他的信念相似，但并不能保证他的大多数信念为真。反对者可以提出质疑认为解释者可能本身就不能确保他所持有的信念大多数为真，如果情况如此，那么即使解释者所解释的说话者的信念与解释者的信念相似，这仍不能保证说话者的大多数信念为真。戴维森认为这个问题的答案被包含在问题之中，他说道：

> 一个行动者为了对他的信念的源起表示怀疑或感到疑惑，他必须知道信念是什么……该行动者只需要反思什么是信念就会知道他的大多数基础信念都是真的，而且，在他的信念当中，那些被最有把握地持有的且与他的信念主体相融贯的信念最倾向于为真。因此问题“我如何知道我的信念一般来说是真的?”回答了该问题自身，

这不过是因为，信念在其本质上一般来说是真的。①

这段话包含两个主要论点：（1）对信念的怀疑意味着该怀疑者知道什么是信念；（2）通过对信念本质的反思，行动者知道他的大多数信念为真。第一个论点与笛卡尔对怀疑论的反驳相似，如果怀疑者不知道信念是什么，那么他就不可能对信念提出怀疑。换句话说，只有在知道怀疑对象的情况下，怀疑者才可以持有怀疑态度。至于第二个论点，如果不考虑理论句，而只考虑场合句的情况，由于宽容原则可以确保大多数场合句所表达的信念都是真实的，行动者通过对信念本质的反思可以知道他的大多数信念为真。因此，笔者认为戴维森的结论是有效的，即能够追问信念起源的每个行动者都知道什么是信念，并且知道怎样解释信念。因为知道一个信念为真意味着他知道怎样去解释信念。②

通过这两个部分的论证，戴维森基本上可以证明信念的持有者相信他所持有的信念大部分是真的。抛开我们指出戴维森应该谨慎的地方，可以说他的论证是合理的。因此，如果接受戴维森判断融贯论的标准，那么戴维森可以为他的融贯论辩护，即一个信念是得到辩护的，当且仅当它与其他的信念相融贯。

第三节　融贯产生符合

在阐明戴维森的真之理论分别在何种意义上可以被称为符合论和融贯论之后，理解他的口号"融贯产生符合"是一件很容易的事。从信念与信念之间的辩护关系来看，戴维森的真之理论可以被视为融贯论；从对象与语词之间的满足关系来看，他的真之理论可以被视为符合论。但实际上，这里面仍然存在一个问题，即为什么戴维森选择的口号是"融贯产生符合"，而不是相反，即"符合产生融贯"？提出这个问题的原因在于，虽然

① Donald Davidson, "A Coherence Theory of Truth and Knowledge", in *Subjective*, *Intersubjective*, *Objective*, Oxford: Clarendon Press, 2001, pp. 152 – 153.

② 严格来说，知道一个信念为真与知道怎么解释信念不是一回事，前者只是后者的一个步骤。如何从知道一个信念为真过渡到知道怎样去解释信念，这一工作在他的彻底解释理论中已经完成了，这是戴维森在此处忽略这一论证的原因。

戴维森认为如果一个融贯论是可接受的，那么它必须与一种符合论相一致，但他并没有说明这种可接受的融贯论与符合论到底是一种什么样的关系。从戴维森选择的口号来看，我们可以推测出，戴维森认为真之融贯论要优先于真之符合论，也即信念与信念之间的关系要优先于对象与语词之间的关系。但是在《真与知识的融贯论》这篇论文中，戴维森并没有提及这个问题。笔者认为，这个问题的答案隐藏在他 1974 年的论文《论概念框架这一观念》和其 1977 年的论文《形而上学中的真之方法》之中。

在《形而上学中的真之方法》一文的开篇，戴维森说：

> 我们在共有一种语言时（不论在何种意义上，对于交流而言，这是必需的），我们共有一幅关于世界的图景。这幅图景，就其大部分特征而言，是真的。因此，在显示我们语言的大部分特征时，我们显示了实在的大部分特征。因此，探究形而上学的一种方式是研究我们语言的一般结构。①

这段话隐藏了这样的一个观点，即拥有一种语言，相当于拥有关于世界的一种图景。在哲学发生语言转向之后，这个观点似乎成为学界的一个共识。戴维森在此基础上，为这个观点增加了新的内容，即通过语言获得的关于世界图景的大部分内容是真的。如果戴维森的观点是合理的，那么他选择“融贯产生符合”而不是“符合产生融贯”作为真之理论的口号就是可以理解的。因为讨论语言中的句子之所以是真的首先涉及的标准是融贯，而只有当我们考察句子与实在之间的关系问题时，句子与实在是否符合的问题才会显现出来。因此，为了理解“融贯产生符合”这一口号，我们有必要考察戴维森的上述言论。根据戴维森的上述言论，我们可以构造出一个简单的论证：（1）如果我们共有一种语言，那么我们共有一幅关于世界的图景；（2）如果我们共有一幅关于世界的图景，那么这幅图景的大部分特征是真的；（3）如果能展现语言的大部分特征，那么我们就可以显示实在的大部分特征。这三个论点中，前两

---

① Donald Davidson, “The Method of Truth in Metaphysics”, in *Inquiries into Truth and Interpretation*, 2nd ed., Oxford: Clarendon Press, 2001, p. 199.

个论点是关键。一般而言，大多数哲学家都支持第一个论点；第二个论点，利用宽容原则，戴维森也可以证明它是有效的。但问题在于，即使我们承认这个论证是有效的，这仍然是不够的，因为这个论证的前提和结论都包含一个条件句，想要得出第三个论点，戴维森必须证明我们的确共有同一种语言。从常识的角度来看，这种要求可能是荒谬的。因为我们的语言并不相同，比如有人说中文，有人则说英文、法文等。但是很显然，戴维森并不是在常识的角度理解语言，他所说的语言不是具体的中文、英文、法文等，而是允许多种不同的具体语言能共享的概念框架。这也就是说，戴维森需要证明的是我们所拥有的概念框架是相似的。

在回答"我们所拥有的概念框架是否相似"这个问题之前，有必要首先知道什么是概念框架。戴维森考察了我们的通常理解，他说道：

> 我们被告知，概念框架是组织经验的方式；它们是给予感觉材料形式的范畴体系；它们是个人、文化或时代据以调查过去场景的观测点。①

这个解释是很清楚的。戴维森认为，在过去很长的一段时间内，哲学家们都是这样理解概念框架的，并且赋予了概念框架与概念框架之间不可相互翻译的特性。根据这种特性，概念框架之间没有相互对应的匹配物，每个概念框架自身形成了一个封闭的系统。于是，概念框架的相对主义似乎是一个不可避免的选择。如果这种理解模式是对的，那么每个人的所有理解都将受限于他存在于其中的那个概念框架，证明人类所拥有的概念框架是相似的也将是不可能的。因此，要想证明我们的确拥有相似的概念框架，戴维森必须破除概念框架的这种理解模式。

戴维森考虑了两种判断概念框架相互区别的可能标准：（1）完全不可翻译；（2）部分不可翻译。如果这两种标准中的任何一种是成立的，那么概念框架的相对主义就是成立的。但如果这两种判断标准都不成立，完全不同的概念框架就是不存在的。因此，问题的关键在于反驳这两种

---

① Donald Davidson, "On the Very Idea of a Conceptual Scheme", in *Inquiries into Truth and Interpretation*, 2nd ed., Oxford: Clarendon Press, 2001, p. 183.

判断概念框架相互区别的标准。

针对完全不可翻译的标准，戴维森给出了一个简单的回答：

> 没有什么东西能当作这样的证据，即它能证明某些活动形式不能用我们的语言解释，同时又不是这样的证据，即它能证明这种活动形式不是言语行为。①

虽然这句话有些拗口，但它表达的内容其实很简单，即如果有些活动形式不能用我们的语言解释，那么它就不是言语活动。当然，严格说来，这不是对完全不可翻译标准的反驳，因为它只是一个结论，有待进一步证明。戴维森建议我们先考虑这个问题：假如的确存在不可相互翻译的概念框架，那么这两个概念框架是如何运作的呢？根据戴维森对概念框架的通常解释，他认为，必然会有两个因素参与其中：一个是概念框架本身，另一个是有待解释的内容。这种区分框架与内容的二元论，被戴维森称作经验论的第三个教条。戴维森指出，经验论的第三个教条经常以不同的形式出现。比如语言学家沃尔夫（B. L. Whorf）认为语言是经验的组织，除非语言背景相同，同样的物理证据不会将所有的观察者引入相同的世界图景；科学哲学家库恩（Thomas Kuhn）在解释科学理论时，认为语词随着理论的转变，它的意义或应用条件也会跟着发生变化，并且连续的理论之间是不可通约的；蒯因认为，作为一个经验论者，我们认为科学的概念框架最终是根据过去经验来预测未来经验的工具。② 虽

① Donald Davidson, "On the Very Idea of a Conceptual Scheme", in *Inquiries into Truth and Interpretation*, 2nd ed., Oxford: Clarendon Press, 2001, p. 185.

② 参见 B. L. Whorf, "The Punctual and Segmentative Aspects of Verbs in Hopi", *Language*, Vol. 12, No. 2, 1936, pp. 130 – 131; T. S. Kuhn, "Reflections on My Critics", in *Criticism and the Growth of Knowledge*, Imre Lakatos and Alan Musgrave (ed.), New York: Cambridge University Press, 1970, pp. 231 – 278; W. V. O. Quine, "Two Dogmas of Empiricism", in *From a Logical Point of View*, 2nd ed., Cambridge: Harvard University Press, 1961, p. 44。大卫·亨德森（David Henderson）认为沃尔夫、库恩和蒯因等人的观点即使承认框架与内容的区分，也不应成为戴维森攻击的对象，因为他们并不认为他们所支持的相互独立的概念框架是不能相互翻译的。但严格说来，这是另一个问题。即使亨德森的论证是成立的，这对戴维森也不会造成任何影响，因为戴维森在此所攻击的是存在相互独立的且不能相互翻译的概念框架。关于亨德森的论证可参见 David Henderson, "Conceptual Schemes", in *A Companion to Donald Davidson*, Ernie Lepore and Kirk Ludwig (ed.), NY: Wiley – Blackwell, 2013。

然这些学者的研究领域各不相同，但他们都默认了概念框架与内容之间的区分。

根据框架与内容之间不同的运作模式，戴维森将框架—内容的二元论分为两类：（1）概念框架组织（分配、系统化）某物；（2）概念框架适合（预测、解释、面对）某物。具体到语言层面上，戴维森认为第一类谈论的是语言中的谓词、量词、单称词项等，第二类谈论的是整个句子。[①] 关于某物的具体内容，戴维森也给出了两类候选物：实在（宇宙、世界、自然等）或经验（转瞬即逝的显示、表层刺激、感觉材料、所予等）。前者可以独立于主体存在，后者则依赖于主体。通过这种分析，我们可以将框架—内容的二元论分为四种：（1）概念框架组织实在；（2）概念框架组织经验；（3）概念框架适合实在；（4）概念框架适合经验。如果这四种情况中的任何一种成立，那么框架—内容二分的经验论教条就是成立的。

我们首先分析框架—内容二元论的第一种情况，即概念框架组织实在。戴维森认为，当我们提出概念框架组织实在时，被组织的对象不能是单一的，除非它本身包含其他的对象。因为“组织”这个概念表达的意思是将多个不同的对象按照一定的秩序组织在一起，单个对象不适用于它。个体化对象必定会涉及一定的原则。这是个体化对象的工作不至于陷入混乱之中的必然要求。虽然有些语言在具体地个体化对象时与其他语言存在差异，这可以通过比较不同语言中的语词能否准确地相互翻译而得以印证，但戴维森指出，我们能做到这一点是因为两种语言共有相同的本体论基础以及个体化相同对象的相同概念。没有相同的本体论基础以及个体化相同对象的相同概念，这些差异是不可理解的。这也就是说，在具体的个体化对象的问题上，不同语言可能会表现出差异；但在绝大多数情况下，它们应该是相似的。因为不同语言个体化对象所依据的原则必须是相似的，它们所依赖的本体论基础是相同的。否则的话，不同语言个体化对象所造成的差异是无法理解的。但是现在，概念框架的相对主义者希望找到的是这样的一个概念框架，它完全不同于我们现

---

① 参见 Donald Davidson, “On the Very Idea of a Conceptual Scheme”, in *Inquiries into Truth and Interpretation*, 2nd ed., Oxford: Clarendon Press, 2001, p. 193。

在的概念框架，是完全不可翻译的；它所采用的个体化原则与我们的完全不一样，不依赖于我们熟悉的任何一种理解模式。戴维森认为，自然界不会提供这样的标准。即使自然界存在这样的原则，它对我们而言也是不可理解的。

框架—内容二元论的第二种情况，即概念框架组织经验，面临着与第一种情况类似的困难。因为经验作为被组织的对象，也面临着如何被个体化的问题。否则的话，组织经验无从谈起。个体化经验会涉及一定的原则。在戴维森看来，这个原则必定和我们熟悉的个体化原则相似，否则，依据这样的原则形成的语言将是我们所不能理解的。因此，试图找到一种完全不同于我们概念框架的另一种概念框架，并以此来组织经验是不可能的。除此之外，把经验当作被概念框架组织的对象还面临着另一个问题，即经验之外的对象也需要被个体化，比如桌子、椅子等具体事物。这些经验之外的对象是以实在的方式存在的。因此，概念框架组织经验的理解模式实际上离不开概念框架组织实在这种情况。这再次证明了框架—内容二元论的第二种情况是错误的。事实上，我们可以忽略内容的具体候选对象到底是什么，只要概念框架与内容的运作模式属于组织的隐喻模式，那么它们的错误在本质上是相同的。戴维森之所以将这两种情况分开讨论，主要是因为哲学史上的确存在这两种处理方案，并且在一些细节方面它们之间的确有所区别。

至于概念—内容二元论的第三种情况和第四种情况，戴维森将它们视为同一个批判对象。因为它们都属于概念框架适合内容的隐喻模式，所犯的错误也是类似的。但是为了区别这两种情况，毕竟它们之间的确存在若干不同的地方，我们先分析第三种情况，即概念框架适合实在。戴维森认为，当我们说概念框架适合某物时，其实是在说句子适合实在，或者说句子被实在证明为真；问题在于，这种说法只是指出了证据的来源，并没有为概念框架所适合的实在提供任何新的实体。[①] 戴维森之所以能得出这个结论，依据的是他的弹弓论证。他的弹弓论证证明了，如果说句子适合实在，那么所有的真句子将会适合于同一个实在。因此，认

① 参见 Donald Davidson, "On the Very Idea of a Conceptual Scheme", in *Inquiries into Truth and Interpretation*, 2nd ed., Oxford: Clarendon Press, 2001, p. 194。

为句子适合实在，只能表明能够证明句子为真的证据来源于实在，并不能为单个句子提供它所适合的相应实体，因为所有真句子所适合的实体都是相同的。当然，在不考虑什么使句子为真的情况下，如果将实在当作一个整体，认为真句子 s 适合实在，这没有什么问题。但这并不比塔尔斯基的 T – 语句阐述的内容更多，因为塔尔斯基 T – 语句的右侧部分也是借用元语言中的句子表达现实。这也就是说，对于戴维森而言，实在这个概念实际上是多余的。句子“雪是白的”适合实在，与句子“雪是白的”是真的，当且仅当雪是白的，并没有什么区分。因此，认为概念框架适合实在，并进而认为适合实在的概念框架是真的的主张是无效的。

第四种情况与第三种情况一样，认为概念框架适合经验等于说理论被经验证明为是真的。戴维森在此将理论而非句子作为讨论对象，原因在于蒯因对经验论第二个教条即还原论的批评使得单个句子作为独立对象失去了被经验证实的可能。也就是说，被经验证实或证伪的不再是单个句子，而是由句子构成的理论。一旦一个理论被经验所证实，那么这个理论就是真的。问题在于，戴维森认为没有任何东西能使理论为真。因为没有任何东西能使句子为真。在他看来，经验、表层刺激或者世界，都不能使一个句子或理论为真；说理论适合经验与说句子适合实在一样，并没有给“是真的”这个概念增加任何东西，并不能测试概念框架是否为真。① 这也就是说，不论内容的具体对象是什么，概念框架通过适合内容被证明为是真的的理解模式都是失败的。因此，概念框架适合内容的隐喻模式是无效的。

哈克（P. M. S. Hacker）并不同意戴维森的看法。在他看来，

> 即使根据戴维森的理解，对一个理论而言，理论适合感官经验的证据等于证明该理论是真的，这一点不是很明显。②

---

① 参见 Donald Davidson，“On the Very Idea of a Conceptual Scheme”，in *Inquiries into Truth and Interpretation*，2nd ed.，Oxford：Clarendon Press，2001，p. 194。

② P. M. S. Hacker，“On Davidson' s Idea of a Conceptual Scheme”，*The Philosophical Quarterly*，Vol. 46，No. 184，1996，p. 297.

哈克之所以能得出这样的结论，因为他认为戴维森支持蒯因关于理论与证据之间的非确定性（under - determinate）论题。根据这个论题，两个不相融的理论有可能同时满足所有的经验证据。笔者认为，哈克对戴维森的判断可能是有问题的。因为在证据与理论之间，蒯因所持的是宗派性的（sectarian）态度，而戴维森所持的是普适性的（ecumenical）态度。宗派性的态度主张证据受理论的约束，而普适性的态度则主张证据是超越于理论的，这两种态度之间的差异使得戴维森不大可能支持蒯因的未确定性论题。事实上，即便哈克是对的，即戴维森不应该将概念框架适合实在或经验理解成概念框架被实在或经验证明为是真的，而应该认为概念框架是真的，它无须通过适合实在或经验来证明，且不能相互翻译，笔者认为，通过这种解释来反驳戴维森对适合隐喻模式的批评也是不成立的。根据塔尔斯基的解释，一个形式正确且实质充分的关于对象语言中的真之理论应蕴含此语言中所有的真句子。这是所有语言中的真之理论所共有的特征。而塔尔斯基之所以能完成此项任务，他所依据的恰恰是翻译概念。因此，真之概念与翻译概念实际上是不能分离的。戴维森说：

> 似乎没有希望获得这样的一种检验，即一种概念框架完全不同于我们的，如果这种检验依赖于这样的一种假设，即我们可以将真之概念与翻译概念区分开来。①

这也就是说，如果存在一种检验可以检查不同于我们的概念框架，并且这种检验依赖于这种可能性，即真之概念与翻译概念可以区分开，那么这将是没有希望的。因为塔尔斯基真之定义的工作已经蕴含了真之概念与翻译概念之间的联系，并且塔尔斯基提出的约定 T 符合我们对真的直觉理解，它告诉我们，一个理论是真的，必定是能够相互翻译的。如果戴维森的这种认识成立，那么他对适合隐喻模式的反驳仍然有效。

有些学者比如大卫·亨德森（David Henderson）认为戴维森之所以

---

① Donald Davidson, "On the Very Idea of a Conceptual Scheme", in *Inquiries into Truth and Interpretation*, 2nd ed., Oxford: Clarendon Press, 2001, p. 195.

批评概念框架适合内容的隐喻模式，是因为我们无法找到这样的一条标准，它可以将真之概念应用到无法相互翻译的概念框架之上。① 这也就是说，不存在这样一个概念框架，它是真的，但却是无法翻译的。在一定程度上，这种观点是对的。戴维森曾指出：

> 一个不同于我们自己的概念框架的标准现在就变成了：在很大程度上是真的，但不能相互翻译。这是不是一个有用的标准的问题就变成了，在独立于翻译概念的情况下，我们应怎样理解应用于语言的真之概念。我认为这个问题的答案是我们根本不会独立地理解真之概念。②

但需要注意的是，戴维森并不是从一开始就使用这条论据的。戴维森首先是通过弹弓论证反驳适合的隐喻模式，然后才谈到真之概念与翻译概念之间的联系。两者之间的差别在于弹弓论证所反驳的适合的隐喻模式认为，概念框架通过适合某种内容被证明为真；而利用真与翻译概念之间的关系反驳的适合的隐喻模式并不认为概念框架需要通过适合某种内容被证明为真。这也就是说，直接利用真与翻译之间的关系反驳适合的隐喻模式，缺少对概念框架通过适合某种内容被证明为真的这种理解模式的认识。

综上所述，如果它们是成立的，那么戴维森可以得出这样的结论：概念框架与内容之间可能存在的四种情况所代表的两种运作模式都是不成立的。因此，用完全不可翻译的标准区分概念框架的做法是行不通的。

现在，我们来考察戴维森对另一个标准的批评，即概念框架部分的不可翻译性导致两个概念框架是相互区别的。这个标准比上一条标准宽松很多，它允许概念框架之间某些部分相互翻译的可能性。由于两个概念框架是相互独立的，因此它们需要这样的一个翻译或解释理论，它不

---

① 参见 David Henderson, "Conceptual Schemes", in *A Companion to Donald Davidson*, Ernie Lepore and Kirk Ludwig (ed.), NY: Wiley - Blackwell, 2013。

② Donald Davidson, "On the Very Idea of a Conceptual Scheme", in *Inquiries into Truth and Interpretation*, 2nd ed., Oxford: Clarendon Press, 2001, p. 194.

能预先假设翻译者和说话者之间存在任何相同的概念、信念以及意义。现在的问题是：如何构造出这种解释理论呢？这个问题与戴维森的彻底解释理论想要回答的问题实际上是一致的。由于彻底解释理论是第六章的主要内容，我们暂且不在此处详细讨论。但是需要肯定的是，彻底解释理论揭示了这样的一个事实，即如果有意义的分歧是可能的，这必然会依赖于共识之中的某个或某些基础，不论这种共识是因为语言共同体中的说话者共享了他们所认为的真句子，还是因为说另一种语言的解释者通过真之理论构建了大量可行的翻译。① 因此，为了理解不同概念框架之间的差别，解释者和说话者必须扩大概念框架中相同的地方，并以此作为理解的基础。因为只有如此，解释者才可以增强差异的清晰度，才能更好地理解二者之间的差异。戴维森认为，在这一点上，理解概念框架之间的差异与理解意义或信念之间的差异是一样的。如果戴维森的这种解释是成立的，那么试图利用部分的不可翻译的标准判断两个相互独立的概念框架也将是失败的。因为根据两个概念框架部分之间可以相互翻译的特征，解释者必须尽量地扩大两个概念框架之间相同的部分；而且概念框架中不同的地方也只有在它们之间存在大量共识的前提下才是可以理解的。因此，在部分内容可以相互翻译的情况下，存在两个完全不同的概念框架是不可能的。

哈克对戴维森的这种论证再次提出了质疑，在他看来：

> 一个人可能会同意解释或者最好说是翻译假定了判断中的共识，或者更准确地说，存在大量相同的知识。但是相同的知识主要在行动中、面对周围环境的知觉和意欲回应中以及主体间的行动和反应中体现出来，而不是完全地或甚至于大部分地在言语中体现出来。②

① 参见 Donald Davidson，"On the Very Idea of a Conceptual Scheme"，in *Inquiries into Truth and Interpretation*，2nd ed.，Oxford：Clarendon Press，2001，pp. 196 – 197。

② P. M. S. Hacker，"On Davidson' s Idea of a Conceptual Scheme"，*The Philosophical Quarterly*，Vol. 46，No. 184，1996，p. 302.

哈克的这种质疑有些独特。他认为，即使采用彻底解释的方法，我们所能假设的共识也只存在于说话者和解释者的行动之中，而不会大量地存在于言语之中。但问题在于言语本身也是一种行为，行动者面对周围环境的刺激而做出的反应包括言语行为；而且，戴维森本人对语言的解释也很宽泛，它不但包括我们一般所理解的由语音、符号构成的语言，甚至还包括个体在接受环境刺激时所产生的回应。因此，哈克的观点，即共识不会大量地体现在言语行为中，是站不住脚的。事实上，哈克不但否定不同言语中的大量共识，他还试图证明现实生活中存在大量的部分不可翻译的概念框架。比如他所设想的拥有与我们的语言体系不同颜色测量标准的语言体系，不能翻译微积分的古希腊语言等。在他看来，这些语言与我们的语言存在很多内容不能相互翻译的情况。但即便如此，对戴维森而言，这些也不会构成威胁。因为戴维森所反驳的是与我们的概念框架完全不同的概念框架的存在，语言中指称设定标准的不同以及新内容的诞生不会对概念框架造成任何影响。戴维森曾以设问的方式回答过这种问题，他说道：

> 如果这些改变发生了，我们是否能得到辩护地宣称它们是基本概念装置中的改变。如此称谓它们的困难是显而易见的……已弄清楚的是，部分保留或全部保留旧词汇本身并没有为判断新概念框架同于或不同于旧概念框架提供证据。①

这也就是说，不能仅凭语言中颜色标准的不同就判定该语言的概念框架与我们的概念框架不同，也不能仅凭古希腊语不能翻译微积分就断定它的概念框架与我们的不一样。语言中颜色判断标准的不同，和新词汇的加入只涉及局部的指称和词汇的增减，与语言的概念框架没有直接关系。要想断定两个概念框架完全不同，哈克还需要给出更多的证据。他的两个例子不足以构成对戴维森的反驳。

通过对上述两种标准的反驳，虽然戴维森不能得出“所有的概念框

① Donald Davidson, “On the Very Idea of a Conceptual Scheme”, in *Inquiries into Truth and Interpretation*, 2nd ed., Oxford: Clarendon Press, 2001, pp. 188 – 189.

架都是相同的”这个结论，但是他可以得出这样的结论，即所有的概念框架都是相似的。由于我们自身已经拥有了一种概念框架，因此，所有其他的可理解的概念框架都必须与我们的概念框架相似。在本节的前半部分，我们曾阐明，如果能证明所有其他的可理解的概念框架都与我们所拥有的概念框架相似，那么我们就可以理解为什么戴维森选择“融贯产生符合”而不是“符合产生融贯”作为他的真之理论的口号。至此，这一工作已经完成。

第四节　对戴维森融贯论的审视

由于戴维森明确表明自己的口号是“融贯产生符合”，并且坦承自己的工作是为真和知识的融贯论辩护，这使得有些学者认为，戴维森在20世纪80年代中期，支持一种真之融贯论。但是，我们需要思考的问题是，戴维森的这种真之融贯论与通常意义上的真之融贯论是一回事吗?或者说，我们能否认为，戴维森的这种融贯论被视为在形而上学的意义上或者在认识论的意义上定义了真之概念。

为了回答这个问题，我们可以总结一下戴维森的融贯论的几个基本特征。

首先，从真之载体的角度来看，戴维森的融贯论是以信念为载体的融贯论。也就是说，戴维森在谈到融贯问题时，往往谈论的是信念之间的融贯性。不过需要注意的是，在戴维森这里，“信念”一词的使用范围比较广，还包括比如期望、意图等其他类型的命题态度。

其次，从与实在的关系的角度来看，戴维森的融贯论，并不排斥某种意义上的符合论。只不过这种符合论并不强调信念系统和实在之间的对照，而是主张对象与语词之间的满足关系。一个句子是真的，因为它符合于事物所是的样子。

最后，从对真假的解释来看，戴维森的融贯论并不用信念之间的融贯性解释信念的真假。戴维森肯定融贯的标准只在于，一个信念的辩护理由在于另一个信念；而对于一个信念自身的真假而言，戴维森则认为，信念在其本质上即是真的。

对以上几个特征的总结表明，戴维森所宣称的真之融贯论并没有定义真之概念的本质。我们甚至可以说，在信念系统中，融贯性根本就没有涉及对真之本质的任何说明。因此，无论是在何种意义上，戴维森的真之融贯论都很难被视为定义了真之概念的本质。这也就是说，戴维森自认为要为一种真和知识的融贯论辩护，但在严格的意义上可以认为，他并没能完成他为自己设定的任务。

戴维森后来意识到了这个问题，放弃称他的真之理论是一种融贯论，并给出了两个理由：(1) 他强调融贯是因为一个否定性的观点，即所有能当作信念证据或为信念辩护的东西必须来自该信念所属的信念整体，这个观点导致一些哲学家认为实在和真是思想的构造，但他并没有因此也得出这个结论，因此就这点来说，他的真之理论不能被称为融贯论；(2) 融贯只是一致性。[①] 在这两点理由中，戴维森将第一点理由视为决定性理由，并认为第二点理由不那么重要。但我认为，第二点理由才是关键。关于第一点理由，事实上并不是所有支持那个否定性观点的哲学家都认为实在和真是思想的构造，比如纽拉特（Otto Neurath）。这也就是说，认为实在和真是思想的构造和支持融贯论并没有直接关系。因为认为实在和真是思想的构造只是某些唯心论者的观点，而融贯论考虑的问题是如何解释信念是真的，二者之间并不具有同一关系。实际上，真正重要的是第二点理由，即融贯只是一致性，它不能决定戴维森的真之理论成为一个真之融贯论。戴维森之所以将自己的真之理论称为融贯论，因为他当时采取了一个非常简单的判断标准，即支持一个信念的理由只能是另一个信念。但这个标准并不足以判定一个真之理论是否是真之理论。因为这个标准并没有对真给出任何解释，而融贯论是关于真的理论，融贯论需要对真做出解释。因此，即使戴维森的真之理论满足他所给出的标准，但它仍然不能被当作融贯论。由于戴维森在《真与知识的融贯论》一文中一直强调自己不想用融贯定义真，因此，将他的真之理论称为融贯论是不恰当的。融贯对于戴维森而言，只是一个限制条件，它的主要目的是保证信念之间是一致的。当然，这种解释对于融贯论的支持者来说可能是不够的。因为它只是说明了戴维森的真之理论不是融贯论，

---

① 参见 Donald Davidson, "Afterthoughts", in *Subjective*, *Intersubjective*, *Objective*, Oxford: Clarendon Press, 2001, p. 155。

并没有表明融贯论是错的。事实上，当戴维森否认自己的真之理论是融贯论后，就已经表现出了他对融贯论的不信任。在他看来，融贯论将真与信念直接联系起来，但除非为融贯论添加其他的东西，否则，这种观点很明显是错误的。因为可能存在许多不同的但具有一致性的信念集合，它们彼此之间相互不一致。①

需要注意的是，虽然很难认为戴维森的融贯论如其当时所宣称的那样是一种真之融贯论，戴维森也没能完成为真之融贯论辩护的任务，但我们不能否认的是，戴维森这样的一种“融贯论”的确蕴含了很多有益性的思考。

首先，在融贯论的框架之下，戴维森区分了两种不同的关系层次：信念与信念之间的关系以及信念与实在之间的关系。这两种不同的关系对应着两种不同的解释模式。在信念与信念之间关系的层次上，考虑的是信念之间的辩护问题，与信念的真假相关；在信念与实在之间的关系层次上，考虑的是因果解释问题，即信念的发生问题，与真假无关。戴维森的这种区分，毫无疑问有利于阐释信念的真假问题。

其次，戴维森在谈到信念与信念之间的关系问题时，并不否认信念与实在之间的关系。尤其在谈到句子的真假时，他指出，句子之真符合于事物所是的样子。这在相当程度上肯定了实在的地位。在与罗蒂的争论中，这一点显得尤为重要。因为“失落了世界”，是罗蒂受到的重大指责之一，而戴维森似乎没有这方面的问题。

最后，戴维森的融贯论主张，我们的概念框架之间彼此是相似的，这一点在哲学史上具有重大影响。我们可以先考察一下知识论领域中的真之融贯论。一般来说，在知识论领域，真之融贯论面临最严重的批评是，我们似乎可以设想有多个不同的但各自融贯的信念系统，这意味着根据真之融贯论的标准，一个信念的真假必定是相对的。因为这个信念可能在一个系统中与其他信念相融贯，但在另一个系统中与其他信念不融贯。但戴维森的融贯论很明显可以避免走入这样一种类似的相对主义的窠臼之中，因为戴维森的融贯论排除了存在不同的概念框架这种可能

---

① 参见 Donald Davidson, “The Structure and Content of Truth”, *The Journal of Philosophy*, Vol. 87, No. 6, 1990, p. 305。

性。这同时也意味着传统经验论的主张即概念框架与内容之间的区分是不存在的。在遭到蒯因的批评之后，经验论的最后一点剩余因素也被戴维森瓦解了。

第四章
戴维森的真之初始论

真是一种初始概念，戴维森在很多地方都表达了这一观点。但很显然的是，他对这一问题的思考在很长一段时间内并不是那么系统。因为他在20世纪70年代讨论彻底解释理论时，就曾提出过真是一个初始概念这一假设，但是根据第三章的论述，我们非常清楚的是，他在80年代仍然支持所谓的“真之融贯论”，并且这种融贯论还不排斥他当时还认可的一种“以对象为基础的符合论”。这也就是说，在70年代到80年代这一段时间内，戴维森对真之理论的思考可能仍然处于一种摇摆不定的阶段。这一情况直到90年代，才发生好转。90年代后，戴维森对真之本质的思考趋于稳定，并试图告诉我们：试图定义真乃是愚蠢的。

第一节　放弃“指称”概念

真符合于事物所是的样子，对于戴维森而言，这并没有什么太大的问题。但如果我们坚持用语词与对象之间的满足关系来解释真的话，就有可能会出现一些问题。戴维森在70年代就应该意识到了这个问题。只不过在当时，戴维森很可能并没有意识到所谓的“满足关系”必须在指称框架之下才有意义，而不是相反，这导致他在认可指称与满足关系存在关联的同时，又似乎坚持着指称关系与满足关系之间的区分，并在为融贯论辩护的同时仍然支持所谓的以对象为基础的符合论。比如说，在《无指称的实在》一文中，戴维森指出：

> 满足明显地类似于谓词的指称——事实上，我们可能将一个谓词的指称定义为满足它的这些实体的集合。①

在这句话中，满足与指称的相似性是非常清楚的，二者都可以表达对象与语词之间的关系。但是在解释顺序上，戴维森明显肯定了满足概念的优先性，并主张用满足概念来解释指称概念，将"谓词的指称定义为满足它的这些实体的集合"。戴维森的这种解释模式毫无疑问受到塔尔斯基真之理论的影响。戴维森多次强调，在塔尔斯基的真之定义中，"满足"关系表达的是谓词与使此谓词为真的n元实体之间的关系。比如说，如果变元x要想满足开语句"x是白的"，那么x可以是雪、某支粉笔等，但不能是草或者鲜血。

在戴维森对"满足"概念这样的一种解释中，我们实际上可以区分出两种不同的层次，即语言层次和指称层次。根据弗雷格的解释，专名的指称是它的对象；概念词指称的是概念，因此，"满足"这个概念词实际上表达的是，专名指称的对象满足概念词指称的概念。戴维森不太认同"概念词指称概念"这种说法，而是将概念词的语言层次与指称层次合二为一，因而会出现"语词指称的对象满足谓词"这种说法。这也是戴维森为什么会认为"满足"概念可以表达对象与语词之间关系的原因。但无论是基于弗雷格式的解释，还是戴维森式的解释，我们都可以发现，对"满足"概念的解释离不开"指称"概念。对于弗雷格的解释模式而言，指称关系很显然是解释的基础；对于戴维森的解释模式而言，"满足"仍然需要依赖于专名指称对象这种关系。这表明，不在指称的概念框架之下，我们不可能解释"满足"概念。因此，与戴维森的理解有所不同的是，"指称"概念应该比"满足"概念更为基础。

问题在于，戴维森认为，指称概念在解释真之概念的过程中，不起作用。戴维森的这个论点，可能有些奇怪。因为在直觉上，对真的解释，或者说，解释一个句子是真的，不可能不依赖于指称。比如说，在"雪是白的"这个句子中，我们至少需要知道"雪"这个语词指称的是雪，"白的"这个概念词指称的是白色，我们才有可能知道"雪是白的"这个句子的真假。戴维森

---

① Davidson, "Reality without Reference", in *Inquiries into Truth and Interpretation*, 2nd ed., Oxford: Clarendon Press, 2001, p. 217。

对此非常清楚，甚至为我们这种直觉上的理解给出了一种解释。他说道：

> 由于众所周知的原因，这样一个理论不能这样开始，即通过解释有限数量的简单句之真，然后在简单句的基础上为其他句子指派真。将句子分解成其组成部分——谓词、名称、连词、量词、功能词——并且展示每一个句子的真值如何从句子中基本组成部分的特征和这些组成部分的构成中推导出来是必要的，而且无论如何这都是一个有启发性的故事所期望的。真因此很明显依赖于这些成分的语义特征；而且在这些成分是名称或谓词的地方，除了指称之外，还有哪些特征是相关的呢？[①]

在这段话中，“这样一个理论”指的是意义理论。戴维森试图通过真之理论给出一个意义理论。因此，意义理论的开端应该是一个真之理论。但是很明显，戴维森否认了根据以下方式建构真之理论，即首先解释简单句的真假情况，然后根据简单句的真假解释其他非简单句的真假。戴维森提到了“众所周知的原因”。在我看来，这些原因大概包括以下几点：（1）从直觉上看，自然语言中简单句的数量即使不是无限的，也是数量十分巨大的，解释它们的真假似乎超出了个体的能力；（2）通过简单句的真假判断其他句子的真假，这在理论上似乎是可行的，但在实践中可能是行不通的，因为简单句可以通过逻辑联结词构造出数量无限的复杂语句，这超出了人类的认识。“将句子分解成其组成部分，并且展示每一个句子的真值如何从句子中基本组成部分的特征和这些组成部分的构成中推导出来”，这似乎是一个可行的方案。因为一门语言中的词汇数量是有限的，推导原则是有限的。它们的数量相对于简单句的数量而言，基本上可以说是“小巫见大巫”。掌握它们的句法和语义特征，对于一个合乎理性的人而言，并非一件不可能完成的事。因此，从直觉上看，我们必须首先掌握谓词、名词、功能词等这些语词，只有了解构成句子的基本组成部分，才有可能了解一个句子的真假。问题在于，我们是否有

---

① Donald Davidson, “Reality without Reference”, in *Inquiries into Truth and Interpretation*, 2nd ed., Oxford: Clarendon Press, 2001, p. 216.

可能在不了解指称概念的情况下把握语词的语义特征?

戴维森认为,一种似乎可能的方案是通过列举包含专名和简单谓词的所有句子,并以此作为真之理论的公理,来构建一个完整的真之理论。[①] 很明显,这种方法没有借助指称概念,也没有阐明什么是指称。但这种方案随后被戴维森否定了,因为在自然语言中,并不只有简单谓词和专名,还有很多复杂的谓词和复杂的单称词项,比如"……的父亲""中国的首都"等。这些语词,如果不借助"满足"或"指称"概念,我们不可能理解它们的语义特征。哈崔·菲尔德(Hartry Field)在批评塔尔斯基的真之理论时,表达了类似的观点;他指出,塔尔斯基的真之理论只是一个完整的真之理论的一部分,还需要补充一个指称理论。[②]

综上所述,我们可以概括出戴维森对这个问题的分析过程,即为什么直觉上我们会认为需要借助指称概念完成对真之理论的构建:(1)一个真之理论需要刻画一门语言中所有的真句子;(2)句子的数量巨大,我们只能从句子的部分即语词出发,构建一门真之理论;(3)对语词的理解离不开指称概念;结论:构建一个真之理论离不开指称概念。

但实际上,戴维森对这种构建真之理论的方式并不满意。他认为,从简单的专名和谓词出发,然后解释复杂单称词项和复杂谓词的指称,进而解释整个句子的真值,这是积木式的(Building – Block)理论;这种理解模式已经尝试了很多次,但随着问题变得越来越清楚以及方法变得越来越复杂,期望给予语言和交流一个彻底分析的行为主义者已经放弃了积木式的方法,转而支持使句子成为经验解释焦点的方法。[③] 严格来

---

① 参见 Donald Davidson, "Reality without Reference", in *Inquiries into Truth and Interpretation*, 2nd ed., Oxford: Clarendon Press, 2001, p. 217.

② 参见 Hartry Field, "Tarski' s Theory of Truth", *The Journal of Philosophy*, Vol. 69, No. 13, 1972, pp. 347 – 375。

③ 参见 Donald Davidson, "Reality without Reference", in *Inquiries into Truth and Interpretation*, 2nd ed., Oxford: Clarendon Press, 2001, p. 220。积木式的理论在戴维森眼中是毫无希望的,虽然他并没有给出具体原因,但是根据威廉姆斯(J. Robert G. Williams)的阐述,我们应理解他的悲观态度。因为"想要得到一个关于中等大小的干燥商品这类名称和它们的承载者之间关系的可靠理论是很难的,但一个积木式的元语义学需要的更多:它需要解释那些指示不可观察的和抽象东西的单称词项的指称,还需要解释那些超出单称词项的限定词、修饰词、连词和许多其他事物的指称"。具体内容可参见 J. Robert G. Williams, "Reference", *A Companion to Donald Davidson*, Ernie Lepore and Kirk Ludwig (ed.), NY: Wiley – Blackwell, 2013, p. 268。

说，戴维森并不是一个行为主义者，但他同样支持将句子而不是语词视为解释的出发点。

将句子而不是语词视为解释的出发点，可以说是分析哲学家们取得的一个重大成果。弗雷格早期提出的“语境原则”，是这一成果的典型代表。语境原则在弗雷格的《算术基础》中表述如下：

> 必须在句子联系中研究语词的意谓，而不是个别地研究语词的意谓。①

在这句话中，“意谓”一词也被很多学者译为“指称”。② 从语境原则的出处中，我们可以发现，语境原则最初是弗雷格在他研究数学哲学的背景之下提出的，但这不妨碍我们将这一原则扩展到自然语言的领域之中，因为弗雷格曾明确主张我们可以将研究数学哲学所获得的成果扩展到对自然语言的分析之中。而这正是戴维森等这些分析哲学家所希望的。

从句子出发，意味着对语词的解释需要依赖于句子，戴维森说道：

> 除了在句子中起作用外，语词没有其他功能：它们的语义特征是从句子的语义特征中抽象出来的，就像句子的语义特征是从它们帮助人们获得目标或实现意图的部分中抽象出来的一样。③

这也就是说，只有当我们理解了句子之后，我们才可能根据语词在该句子中所起的作用推断出该语词的语义特征。比如说，当一个人说“北京”，这个行为本身无疑体现出了“北京”这个语词、北京这座城市以及说话者之间的某种关系，但是仅凭这一点，我们无法理解该说话者说“北京”这个词到底想表达什么意思。只有当他说出了一个完整的句

---

① 弗雷格：《算术基础》，王路译，商务印书馆 2001 年版，第 9 页。

② 关于弗雷格的“Bedutung”这一德文词的翻译，大多数国内学者都将其译为“指称”，王路教授主张将其译为“意谓”，我们在此不讨论这种翻译上的优劣。在涉及弗雷格的地方，我尽量保持原译者的用法，在其他地方，则遵从国内其他学者的习惯用法。

③ 参见 Donald Davidson，“Reality without Reference”，in *Inquiries into Truth and Interpretation*，2nd ed.，Oxford：Clarendon Press，2001，p. 220。

子，比如“北京是我的故乡”，我们才可以理解“北京”这个词在这里表达的意义。正是在这个意义上，表达语词与对象之间关系的“指称”概念对于我们理解一个句子为真而言没有任何帮助。因为我们只有先理解一个句子的真值，然后才有可能理解单个语词的指称关系。

当然，严格来说，在构建一个塔尔斯基式的真之理论的过程中，指称概念可能并非完全无用，尤其当我们在一个真之理论内部谈到某个句子的真之条件时，我们可能仍然需要假设“指称”这种结构。比如说，当我们想要确定“雪是白的”这个句子的真之条件时，仍然需要假设“雪”以及“是白的”这两个语词的指称。但这只是真之理论内部的一种理论构造，它和我们对一个理论的解释是不同的。戴维森认为二者之间的关系与物理学类似。在物理学理论中，我们可以假设看不见的微观结构，以解释宏观现象，并通过宏观现象检测这种假设。同样地，对于一个句子而言，我们可以在微观结构中假设它的结构；而在宏观层面上，我们对它的真值的解释，总需要联系说话者的意图、他的周围环境等。在这个层面上，即从经验角度检验句子真假的层面上，“指称”概念不起任何作用。戴维森说道：

> 我们必须把这些概念当作理论上的构造，它们的功能在陈述句子的真之条件时就已经被穷尽。①

上述这句话，可以看作戴维森对“指称”概念的基本态度。在一个真之理论中，“指称”理论至多只起一个理论上的构造作用。甚至于，在理论构造过程中，一个一般性的指称解释也是不需要的。因为我们只需要知道如何确定一个句子的真之条件，这只需要预设一个指称结构，并不需要一个一般性的对指称概念的解释。对戴维森而言，重要的是将一个真之理论应用到经验之中，通过句子与证据之间的关系，确定一个句子是否为真。

---

① Donald Davidson, “Reality without Reference”, in *Inquiries into Truth and Interpretation*, 2nd ed., Oxford: Clarendon Press, 2001, p. 223.

第二节　对塔尔斯基真之定义的重新认识

塔尔斯基的真之理论是戴维森构建其真之理论的起点，对塔尔斯基真之理论的不同认识也影响他自己对真之概念的理解。为了更好地理解戴维森对真之概念的认识，我们首先简要地考察一下塔尔斯基的真之定义。

塔尔斯基认为，真之定义必须满足两个条件：（1）实质充分；（2）形式正确。第一个条件涉及他对真的理解，并由此引出了著名的约定T；第二个条件则要求塔尔斯基的真之定义必须是一致的，不能引起任何悖论。基于这两个条件，塔尔斯基放弃了定义自然语言中真之概念的企图。在他看来，为自然语言中的真之概念定义必然会出现悖论，其中的一个主要原因在于自然语言的普遍性。由于塔尔斯基的这一论证过程已为学界所熟知，因此我在此不详细讨论这一问题。总之，塔尔斯基将真之概念的定义投向了形式语言。

塔尔斯基认为，如果一个定义能满足约定T，那么这个定义就可以看作一个实质充分的定义。塔尔斯基对约定T的原始表述如下：

> 如果我们用“Tr”指代所有的真句子，那么约定T可以表述如下：在元语言中，关于记号“Tr”的一个形式正确的定义将被称为对真的一个充分定义，如果它满足以下推论：a. 所有的句子都是从表达式“$x \in Tr$，当且仅当p”中获得，获得的方式为，用被讨论语言中的任何句子的一个结构性描述的名称替换x，而对于记号p这个表达式，它在元语言中形成了对此句子的解释；b. 句子“对于任意的x，如果$x \in Tr$，那么$x \in S$”（其中S指的是句子）。①

在这个说明中，关键是推论a，推论b只是对推论a的补充性说明。推论a要求一个真之理论中所有的真句子都可以从“x是真的，当且仅当

① Alfred Tarski, “The Concept of Truth in Formalized Languages”, in *Logic*, *Semantics*, *Metamathematics*, translated by J. H. Woodger, Oxford: Clarendon, 1956, pp. 187–188.

p”中推论出来，这也是约定T要求所有的真句子应具备的基本框架。可以用塔尔斯基经常使用的例子对此框架做进一步的说明：“雪是白的”是真的，当且仅当雪是白的。这个句子最初被塔尔斯基称作T形式等式，后来通常被称作T-语句。T-语句左边带引号的部分是原句子的名称（或者结构性描述），这一点比较重要。因为“首先，从我们的语法角度来看，如果我们用一个句子或其他的什么东西，而不是一个名称来代替x，那么‘x是真的’这个表达式将不会成为一个有意义的句子。因为一个句子的主语只能是名词，或起名词作用的表达式。其次，考虑到句子的使用，我们一般的习惯要求，在我们关于某个对象的言语中，我们所利用的是对象的名称，而不是对象本身”①。至于T-语句的右边部分，它可以是原语句，也可以是它在元语言中的解释。但在一般情况下，由于元语言远比对象语言丰富，并且包含对象语言，因此，原语句在元语言中的解释有时也被看作原语句。

从这个约定T中的说明中，我们还可以发现，约定T本身不是一个真之理论，而是判断一个真之理论是否充分的标准。它的要求是，关于某个语言的一个真之理论，它包含的所有真句子都可以从这样的T-语句中推导出来。

如果一个语言系统中的语句是有限的，那么它可以根据约定T的要求一一地列举出这些句子。这些句子中每一个都是真的，它们各自构成了真之定义的一部分，所有的真句子一起组成了这个语言系统中的真之定义。但现实的情况是，每个语言系统中的语句似乎都是无限的。在这种情况下，塔尔斯基必须寻找出另一种方法来为这个语言系统中的真之概念下定义。由于形式语言具有这样的一个特征，即每一个表达式的意义都由它的结构形式所决定，因此，塔尔斯基可以从形式语言的结构入手。形式语言中的复杂表达式是其组成部分的真值函数，这表明根据基础句的真值来定义复杂句的真是可能的。

由于形式语言中量词和变元的存在，形式语言中的语句一般不是一个闭语句，而是一个开放句。考虑到自由变元和开放句的赋值问题，采

---

① Tarski, Alfred. “The Semantic Conception of Truth: And the Foundations of Semantics”, *Philosophy and Phenomenological Research*, Vol. 4, No. 3, 1944, pp. 343 – 344.

用递归的方法直接定义真之概念似乎没有可能。塔尔斯基采取了一个迂回的做法，即先定义“满足”这个概念，然后再通过满足概念来定义真。如果句子函数中只有一个变元，在这种情况下，我们很清楚对象是否满足句子函数，它具有这样的一种形式结构：对于任意的 a，a 满足句子函数 F，当且仅当 p。比如在自然语言中，“雪”之所以能满足句子函数“x 是白的”，因为它满足这样的一个形式：对于任意 a，a 满足句子函数“x 是白的”，当且仅当 x 是白的。同样，一个语言系统中不可能只有一个变元，因此，塔尔斯基有必要将上述模式进行扩展。扩展的方法是，塔尔斯基不再讨论一个对象如何满足句子函数，而是讨论关于对象的系列如何满足句子函数。通过以上步骤，塔尔斯基就可以用递归的方式定义真之概念。

从塔尔斯基定义形式语言中真之概念的步骤中，我们可以看到，塔尔斯基实际上是将不能直接运用到真之定义的递归方法运用到满足这个概念上来，因为后者在塔尔斯基看来是一个更一般的概念。当塔尔斯基通过技术手段定义了满足概念之后，他就可以以满足概念为基石进而定义真。这样，塔尔斯基就可以解决既不能直接运用递归方法定义真，同时又要处理无限多个语句之间的难题。

塔尔斯基认为，通过这种方法获得的真之定义不但是一个实质充分的定义，因为它满足约定 T 的要求；同时也是一个形式正确的定义，因为它不会导致任何悖论，而且也能满足他的另外一项方法论上的基本要求，即“在构造过程中，我将不会使用任何语义概念，如果我没能事先将其还原成其他概念的话”①。

戴维森对塔尔斯基定义形式语言中真之概念的过程没有任何质疑。但他对塔尔斯基工作的认识很显然超出了塔尔斯基这位逻辑学家本人的认识，并从中提出很多深刻的认识。

首先，塔尔斯基认为，为自然语言中的真之概念定义会引起悖论，戴维森承认这一点，但他同时认为，这一点不应该成为我们讨论自然语言的障碍，而且也不能成为障碍，因为语言哲学最重要的问题之一就是

---

① Tarski, Alfred, “The Concept of Truth in Formalized Languages”, in *Logic, Semantics, Metamathematics*, translated by J. H. Woodger, Oxford: Clarendon, 1956, pp. 152 – 153.

理解自然语言。对于悖论的问题，戴维森说道：

> 一旦允许所有这一切纳入这种语言，便造成语义上的自相矛盾。因此，如果我们受限于塔尔斯基的那些方法，就不能实现那种用自然语言表达关于自然语言的真之理论的理想。在这种情况下所产生的问题是：如何尽可能少地放弃那种理想……这里不过是要求一种真之理论，这是实质所在；而超出这个范围进一步要求下明确的定义，这种做法则确实加大了在对象语言所求助的东西与元语言所求助的东西之间的差距。但是，如果我们所要求的不过是我们一直在讨论的那种真之理论，那么元语言的本体论便能等同于对象语言的本体论，并且可以把观念形态上的增加限于那些语义概念。①

这段话是戴维森集中讨论自然语言的真之定义会导致悖论这一观点的地方。从这段话中，可以看出戴维森实际上将真之定义与真之理论严格地区分开了。为自然语言中的真之概念定义的确会导致悖论，这不可避免；但问题在于，戴维森所要求的，并不是一个真之定义，而是一个真之理论。戴维森还特别突出了“理论”一词以示区别。一般而言，真之理论只要求对真之概念给出一种解释或说明，而定义比这种解释或说明要严格得多，比如塔尔斯基所说的形式正确且实质充分这类要求。在戴维森的理论框架中，我们也可以看出二者的区别。真之理论，对于戴维森而言，是一系列公理；这些公理陈述了语言中的每个句子在哪些条件下是真的。② 真之定义显然不仅仅是一系列公理，还会对公理本身进行一些限制。真之定义所不允许的悖论似乎也不会影响一个真之理论的合理性。更重要的是，戴维森认为，我们还可以通过采取一些措施避免出现悖论，比如只在某一部分的范围内讨论相关的哲学问题。戴维森的这一建议是重要的，因为说到底，悖论之所以会出现，是因为量词域过于

① Donald Davidson, “In Defence of Convention T”, in *Inquiries into Truth and Interpretation*, 2nd ed., Oxford: Clarendon Press, 2001, p. 72.

② 参见 Donald Davidson, “Semantics for Natural Languages”, in *Inquiries into Truth and Interpretation*, 2nd ed., Oxford: Clarendon Press, 2001, p. 56。

宽泛。如果我们能将自己的讨论范围进行适当的限制，那么我们就可以确保在其中讨论问题不会出现悖论。即使在讨论范围之外可能产生新的情况，我们依然可以通过扩展自己的理论去包容它们。[①]

其次，戴维森认为，虽然塔尔斯基声称自己的工作是定义真之概念，但他并没有完成这一任务。戴维森说道：

> 他（塔尔斯基）定义的是“s 是 L 中真的（s is $true_L$）”这种形式的各种谓词，它们中的每一个都可以应用于一种单一语言，但是他没能定义对于变元“L”而言“s 在 L 中是真的”这种形式的一个谓词。[②]

“L”在这里指的是“语言”。戴维森在这里区分了两种不同的谓词：“s 是 L 中真的”和“s 在 L 中是真的”。两者的区别在于，前者在不同的语言中体现为不同的谓词；后者是一个普遍的谓词，可以应用于各种不同的语言之中。戴维森认为，塔尔斯基的真之定义只是定义了前一个概念，而没能定义后一个概念。很多学者支持戴维森的这一观点。从塔尔斯基给出的定义方法来看，塔尔斯基定义的不是真之概念，而是关于某个语言的真之概念。比如在塔尔斯基的文本中，他给出的例子是定义关于类演算语言（the language of the calculus of classes）的真之概念。问题在于，塔尔斯基期望给出的是一个普遍的真之概念的定义，哲学家们希望获得的也是一个普遍的真之概念的定义。

最后，戴维森认为，塔尔斯基真之定义的工作不但定义了关于某种语言的真之概念，而且他在定义过程中还依赖了对一个普遍的真之概念的直觉理解，这种直觉理解体现在塔尔斯基所说的约定 T 之中。戴维森说道：

> 约定 T 体现了我们关于真之概念如何被使用的最好的直觉……[③]

---

① 在讨论真与意义之间的关系问题时，我们还会提到这一点。

② Donald Davidson, “The Structure and Content of Truth”, *The Journal of Philosophy*, Vol. 87, No. 6, 1990, p. 285.

③ Donald Davidson, “On the Very Idea of a Conceptual Scheme”, in *Inquiries into Truth and Interpretation*, 2nd ed., Oxford: Clarendon Press, 2001, p. 195.

根据我们的阐述，在塔尔斯基的真之定义中，约定T是判断一个真之定义是否实质充分的标准。在笔者看来，这一标准至少有以下两个特点：（1）普遍性；（2）无前提性。约定T的普遍性意味着任何一种类型的真之定义都必须受约定T的限制；如果一个真之定义不满足此标准，那么它必定是不充分的。约定T的无前提性指的是，塔尔斯基提出约定T并没有依赖其他任何前提条件，就像戴维森所说的那样，它似乎是我们对真之概念直觉理解的一种表达。如果戴维森的观点是合理的，即约定T体现了我们关于真之概念如何被使用最好的直觉，那么这就意味着，任何类型的真之定义都会依赖于我们对真之概念的直觉理解，因为根据约定T的普遍性特征，它们都离不开约定T的限制作用。在笔者看来，认识到这一点对于戴维森而言至关重要，因为正是在这里，戴维森挖掘出了真之初始论的可能性。

第三节 为约定T辩护

戴维森非常重视塔尔斯基的真之理论，其中最重要的可能就是塔尔斯基提出的约定T。约定T对于戴维森而言，意义非凡，是戴维森真之理论的基石。作为一个理论标准，戴维森认为，约定T之所以是可以接受的，有两个方面的理由：

> 之所以把约定T接受为真之理论的标准的理由在于：（1）T－语句显然是真的（前分析的为真）——是某种仅当我们已经（部分地）理解“是真的”这个谓词时才能识别的东西；（2）T－语句的全体唯一地确定真之谓词的外延。①

第一个理由很直接，非常符合我们的直觉；不用任何复杂性的思考，我们就会承认比如“‘雪是白的’是真的，当且仅当雪是白的”这类句子

---

① Donald Davidson, “Reality without Reference”, in *Inquiries into Truth and Interpretation*, 2nd ed., Oxford: Clarendon Press, 2001, p. 218.

是真的。戴维森在此添加的一个条件值得我们注意，他指出，能确定T-语句为真，必须首先对“是真的”这个谓词有至少部分的理解。我们将会看到，对真之谓词有部分理解，是真之初始论其中的一个重要观点。

第二个理由说的是，当我们找出所有的T-语句，我们就确定了真之谓词所能应用的所有范围，因而同时决定了真之概念的外延。由于确定概念外延是对概念本身的一种说明，确定真之概念的外延也即是对真之概念的一种解释。需要注意的是，这种解释与我们通常意义上的解释不太一样。一般情况下，当我们追问一个词是什么意思时，我们总是从内涵的角度讨论它的意义。从外延的方式思考真之概念的意义，是戴维森真之理论的一个特色。

戴维森进一步从多个角度为约定T的合理性给出了恰当的辩护。这些辩护内容也构成了戴维森真之初始论的重要组成部分。

首先，戴维森认为，约定T的主要优点是，用一项目标很明确的任务取代了一个虽很重要但又很模糊的难题。戴维森说道：

> 原来所提出的那个问题并不是混乱的，只是很模糊。这个问题是：一个句子（言语或陈述）是真的意味着什么？当把这个问题重新表述为“什么东西使一个句子为真”时，就面临着混乱的威胁。当这个问题本身被认为表明了，真必须根据作为一个整体的句子与某种实体（或许是一个事实或事态）之间的关系来解释时，真正的困难便出现了。约定T展示了如何在不引出随后这些表述形式的情况下提出原来的那个问题。T-语句的形式已经暗示了，一种理论能够刻画真之属性，而不必找出具有真之属性的句子有差别地符合的那些实体。[①]

这段话表明，约定T的一个重大优势是避免了问题的混乱。通常情况下，当语言哲学家追问真之概念的本质时，习惯于以这种形式表达，即一个句子是真的意味着什么。在导论部分，我们曾提到这一点。这种

① Donald Davidson, “In Defence of Convention T”, in *Inquiries into Truth and Interpretation*, 2nd ed., Oxford: Clarendon Press, 2001, p. 70.

提问方式本身没有什么问题，但它看起来仍然很抽象，很容易进一步被转变为更具体的问题，比如“什么使一个句子为真”。戴维森认为，一旦将“一个句子是真的意味着什么”转变成“什么使一个句子为真”，就很容易出现混乱。事实上，这一点是很容易理解的。因为“什么使一个句子为真”这种问题至少包含两种不同的东西：句子以及使句子为真的东西。“使句子为真的东西”通常又被称为“使真者”（truth - maker）。问题在于，原初问题即“一个句子是真的意味着什么”并没有包含任何与使真者相关的内容。这也就是说，转变后的问题实际上超出了原初问题所能包含的内容。戴维森进一步认为，一旦认为使真者是某种事实或事态之类的东西，那么就会出现真正的困难。在戴维森的理论框架中，我们很容易看出，戴维森在此所说的这种困难是戴维森版本的弹弓论证所展示的，即一旦认为句子符合于事实，那么所有的真句子都将符合一个大事实，而这很明显是荒谬的，是不被允许的。

戴维森认为，约定 T 不会出现这些问题。在我看来，这种观点是合理的。约定 T 的要求很直接，即实质充分的真之理论都必须满足这样的条件：所有的真句子都可以以这样的形式被推导出来，即“x 是真的，当且仅当 p”。如果约定 T 的这种要求是合理的，那么对于一个真之理论而言，问题只在于，如何满足约定 T 的这一要求。从约定 T 的要求中，可以发现，T - 语句本身并没有蕴含任何使真者因素，更没认定事实或事态这类的实体是使句子为真的原因。这在戴维森的视角中，无疑是一个优点，因为它可以避免弹弓论证的攻击。

一个可供讨论的问题是，约定 T 与原初问题是一回事吗？在笔者看来，只要将这两者进行对比，就可以发现约定 T 并没有超出原初问题的提问范围。一个句子是真的意味着什么？约定 T 的回答是，一个句子是真的，意味着它可以从这样的形式中被推导出来，即 x 是真的，当且仅当 p。这涉及戴维森提到的约定 T 的第二个优点：

> 一种满足约定 T 的理论便具有这样一个优点，即成为一个好问题的一个答案。就像我们发现 T - 语句之真很有说服力一样，与真之直觉概念相关，对那个问题的陈述同样也有说服力。对那个问题的陈述以及它所允许的答案的特征都揭示出，没有在相关方面（约定 T

从句法方面，它所接受的那些理论从实质方面）刻画的语义概念都没有被使用。①

这也就是说，如果一个理论满足约定 T 的要求，那么这个理论一定是一个真正的答案，而不会像“使真者”之类的问题那样，混淆问题本身，即便我们不清楚这个答案是否是一个合理的答案。戴维森还提到了满足约定 T 的真之理论所具有的另一个特征，即不会使用未被清楚刻画的语义概念。毫无疑问，这也是一个优势。事实上，这一特征与塔尔斯基的方法论有关。塔尔斯基在构建他的真之理论时明确主张，不使用未被定义的语义概念。具体在约定 T 上，如果延续戴维森的思路，有人可能会提出某些质疑，即约定 T 明显依赖了一个未被定义的真之直觉概念，这应该如何理解呢？事实上，这种质疑是合理的。塔尔斯基并没有意识到这个问题，戴维森意识到了这一问题。不过需要注意的是，戴维森从这一质疑中看到了问题的另一个有益的方面，即在讨论真之概念时，我们事实上不得不依赖对真的直觉理解。这实际上恰恰证明了，对于真之概念而言，我们都有一种直觉上的理解。

戴维森认为，约定 T 的第三个优点是，它似乎为另一个问题即一个句子的意义如何依赖于它的部分的意义，提供了答案。当然，严格来说，这是满足约定 T 的一个绝对的真之理论提供的答案，但如果没有约定 T，这样的真之理论很显然是不可能的。至于这个答案是否合理，我们留到下一章集中讨论。

从戴维森提出的为约定 T 辩护的三点理由中，我们可以看出，戴维森之所以选择约定 T，主要是约定 T 能够解决语言哲学中的一些非常麻烦的问题。这毫无疑问体现了戴维森的一种实用精神。当然，可以进一步追问的是，我们为什么要采取这种方式理解约定 T？或者说，是否有某种对立的约定能更好地处理相关问题？戴维森认为，以这种方式理解约定 T，与语言哲学的主要问题即如何理解语言相关。一般而言，理解语言需要一种意义理论，而在戴维森看来，满足约定 T 的一个递归式的真之理

① Donald Davidson, “In Defence of Convention T”, in *Inquiries into Truth and Interpretation*, 2nd ed., Oxford: Clarendon Press, 2001, p. 70.

论恰好可以给出一种意义理论。当然，这种递归式的真之理论需要修改，比如添加说话者、时间等因素，构成句子、时间以及人之间的有序三元组，以适用于经验领域。

第四节 真之初始论

从戴维森对塔尔斯基真之理论的认识和他为约定 T 的辩护过程中，我们可以看出，戴维森非常强调，塔尔斯基在定义某种语言的真之概念时，利用了对真之概念的直觉；在为约定 T 辩护时，他也认为约定 T 依赖于未被定义的真之直觉概念。在笔者看来，正是在这些认识中，戴维森获得了其真之初始论的重要理论资源。

首先，塔尔斯基作为逻辑学家，他的真之定义的工作得到了广大学者的一致认可，但其哲学内涵，不同的哲学家往往认识不同。戴维森认为，塔尔斯基式的真之理论既没有分析也没有解释真之前分析概念，[①] 这很容易让他进一步追问，是什么原因导致一个真之理论无法分析这种真之前分析概念。“真之分析概念”，戴维森有时也称为“绝对的真之概念”。由于戴维森认为，塔尔斯基在定义真之概念的过程中依赖了对真之概念的直觉理解，那么这很有可能就是真之理论无法彻底地分析真之概念的原因。从这个意义上说，对真的直觉理解很有可能是对绝对的真之概念的一种解释。

其次，对约定 T 的认识使戴维森发现，约定 T 表明，真之概念与翻译概念是紧密相关的。从 T－语句的结构中，我们可以发现这一点。T－语句中的谓词是“是真的”，而 T－语句的右侧是对象语句在元语言中的翻译。这也就是说，在塔尔斯基定义真之概念的过程中，实际上利用了对翻译概念的理解。如果塔尔斯基不知道对象语言在元语言中的翻译，那么他不可能完成关于对象语言的真之概念的定义工作。知道一个句子的翻译，意味着知道这个句子的意义。因此，塔尔斯基的工作相当于在拥有对绝对真之概念的直觉理解的前提下，利用“意义”概念定义关于

---

① 参见 Donald Davidson，“Reality without Reference”，in *Inquiries into Truth and Interpretation*，2nd ed.，Oxford：Clarendon Press，2001，p. 218。

某个语言的真之概念。戴维森的目标不是真之定义，而是一个意义理论，在塔尔斯基已经揭示出真与意义之间关系紧密的情况下，将真之概念视为一个初始概念似乎是一个合理的选择。

当然，对于戴维森而言，以上这种认识过程并不是一蹴而就的。就笔者所掌握的材料来看，从戴维森首次关注意义理论到他在《彻底解释》中第一次提出“真是一个初始概念”这一观点，大概经历了8年。我们接下来的任务是梳理戴维森真之初始论的主要论点。

戴维森的真之初始论的第一个核心论点是：真是一个初始（Primitive）概念。真是一个初始概念，这一论点并不是戴维森的首创。在他之前，摩尔曾表达过类似的观点，只不过后来，摩尔放弃了这一论点。最初，戴维森是在讨论彻底解释论题中将这一论点作为一种建议提出来的。戴维森说道：

> 假设翻译，塔尔斯基能够定义真；目前的想法是，将真视为基础的，并且提取关于翻译或解释的一种说明。①

这句话的内涵其实很丰富，我们在此只讨论“真是基础的”这一看法。虽然“基础的”和“初始的”这两个词语之间有细微的差别，但考虑到这是戴维森早期的用词，以及戴维森本人在用词上不像早期分析哲学家那样严谨，将二者视为一致应是可行的。从这句话中可以看出，戴维森将真视为初始概念，最初只是一种“想法”，并没有给出任何证明。但需要注意的是，这种想法不是任意的，没有任何根据的。在笔者看来，戴维森提出这一想法的根据有两点。

首先，从哲学史上看，自苏格拉底以来，哲学家们都在寻找定义，但其中的大多数尝试都失败了。比如，就像戴维森所说的那样，“尝试定义，提供反例，改进定义，再提供反例，最终是失败的抱怨，这种模式在苏格拉底和柏拉图中期对话中以各种不同的方式反复出现。美、勇敢、

① Donald Davidson, “Radical Interpretation”, in *Inquiries into Truth and Interpretation*, 2nd ed., Oxford: Clarendon Press, 2001, p. 134.

德性、友谊、爱、节制都被放在显微镜下，但是没有出现令人信服的定义”①。戴维森甚至认为，千百年来，其他哲学家也一直跟随在这条路上。问题在于，这些失败的尝试并不妨碍我们继续使用它们，因为这些概念如此重要，以至于离开了它们，我们基本上不大可能拥有别的任何概念。从这一事实中，戴维森得到这样的启示：

> 使这些概念如此重要的东西一定也排除了为它们寻找更深层次的基础的可能性。②

这一点对戴维森而言非常重要。因为它相当于排除了定义这些重要概念的可能性。而真之概念很显然是其中的一个重要概念。这也构成了戴维森提出真之初始论的第二个理由，不过需要注意的是，为概念“寻找更深层的基础”指的是将这些概念定义或还原为另一些更基础的概念，这与一般的解释或说明并不一样。也就是说，这一启示只表明，我们无法为这些概念找到比它们更为基础的概念，无法给它们定义，但并不意味着无法对其做出解释或说明。当然，仅有这点启示是不够的。要想确认真的确是一个初始概念，不能被定义，也不能被还原，戴维森需要更多的证据。在这个问题上，戴维森将视线再次转到了塔尔斯基的真之理论之上。

戴维森认为，塔尔斯基的真之理论证明了定义真之概念是不可能的。因为任何对普遍的真之概念进行定义，必然会遇到悖论，比如说谎者悖论。悖论的产生使得定义甚至一致性地使用真之谓词变得不可能。更为重要的是，就像我们前面所说的，塔尔斯基给出的真之定义只能适用于单个语言，并不适用于我们所说的真之绝对概念。当然，反对者可以认为，塔尔斯基根本没有想过为这样的概念给出定义，因为他已经证明了定义这样的概念是不可能的。但是反过来看，这恰恰相当于证明了真是不可定义的。

---

① Donald Davidson, “The Folly of Trying to Define Truth”, *The Journal of Philosophy*, Vol. 93, No. 6, 1996, p. 263.

② 参见 Ibid. , p. 264。

一种可能的观点会认为，塔尔斯基之所以没能完成他的真之定义，可能是技术上的某些原因导致的，如果我们能找到更好的方法，说不定能够完成他的目的。但笔者认为，这种考虑在戴维森的思想体系中是难以成立的。塔尔斯基的真之定义必须首先定义满足概念，然后再通过满足概念定义真。但戴维森认为，我们很难判断塔尔斯基理论中的满足概念和真之概念，到底哪一个概念更为根本。他说道：

> 塔尔斯基的工作可能看上去给我们一些不确定的信号。通过诉诸词的语义性质定义句子的真，这一事实使我们想到，如果我们能够对语词（本质上说，对指称或满足）的语义性质做出令人满意的说明，我们就会理解真这个概念。另外，在确定由理论说明其特征的真与真这个直觉概念有相同的外延的过程中，约定 T 的主要作用使人们觉得，基础的初始东西是真，而不是指称。①

在这段话中，戴维森所说的“指称”概念与“满足”概念基本上可以互换，二者表达的都是对象与语词之间的关系。从塔尔斯基的论证过程来看，满足概念优先于真，因为真之概念是通过满足概念被定义的；但是从约定 T 的角度来看，真优先于满足概念，因为我们关于真的直觉理解决定了约定 T，并进一步决定了满足概念的定义。这两种选择代表了两种不同的理解思路。戴维森选择的是后者。在他看来，塔尔斯基定义真的工作无法离开对真之概念的直觉理解，因为定义真离不开约定 T。但如果事先没有预设对真之概念的直觉理解，约定 T 是不可能的，真之定义也是不可能的。因此，笔者认为，即使通过改进技术可以进一步完善塔尔斯基的真之定义，也不会改变戴维森的结论。因为在戴维森的理论体系中，只要约定 T 还起作用，那么真都必须被视为一个初始概念。

由于真是不可定义的，塔尔斯基认为我们无法把握真之概念的本质。在他看来，真无所谓本质，研究关于真之本质的哲学问题也不存在，形式化的真之定义已经足够。戴维森的意见不同。在他看来，真不能被定

---

① Donald Davidson, “The Structure and Content of Truth”, *The Journal of Philosophy*, Vol. 87, No. 6, 1990, p. 299.

义意味着它无法通过其他概念做进一步严格的解释，但这并不意味着真没有本质，更不意味着追问真之本质的哲学问题不存在。实际上，戴维森认为这个问题不但存在，而且相当重要。在他看来，塔尔斯基的工作也体现了这一点，这不但是因为塔尔斯基真之理论的最初目标是回答那个古老的哲学问题，即什么是真；更重要的是，塔尔斯基在定义真时依赖于关于真之概念的直觉，这种直觉优先于我们如何在语言中使用真这个概念，而这恰恰与真之初始论的第二个论点有关。

真之初始论的第二个论点，在笔者看来，可以表述为：真与人的态度之间存在紧密联系。戴维森在他的论文《真之概念的结构与内容》开篇就写道：

> 倘若没有思考者，世界上事物（无论是对象还是事件）之真假便无从谈起。①

这也就是说，人是事物之真假的前提；没有人，也就无所谓真假。当然，严格来说，事物或对象本身可能无所谓真假。因为从语言的角度来看，只有句子才有所谓的真假问题。而事物或对象在语言层面上对应的是语词，语词不可能成为真之载体。不过我们需要承认的是，戴维森在此只是想强调，没有人，也就没有真假，这一点是没有问题的。

没有人也就没有真假，这一论点，与实用主义真之理论多少有些相似之处。因此，还是在这篇论文中，戴维森用非常赞许的口吻总结了杜威真之理论的两个结论：（1）获得真并非哲学的特权；（2）真在本质上必须与人的利益息息相关。② 严格说来，这两个结论紧密相连。真与人的利益息息相关，所以，就像亚里士多德所说的，人类可以从多个角度研究真。这意味着，真并非哲学的特权，其他学科也可以研究真。但对于杜威的第一个结论，戴维森并未投入过多的注意力。戴维森关注的是杜

---

① Donald Davidson, "The Structure and Content of Truth", *The Journal of Philosophy*, Vol. 87, No. 6, 1990, p. 279.

② Donald Davidson, "The Structure and Content of Truth", *The Journal of Philosophy*, Vol. 87, No. 6, 1990.

威的第二个结论。他说道：

> 按照我对他的理解，杜威认为，一旦还真之概念以本来面目，我们就可以就真之概念与人的态度之间的联系（这种联系部分地由真之概念所构成）进行哲学上重要且富有教益的探讨。这也是我本人的看法。①

这段话虽然是戴维森对杜威的一种解读，但其实表达的是他自己的观点，即真与人的态度之间存在紧密联系。虽然戴维森曾表示，在真与人的态度如何相关的问题上，他与杜威的观点可能不一样，但这不妨碍他们在此问题上达成共识。

在理解真与人的态度之间的关系问题上，我们必须首先明确与真相关的人的态度到底是什么样的态度。在笔者看来，理解戴维森的理论框架中的真之载体是一个很好的切入点。通常情况下，戴维森对真之载体并没有过多要求，言语、句子、陈述等都曾被他当作真之载体来使用。但是，我们必须承认的是，在更多的时候，戴维森将真之概念使用在句子之上。句子之真是一种经验事件，需要在经验领域之中判断。在自然语言中，说一个句子是真的通常具有以下形式：说话者（或解释者）u认为（或相信等）句子p是真的。“认为”“相信”等是一种意向性态度，从这个角度来看，句子之真与人的意向性态度相关。事实上，笔者认为，正是因为真与人的意向态度相关，戴维森才会认为，真是一个初始概念。因为戴维森提到的塔尔斯基对真的一种直觉，在很大程度上，也可以被视为一种意向态度。

在众多的意向性态度中，戴维森认为有两种最基本的意向性态度，即信念和欲望。在我看来，以信念和欲望为例说明真与意向态度之间存在联系并不是一件难事。首先，信念与真之间的联系是显而易见的，我们经常会考察一个信念是否为真。当然，在更多的时候，戴维森并不是在真之载体的角度上思考信念与真之间的关系。在戴维森眼中，信念与

---

① Donald Davidson, “The Structure and Content of Truth”, *The Journal of Philosophy*, Vol. 87, No. 6, 1990, p. 281.

真之间的联系在于，只有当我们知道一个信念可能为真或为假时，我们才会拥有这个信念，并且信念倾向于为真。至于欲望，当说话者选择说出一个句子而不选择说出另一个句子，便体现了他的倾向性，这种倾向性即是戴维森所说的欲望。一般而言，从解释的角度来看，说话者倾向于说出真的句子。因此，欲望与真之间也存在联系。需要注意的是，戴维森并不否认存在其他的命题态度，比如希望、企图、同意、后悔等，但这些命题态度，都包含信念因素，并且大多数都能从信念和欲望中推导出来。因此，笔者认为，戴维森所说的，与真相关的人的态度指的是人的意向态度；在语言层面上，如果用英语表达，它们可以带有一个“that”从句。

真之初始论的第三个论点，可以概括为，合乎理性的人都至少部分地理解真之概念。这个论点与我们要在后文讨论的真与合理性之间的关系问题相关，我们在此不详细讨论。不过可以明确的是，在戴维森看来，理解真之概念，是一个人合乎理性的充分必要条件。至于戴维森为什么有时加上“部分地”这个形容词，很可能与戴维森从外延的角度理解真之概念有关。从外延的角度理解真之概念，意味着对真的理解需要明白所有的真句子，但很明显的是，真句子的数量非常巨大，个人不可能完全掌握如此多的真句子。

我们可以简单地总结戴维森真之初始论的三个主要论点：（1）真是一个初始概念，不能被定义或还原；（2）真与人的态度相关；（3）合乎理性的人至少部分地理解真之概念。在这三个论点中，第一个论点构成了戴维森真之理论的第一个核心论点，即真是一个初始概念；第二个论点和第三个论点共同构成了戴维森真之理论的第二个核心论点，即真是一个实质概念。

第五节　研究真之本质的方法论

如果真之初始论的主张是成立的，那么很自然就会产生一个问题，即如何揭示真之概念的实质内容？定义法显然不行，塔尔斯基的工作已经证明了这一点。替换法似乎也是行不通的，因为真是一个初始概念，它没有更基础的替代物。① 但不可否认的是，我们似乎总是倾向于使用定义或还原的方式理解一个概念。戴维森甚至为我们这种方法论上的倾向找出了原因：

> 我们仍然被苏格拉底观念的魅力所吸引，即我们必须不断地追问一个观念的本质，即用其他语词做深刻的分析，追问什么使这成为一种虔诚的行为，什么使这个或任何言语、句子、信念或命题为真。我们仍然陷入新手的谬误之中，这种谬误要求我们首先定义一些语词，然后再用它们进一步谈论某些事情或者进一步谈论它们自身。②

戴维森的这个诊断分为两部分。在第一部分中，戴维森强调的是苏格拉底的讨论方式对我们的影响。苏格拉底总是通过追问“是什么”来追问事物的本质，比如，什么是虔诚。这种追问方式导致我们在讨论真之概念时，也总是在追问什么是真，什么使一个句子为真。问题在于，戴维森并不认为，有任何东西可以使一个句子为真，因为真是一个初始概念。在第二部分，戴维森谈到了一种常见的观点，这种观点认为，在我们使用某些语词或谈论这些语词时，必须首先定义它们。这个观点是苏格拉底式的讨论问题方式的产物。但戴维森认为，这种观点是一种谬误。在他看来，科学的测量理论已经告诉我们，使用未被定义的概念是可行的。因为在未被定义的概念上，通过添加合适的约束条件，科学家们同样可以达到他们的目的。综合这两方面的考虑，戴维森认为，在思考真之概念时，我们应该首先拒斥苏格拉底式的讨论问题的方式。

在排除定义和还原法之后，戴维森基于真与人的态度之间的联系，提出了一种新的研究思路，他指出：

---

① 参见 Donald Davidson，“The Folly of Trying to Define Truth”，*The Journal of Philosophy*，Vol. 93，No. 6，1996，p. 276。

② Donald Davidson，“The Folly of Trying to Define Truth”，*The Journal of Philosophy*，Vol. 93，No. 6，1996，p. 275.

> 这种方法论，从其否定的方面来说，可以通过说它既不提供真之概念的定义，也不提供任何类似定义的条目，公理模式，或定义的其他简短替代物来刻画。其正面的意见是试图追溯真之概念和给予其质体的人类态度和行为之间的联系。①

戴维森之所以提出这种新的方法论，一方面与使用传统方式追问真之本质的失败有关，另一方面则与哲学家们追问真的目的相关。在他看来，我们对真之概念之所以感兴趣只是因为世界上存在某些对象或状态，真可以应用于其上，并且如果我们不理解这些对象或状态是真的是什么意思，我们就不能刻画这些状态和事件的内容。② 戴维森的这个观点揭示了这样一个事实，即真作为一个概念，并不是一个独立的实体，对它的分析不可能与经验现象区分开来。因此，追问真如何应用到这些经验现象之上是探索真的一个可行的策略。这与真是一个初始概念这个观点并不冲突。因为这种研究方式并没有直接追问真之概念本身，即"不提供真之概念的定义，也不提供任何类似定义的条目，公理模式，或定义的其他简短替代物"，而是试图通过追问真与其他事物之间的联系显示真的本质，也即"追溯真之概念和给予其质体的人类态度和行为之间的联系"。在笔者看来，从字面上看就可以发现，戴维森的这种方法论与真之初始论的第二个论点以及第三个论点紧密相关。正因为真与人的态度紧密相关，合乎理性的人都能至少部分地理解真之概念，所以戴维森才能够建议通过追问真与其他事物之间的联系显示真之本质。

在讨论戴维森真之初始论的第二个论点时，我们已指出，在戴维森的理论框架中，有两个最基本的意向态度，即信念与欲望。但戴维森明确表示，我们不能通过先分析真与信念或者真与欲望之间的关系，然后再根据这种关系解释它与另一个基本意向性态度之间的关系，因为信念与欲望之间本身是相互关联，无法将二者拆开。因此，分析真与信念、欲望之间的关系必须将信念与欲望当作一个整体进行考虑。问题的困难

---

① Donald Davidson, "The Folly of Trying to Define Truth", *The Journal of Philosophy*, Vol. 93, No. 6, 1996, p. 276.

② 参见 Ibid., pp. 276 – 277。

在于：句子之真，相对而言，是可以通过观察而确定的；但信念与欲望则是不可见的。在此，戴维森借鉴并修改了拉姆塞版本的贝耶斯决定论。贝耶斯决定论主要是通过一个内涵概念，即选择的偏好，来为两个更复杂的概念，即信念的程度和价值的比较，补充内容。这个理论成功的地方在于，它可以用相对公开可观察的偏好选择解释不可观察的信念程度与基本价值。但是只有这种理论是不够的，因为偏好概念仍然是一个内涵式概念；更为关键的是，这种理论实际上事先预设了我们能理解选择项以及选择的结果。因此，要想利用贝耶斯决定论，我们必须要加上一个解释理论。这正是戴维森从事意义理论的一个重要原因。我们接下来将以真与意义之间的关系为起点，讨论真与信念、真与合理性之间的关系。我们将会发现，这些问题之间实际上紧密相关，彼此之间相互关联，它们共同印证了戴维森真之理论的第二个核心论点，即真是一个实质概念。

第五章
真与意义

早在20世纪60年代，戴维森就认为，真与意义之间存在天然的亲缘关系；通过真，我们可以达到对意义概念的理解。在这种理解的基础之上，戴维森构建了极具特色的真之条件意义理论，并因此而产生了巨大的影响。甚至于我们可以认为，戴维森即是因为他的意义理论而闻名于世的。

学界目前有这样一种倾向，认为戴维森在讨论真与意义之间的关系时，曾构建了两种理论，分别是真之条件意义理论和解释理论。这一观点的代表性人物是莱波雷（Ernie Lepore）和路德维希（Kirk Ludwig），只不过他们的表述方式略有不同。莱波雷和路德维希的合著《唐纳德·戴维森：意义，真，语言与实在》在阐述戴维森语言哲学方面具有里程碑式的地位。在这本著作中，他们说道：

> 在语言哲学中，戴维森纲领存在两个中心主题。一个是他的著名建议，即采用塔尔斯基式（绝对的）真之理论的结构——从有限的公理集合中为语言中的每一个句子指派真之条件——为一门自然语言提供一个组合性的意义理论，即解释我们在理解语义基础的表述以及它们组合的基础上如何理解语义复杂的表述……另一个主题是在理解语言和其他相关的事物中，采用另一个说话者的彻底解释者的立场作为方法论的基础。[①]

① Ernie Lepore and Kirk Ludwig, *Donald Davidson*: *Meaning*, *Truth*, *Language*, *and Reality*, Oxford: Oxford University Press, 2005, p. 2.

莱波雷和路德维希所说的戴维森纲领的第一个主题指的是戴维森的意义理论，它试图用塔尔斯基的真之理论解释自然语言的意义；第二个主题在戴维森的语言哲学中指的是他的解释理论，它采用彻底解释的方法论立场以解释说话者的言语。从莱波雷和路德维希对戴维森这两项任务的描述中可以发现，这两个主题关系紧密。首先，意义理论是解释理论的理论基础，为解释理论的展开提供了一种可能，因为解释理论的核心是解释说话者所说句子的意义。其次，解释理论为证实意义理论提供了一个方法论的基础，因为意义理论给出的是一种理论模型，要想证明这个理论是可行的，必须能够在经验领域中证实它，解释理论为证实意义理论提供了一种方法。

在笔者看来，如果我们坚持戴维森存在两种不同的意义理论，那么厘清意义理论与解释理论之间的这种关系至关重要。我们应该时刻提醒自己：在彻底解释理论中，戴维森必须得出这样的推论，即解释者关于说话者所说句子的解释必须能够形成关于该语句的解释性的 T－语句。如果得不出这样的结论，那么或者戴维森的彻底解释理论是失败的，或者他的意义解释理论是失败的。

我们首先考察戴维森的真之条件意义理论，然后再考察他的彻底解释理论。这种考察顺序是众多学者的一般做法，也符合戴维森的一贯思路。

第一节　意义理论的约束条件Ⅰ：组合性原则

什么是意义理论？不同的学者有不同的观点。根据霍瑞斯克（Claire Horisk）的理解，可以区分出两种不同的意义理论：第一种意义理论（a meaning theory）试图分析“意义”概念，给出关于“意义”的所有内容；第二种意义理论（a theory of meaning）则试图通过构建出一个理论以解释一门语言 L 中所有句子的意义。[①] 这两种意义理论虽然彼此相关，但

---

① Claire Horisk，“Truth，Meaning，and Circularity”，*Philosophical Studies*，Vol. 137，No. 2，2008，p. 272.

它们解释意义的途径不同。戴维森认为，对意义进行概念分析，可能是行不通的，并主张通过解释一门语言 L 中所有句子的意义理解什么是“意义”。因此，戴维森的意义理论属于第二种意义理论。

在讨论戴维森的意义理论之前，必须首先理解戴维森心目中一个令人满意的意义理论是什么样子的。戴维森说道：

> 一个令人满意的意义理论必须解释句子的意义如何依赖于语词的意义。①

莱波雷和路德维希将这种意义理论称为组合性的意义理论（a compositional meaning theory），它使得理解该理论的每一个人都能够基于对语言 L 中基础表述的理解，理解 L 中的基础表述和复杂表述。② 在这种意义理论中，最重要的原则是组合性原则。③ 戴维森最早提出该原则是在其 1965 年的论文《意义理论和可习得的语言》中。在这篇论文中，戴维森指出，组合性原则是任何一门可习得语言的必要特征，是判断一个自然语言的语义理论是否充分的标准，任何一种违反此原则的意义理论都不是关于自然语言的意义理论。

为了支持组合性原则，戴维森曾给出了一个语言习得论证：

> 假设一种语言缺乏此特征，那么不论一个未来的说话者学会创造和理解了多少句子，总是存在其他的句子，它们的意义无法通过已掌握的规则被给出。说这样的语言是无法习得的是很自然的。④

---

① Donald Davidson, “Truth and Meaning”, in *Inquiries into Truth and Interpretation*, 2nd ed., Oxford: Clarendon Press, 2001, p. 17.

② 参见 Ernie Lepore and Kirk Ludwig, *Donald Davidson: Meaning, Truth, Language, and Reality*, Oxford: Oxford University Press, 2005, pp. 26 – 27。

③ 根据约瑟夫（Marc Joseph）的解释，组合性原则是柏拉图的遗产，它来自柏拉图的一个洞见即句子在语义上是复杂的。22 个世纪之后，弗雷格以精确的模式将这一原则表达出来。参见 Marc Joseph, *Donald Davidson*, Montreal: McGill – Queen's University Press, 2004, pp. 13 – 16。

④ Donald Davidson, “Theories of Meaning and Learnable Languages”, in *Inquiries into Truth and Interpretation*, 2nd ed., Oxford: Clarendon Press, 2001, p. 8.

在这段话中，戴维森试图通过归谬法证明自然语言具有组合性原则。我们可以将他的论证过程重构如下：

（1）自然语言中的句子是无限的； ［前提］

（2）自然语言是可习得的； ［前提］

（3）我们通过学习基本词汇和语法规则学习语言； ［前提］

（4）自然语言没有组合性原则，我们无法通过此原则学习语言； ［假设］

（5）我们学会的句子是有限的； ［（3）、（4）］

（6）自然语言是无法习得的； ［（1）、（5）］

（7）因此，自然语言具有组合性原则。 ［（2）、（6）］

在这个论证过程中，（4）是假设，（7）是结论。当然，严格来说，除了（1）、（2）、（3）这三个前提外，这个论证还依赖其他经验性的前提条件，比如：我们不会突然同时获得一种能力，在没有规则的情况下直觉到句子的意义；每一个新的词汇，或新的语法规则，只需要有限的时间便可学会；人终有一死等。① 戴维森虽然承认语言习得论证依赖于这些前提条件，但他并没有考察它们的合理性，因为他倾向于支持这些经验性的条件。这也就是说，戴维森认为自然语言具有组合性原则。因此，他认为解释自然语言的意义理论也应是组合性的。

语言习得论证似乎是一个很强的论证。因为自然语言中基本词汇的数量是有限的，如果自然语言不具有组合性原则，那么我们将无法在有限的时间内掌握一门语言。很多学者都支持戴维森的这个论证。比如莱波雷和路德维希认为，虽然我们学习母语时所采取的方式可能有些不同，但任何一种语言都可以被当作第二外语，它们都是可习得的；因此，他们主张戴维森的语言习得论证是成立的。②

现在的问题是，语言习得论证是否真的能证明自然语言具有组合性原则呢？笔者对此表示怀疑。语言习得论证是从学习语言的角度来思考

---

① Donald Davidson, "Theories of Meaning and Learnable Languages", in *Inquiries into Truth and Interpretation*, 2nd ed., Oxford: Clarendon Press, 2001, pp. 8–9.

② 参见 Ernie Lepore and Kirk Ludwig, *Donald Davidson: Meaning, Truth, Language, and Reality*, *Oxford: Oxford University Press*, 2005, p. 30。

组合性原则的。在语言习得论证中，前提（3）预设我们学习语言的方式是从基本词汇开始的，然后借助一些语法规则理解整个语言，这是戴维森之所以能证明自然语言具有组合性原则的关键。问题在于，戴维森所坚持的意义整体论并不允许我们采取这种方式学习语言。根据意义整体论，独立学习语言中的基本词汇，然后借助语法规则理解语言是不可能的，因为每一个词汇只有从它出现于其中的句子那里获得意义，而且句子的意义还依赖于它与其他句子之间的关系。这也就是说，语言习得论证中前提（3）是无效的。因此，如果意义整体论是合理的，那么从语言的可习得性中，我们无法推导出自然语言必定具有组合性原则。梅瑞狄斯·威廉姆斯（Meredith Williams）也提醒我们，戴维森在首次提出这个论证之后，再也没有重提这个论证。① 如果上述观点是合理的，我们是否还应该坚持组合性原则？如果应该坚持这个原则，还存在哪些理由？

杰伦·格伦内杰克（Jeroen Groenendijk）和马丁·斯托克霍夫（Martin Stokhof）认为，我们之所以倾向于认为自然语言也是组合性的，主要有两个方面的理由：（1）作为刻画装置的逻辑语言的使用；（2）语言的"创造性"概念。② 但是根据他们的分析，这两个理由并不充分。格伦内杰克和斯托克霍夫首先讨论的是第一个理由。他们分析了使用形式语言刻画自然语言所包含的两种因素：（1）组合性原则在形式语言中具有重要地位；（2）形式语言被看作刻画自然语言语义特征的模型。在他们看来，这两个因素中最大的问题在于，形式语言在多大程度上可以被视为自然语言的模型是不确定的。这也就是说，我们并不能轻而易举得出这样的结论，即自然语言与形式语言之间的不同不会影响我们假设自然语言和形式语言一样具有组合性原则。关于第二个理由，格伦内杰克和斯托克霍夫认为，"创造性"所表达的经验事实是毫无争议的，需要弄清楚的是这个事实到底是关于什么样的事实。一般认为，这个事实既是关于自然语言的，也是关于语言的使用者的，格伦内杰克和斯托克霍夫不同

---

① 参见 Meredith Williams, "Wittgenstein and Davidson on the Sociality of Language", *Journal for the Theory of Social Behaviour*, Vol. 30, No. 2, 2000, p. 317。

② 参见 Jeroen Groenendijk and Martin Stokhof, "Why Compositionality?", in *Reference and Quantification: The Partee Effect*, Greg Carlson and Jeff Pelletier (ed.), Stanford CA: CSLI, 2005, pp. 83 – 106。

意这种看法。在他们看来，自然语言的创造性意味着递归规则的使用，而语言使用者的创造性指的是创造新词等，二者之间并不匹配。如果将创造性置于语言之中，并以此刻画语言使用者的能力实际上只是理论上的假设，并非来自经验的观察。但格伦内杰克和斯托克霍夫认为，考察自然语言是否具有组合性原则需要依赖于经验的观察。

在笔者看来，从经验观察的角度来看，人们之所以倾向于认为自然语言具有组合性原则，是因为他们倾向于认为自然语言是无限的，而组合性原则可以用来说明自然语言的这个特征。问题在于，自然语言是否是无限的，并没有一个定论。有一种观点认为，自然语言像形式语言一样是无限的，只是理论上的假设。在他们看来，不论是自然语言中的句子，还是我们对语言的认知，都存在一定的极限。因为自然语言中的词汇和语法规则是有限的、个体的经验是有限的、大脑的容量是有限的、个体所经历的环境是有限的等，所有这些条件一起决定了自然语言不可能是无限的。如果这种观点是对的，那么自然语言在经验上就是有限的，我们不能从中推导出自然语言具有组合性原则这个结论。

需要注意的是，上述论证只证明了自然语言具有组合性原则这个观点所依赖的理由是不充分的，并不意味着组合性原则是不可靠的。因为不论是格伦内杰克和斯托克霍夫的形式语义学，还是戴维森的真之条件意义理论，它们都是基于自然语言的理论构造，并不完全等同于自然语言的经验事实。就像福多所指出的那样，在研究自然语言时，组合性原则是不可商量的。[①] 因为研究自然语言必定会涉及自然语言的句法和语义形式，在这方面，组合性原则是必不可少的。换句话说，预设组合性原则是研究自然语言的一条有效进路，在实践上是有用的，并且能帮助我们构造合适的理论以解释自然语言。当然，我们承认，从根本上说，组合性原则的地位是中立的，是否采用它依赖于我们期望获得的理论。但是如果坚持戴维森的真之条件意义理论，那么组合性原则不可或缺。这是戴维森之所以采用塔尔斯基真之理论解释意义的重要原因之一。戴维森认为一个意义理论应解释句子的意义如何依赖于语词的意义，这同时

---

① 参见 Jerry Fodor, "Language, Thought and Compositionality", *Mind and Language*, Vol. 16, No. 1, 2001, p. 7。

涉及句法和语义两个层面，必定会要求组合性原则的参与。

第二节 意义理论的约束条件Ⅱ：避免内涵概念

一般而言，构造一个组合性的意义理论有两种方式。一种方式试图构造一种内涵逻辑以处理内涵语境。内涵语境指的是那些不适用于外延检测的语境，比如它们不允许存在概括、全称概括、保值替换规则等。最常见的内涵语境就是那些以相信、认为等语词做谓词的语句，它们在英语中总是带有一个“that”从句；常见的内涵逻辑是模态逻辑。另一种方式则主张外延策略，这一策略由弗雷格开创，并由塔尔斯基、蒯因等人所坚持。我们一般所说的一阶逻辑就是外延逻辑。它允许存在概括、全称概括、保值替换规则等外延性规则。戴维森是这一策略坚定的支持者。

如果将语言 L 称为对象语言，将中文称为语言 L 的元语言，那么当我们追问 L 中句子 s 的意义时，一个很自然的解释是，对 s 的意义的解释应具备下述两种形式中的一种：（1）（M） s 意味 m，其中 s 是对象语言中句子的名称或结构性描述，m 是一个词项；（2）（MT） s 意味着 p，其中 s 是对象语言中句子的名称或结构性描述，p 则是元语言中的句子。[①] 内涵逻辑将“意味”和“意味着”当作内涵概念，它们试图从基础表述中推导出 M－语句或 MT－语句。

由于意义理论的第二个约束条件只与内涵概念相关，我们首先分析内涵式的处理方式。内涵式的处理方式将语词指称的意义当作语词的意义。我们用“［ ］”这个符号表示符号内语词的意义。为了考察内涵式的处理方式如何对待 M－语句，我们选择以“黛西的父亲”这个表述为例。假设我们知道“黛西”的意义是“黛西”这个专名的意义［黛西］，“……的父亲”的意义是“……的父亲”这个概念词的意义［……父亲］，根据这两个部分，我们可以推导出这样的 M－语句：“黛西的父亲”意味［黛西的父亲］。虽然这种构造方式能够满足组合性原则的要求，但是很明显，这种构造方式是空洞的。因为根据这种构造方式，我们仍然

---

① “S 意味 m”和“S 意味着 p”对应的英文分别是“s means p”和“s means that p”。

不知道“黛西的父亲”这个表述的意义是什么。我们所知道的只是“黛西”和“……的父亲”各自的意义，并不知道二者组合在一起所形成的“黛西的父亲”这个表述的意义。正是因为这个原因，戴维森认为，意义无法使意义理论自圆其说。① 当然，这并不意味着戴维森反对使用意义概念，而只是在说，戴维森反对在意义理论中使用意义概念。戴维森说道：

> 我在意义理论中反对意义并不是因为它们是抽象的或者它们同一的条件是模糊的，而是因为它们没有已证明的用法。②

在这句话中，戴维森提到了另一种反对使用意义概念的观点。这种观点认为，我们之所以需要拒绝使用意义概念，是因为它是抽象的，并且句子意义的同一性标准是模糊的。蒯因是这种观点的代表。在他看来，我们很难判断什么情况下一个语词的意义与其他语词的意义相同或不同。③ 戴维森的态度与之不同，他时常使用意义概念，但他要求我们在意义理论中使用意义概念之前，必须首先确定什么是“意义”以及如何合法地使用“意义”。内涵式的处理方式很显然忽视了这两个问题，因为它预设了语词指称的意义是其意义，这不但模糊了指称与意义之间的界限，也没有说明意义概念的用法。这正是戴维森反对内涵式的处理方式的一个重要原因。

MT－语句的情况稍微好一些，这主要是因为 MT－语句中 p 不再指示意义，而是一个完整的句子。但是它仍然面临着其他方面的困难。戴维森的评价是：

> 可以合理地预想到，与明显非外延式的“意味着”的逻辑纠缠，我们将会遇到的问题和我们理论试图解决的问题同样困难，或者可

① 参见 Donald Davidson，“Truth and Meaning”，in *Inquiries into Truth and Interpretation*，2nd ed.，Oxford：Clarendon Press，2001，p. 20。

② Donald Davidson，“Truth and Meaning”，in *Inquiries into Truth and Interpretation*，2nd ed.，Oxford：Clarendon Press，2001，pp. 20－21.

③ 参见 W. V. O. Quine，“Two Dogmas of Empiricism”，in *From a Logical Point of View*，2nd ed.，Cambridge：Harvard University Press，1961，pp. 20－46。

能是同一的。①

戴维森的这个评价有些简短，也没有做进一步的说明，这对我们理解戴维森所说的困难造成了一定程度的障碍。根据莱波雷和路德维希的猜测，采用外延策略的一个优势是可以利用保真替换规则证明定理，但是如果采用内涵的方式，我们将会失去这一装置；因此，他们认为戴维森所说的困难可能指的是这方面的困难。② 我们可以举个例子来说明这个问题。假设我们将“意味着”当作一个内涵概念，那么我们将无法进行以下推理：

（1）“8 大于 5”意味着 8 大于 5； ［前提］

（2）“8”和“太阳系的行星数”具有同样的外延； ［前提］

（3）“8 大于 5”意味着太阳系的行星数大于 5。 ［（1）、（2）］

在这个推理中，太阳系的行星数的确大于 5，但它不能解释“8 大于 5”的意义，因为它们的意义并不相同。“意味着”的内涵逻辑并不允许这样的替换，内涵逻辑只允许同义替换。换句话说，内涵逻辑认为，如果两个句子相对应的部分是同义的，那么两个句子本身是同义的。问题在于，在使用内涵逻辑所允许的同义替换规则之前，我们必须能够事先理解每一个表述的意义，而这恰恰是意义理论期望完成的任务。内涵逻辑所遇到的困难与意义理论所遇到的困难是一样的。

由于内涵式的处理方式面临这些难以克服的问题，戴维森表达了对内涵概念的不信任和焦虑。他倾向于选择外延策略，主张在意义理论中避免使用内涵概念。约瑟夫（Marc Joseph）认为，戴维森的选择主要是受蒯因的影响：

> （戴维森）的工作受益于蒯因。针对在哲学和逻辑学中引进内涵概念，蒯因是最激烈的当代批评家。关于试图引进内涵的危险，虽

---

① W. V. O. Quine, “Two Dogmas of Empiricism”, in *From a Logical Point of View*, 2nd ed., Cambridge: Harvard University Press, 1961, p. 22.

② 参见 Ernie Lepore and Kirk Ludwig, *Donald Davidson: Meaning, Truth, Language, and Reality*, Oxford: Oxford University Press, 2005, pp. 59 – 60。

然戴维森不像蒯因那么教条，但是蒯因的影响的确很深，而且相比较内涵式的概念和技术，戴维森更喜欢外延式的。①

从哲学史的角度来看，约瑟夫的这个评价毫无疑问是中肯的。但是我们没有理由认为戴维森之所以偏好使用外延式的解决方案，只是因为戴维森是蒯因的学生因而受蒯因的影响这么简单。笔者认为，这里面有更深层次的理由。从语言使用的现象来说，我们总是通过观察周围环境获得语言；当我们使用语言时，也总是通过语言反映周围环境。语言和周围环境之间的这种关系暗示我们理解语言时总是需要借助对语言之外东西的认识，而不是内涵逻辑中涉及的那些奇怪的东西，比如可能世界等。同时，避免使用内涵概念，戴维森可以更接近于从行为主义认识论的角度理解语言，这有益于从说话者的行为和他的周围环境出发，为解释者解释说话者言语的意义提供证据。基于这些考虑，我们认为，戴维森主张一个意义理论应避免使用内涵概念是恰当的。

第三节 戴维森对意义指称论的批评

尽管戴维森认为我们应该从外延的角度构建意义理论，但这并不意味着所有外延式的意义理论都是合理的。从外延的角度考察意义理论，最常见的做法是将语言之外的实体当作语词的意义。这种理论一般被称为意义指称论。洛克的意义论、罗素的符合论，以及戴维森所认为的弗雷格式的含义理论都采取了这种理解模式。② 但戴维森认为，意义指称论的理解模式是有问题的。

以“泰阿泰德飞翔”这个句子为例，戴维森试图阐明意义指称论存在的第一个问题。根据意义指称论，“泰阿泰德飞翔”这个句子可以分析为两个部分：“泰阿泰德”和“飞翔”，其中现实中存在的泰阿泰德那个

① Marc Joseph, *Donald Davidson*, Montreal: McGill - Queen's University Press, 2004, pp. 21 - 22.

② 戴维森认为弗雷格将指称当作语词的意义，这其实是一种误解。而之所以会造成这种误解，可能是翻译造成的。具体内容参见王路《弗雷格关于意义与意谓的理论》，《哲学研究》1993 年第 8 期。

人为“泰阿泰德”指派意义，而飞翔的属性为“飞翔”指派意义。以这两个部分的意义为基础，意义指称论可以推导出这样的 MT－语句：“泰阿泰德飞翔”意味着泰阿泰德飞翔。问题在于，这种解释模式无法说明句子的意义如何由这些部分的意义构成，它无法满足组合性意义理论的要求。① 一种可能的解决方案是通过添加一种新的例示关系 R_1 为“泰阿泰德”和“飞翔”这两个部分之间的联系提供说明，以解释“泰阿泰德”和“飞翔”为什么可以组成一个完整的句子。但这样一来，意义指称论又面临着如何说明例示关系 R_1 与两个部分即“泰阿泰德”和“飞翔”之间关系的问题。为此，意义指称论又需要添加新的例示关系 R_2 和 R_3 分别解释 R_1 和“泰阿泰德”之间的关系，以及 R_1 和“飞翔”之间的关系，以至无穷。

戴维森的这个论证类似于柏拉图所说的第三者论证。在出现关系谓词的句子中，这个问题会更加明显。这意味着，仅仅通过为对象语言中的语词指派意义实体是无法构造出一个合乎戴维森要求的意义理论的，意义指称论要想成立，还需要一套规则告诉我们如何从单个语词的意义构造出复杂表述的意义。当然，基于理论构造的要求，这些规则本身也必须是有限的。但戴维森认为，即使存在这样的规则，意义指称论为句子的每个部分指派意义的做法也是不合适的。他说道：

> 一个令人满意的关于复杂表述的意义理论可能不再需要实体作为所有部分的意义。这要求我们重述我们对一个令人满意的意义理论的要求，以至于不再建议个体语词必须拥有意义。②

戴维森之所以能得出这样的观点，主要是受弗雷格的启发。在弗雷格看来，谓词是不饱和的，是一个其值总是一个真值的函数。③ 根据弗雷

① 参见 Donald Davidson，“Truth and Meaning”，in *Inquiries into Truth and Interpretation*，2nd ed.，Oxford：Clarendon Press，2001，p. 17。

② Donald Davidson，“Truth and Meaning”，in *Inquiries into Truth and Interpretation*，2nd ed.，Oxford：Clarendon Press，2001，p. 18.

③ 参见弗雷格《函数和概念》，载《弗雷格哲学论著选辑》，王路编译，商务印书馆 2013 年版。

格的这种看法，如果意义指称论坚持认为每个个体语词都必须有意义，那么像“……的父亲”这个函数的意义应该依赖于填充它的单称词项，因此，它的意义可以被视为将填充它的单称词项映射到它的父亲这样的一种实体。从直觉上说，这种实体非常怪异，而且是否存在这样的实体本身也是一个问题。当然，更严重的问题在于，即使“……的父亲”这样的实体存在，也很难发现这种实体到底有何解释性的作用。因为在给出个体常元的情况下，意义指称论也无法告诉我们如何确定这个函数的值。我们以“黛西”这个个体常元为例说明这个问题。通过将“黛西”代入“……的父亲”之中，我们可以推导出这样的 M - 语句：“黛西的父亲”意味着黛西的父亲。但是在这种情况下，我们事实上仍然不知道如何确定黛西的父亲，因为它并没有告诉我们如何在知道“黛西”和“……的父亲”的情况下，确定“黛西的父亲”所指称的实体。我们所知道的仍然只是两个独立的实体，即“黛西”所指称的实体，以及“……的父亲”所指称的实体，并不知道“黛西的父亲”所指称的实体，这不符合戴维森意义理论的要求。戴维森指出，事实上，我们可以提供一个简单的指称理论，通过确定单称词项的指称来确定像“……的父亲”这种表述的指称。在这种极小的指称理论中，“……的父亲”这种表述没有与之对应的实体，也不需要与之相对应的实体。① 如果这种情况是成立的，那么这将表明，在意义理论中，我们并不需要所有的表述都有独立的意义。

除此之外，戴维森认为，意义指称论还面临着弹弓论证的反驳。根据我们之前的论述，弹弓论证反对为句子指派实体的任何企图。如果认为语词的意义是语言之外的实体，那么我们很容易构造一个弹弓论证证明所有真值相同的句子都是同义的，但这很显然是不可接受的。当然，我们的立场是反对弹弓论证，但是我们并不反对弹弓论证所得出的结论。将语言之外的实体当作语词的意义之所以是不可能的，是因为我们无法找到这样的实体以确定它们的意义。这和我们反对符合论的理由一样。

综上所述，戴维森不但否定了意义指称论，实际上也否定了通过指

① 参见 Donald Davidson, “Truth and Meaning”, in *Inquiries into Truth and Interpretation*, 2nd ed., Oxford: Clarendon Press, 2001, p. 18。

称确定意义这条理解意义的进路。我们总是倾向于认为语词的指称即是外在的实体，但就像戴维森所指出的那样，指称问题，一般是通过语言之外的事实处理的，而意义问题不是。①

第四节 真与意义

在否定了内涵式进路和外延式进路中的意义指称论之后，戴维森提出了自己的解决方案。这种方案是通过分析以内涵方式处理“意味着”这个语词提出来的。他说道：

> 我们陷入内涵中的焦虑来源于将语词“意味着”使用为在句子的描述和句子之中的填充，但很可能的是，我们冒险的成功并不依赖于填充，而是依赖于填充的内容。如果对于研究中的语言的每一个句子 s，它能提供一个匹配的句子（代替“p”），用某种尚未弄清楚的方式为 s 提供意义，那么这种理论将会起作用。如果对象语言被包括在元语言之中，那么匹配句的一个明显的候选者是 s 自身；否则，它将是元语言中的一个翻译。作为最后一个大胆的步骤，让我们尝试以外延的方式处理“p”所占据的位置：为了实现这一点，扫除隐晦的“意味着”，为替代“p”的句子提供一个合适的句子联结词，并且为替换“s”的描述提供它自己的谓词。合理的结果是（T）s 是 T，当且仅当 p。对于一门语言 L 的一个意义理论而言，我们的要求是不借助任何（进一步的）语义概念，它施加在谓词“是 T”上的足够限制蕴含所有从框架 T 得到的句子，当“s”被 L 中的句子的结构性描述所替代，并且“p”被那个句子本身替代。②

上面这段话被学者们频繁地引用，它显示了戴维森如何从摈弃内涵

---

① 参见 Donald Davidson，“Truth and Meaning”，in *Inquiries into Truth and Interpretation*，2nd ed.，Oxford：Clarendon Press，2001，p. 19。

② Donald Davidson，“Truth and Meaning”，in *Inquiries into Truth and Interpretation*，2nd ed.，Oxford：Clarendon Press，2001，pp. 22 – 23.

式的意义理论过渡到外延式的意义理论的全过程。首先，内涵式的意义理论之所以会让我们陷入焦虑，主要是因为“意味着”这个内涵概念；但一个意义理论之所以会成功，可能更多的是因为“意味着”这个内涵概念所联结的内容，即 s 和 p。因为一个意义理论成功的关键在于为句子 s 提供一个可以相互匹配的 p，并且 p 能够解释 s 的意义。其次，对于 p 而言，如果对象语言被包含在元语言之中，那么 p 的一个合理的候选者是 s 自身；如果元语言不包含对象语言，那么 p 的候选者则是 s 在元语言中的翻译。这两个候选者在直觉上都能够解释 s 的意义。最后，摆脱内涵模式的困境需要放弃使用“意味着”这样的内涵概念，转而采用外延式的方法联结 s 和 p，这样得到的一个合理结果应该是框架 T：（T） s 是 T，当且仅当 p；其中，s 是对象语言中句子的结构性描述，p 是那个句子本身。

笔者认为，在这三个步骤当中，最重要的是后两个步骤。第二个步骤为 p 提供了两种不同的可能性，即 s 自身或者其翻译；因为在元语言中，为对象语句指派意义的最好做法莫过于使用句子自身或者它的翻译。第三个步骤则为戴维森构建意义理论提供了最关键的一环，即利用表达外延关系的“当且仅当”这个短语替换“意味着”这个内涵概念。前者表示的是等值关系，是外延性的；后者则比较模糊。当然，严格来说，在第三步中，如果只是采用外延式的方式联结 s 和 p，那么正常的结果应该是：s 当且仅当 p。但这种表达不符合语法的习惯。因此，为 s 添加了一个虚拟谓词即“是 T”是有必要的，s 也因此从对象语言中的一个句子转变为该句子的一个结构性描述。

在戴维森构造框架 T 的过程中，有两点值得我们注意。首先，就像西蒙·依夫里尼（Simon Evnine）指出的那样，戴维森构造出框架 T 依赖于使用一个句子和提及一个句子之间的区别；这种区别如果被忽视，将会使得几乎所有给予一个意义理论的尝试看起来是显而易见的。[①] 我们可以举个例子来说明这个问题。在“‘雪是白的’是 T，当且仅当，雪是白的”这个句子中，句子左边带有引号，它使用的是“雪是白的”这个句子的提及用法，句子右边没有引号，是“雪是白的”这个句子的正常使

---

① 参见 Simon Evnine，*Donald Davidson*，Stanford：Stanford University Press，1991，p. 80。

用。如果我们忽视使用一个句子和提及一个句子之间的区别，那么"'雪是白的'是T，当且仅当，雪是白的"这个句子应该改写为：雪是白的，当且仅当，雪是白的；或者"雪是白的"，当且仅当，"雪是白的"。但这两种表述都没有什么意义，因为它们只不过是重复了句子自身或者句子的名称。

其次，戴维森最初构造的框架T与塔尔斯基的T－语句并不相同。因为在戴维森那里，谓词"是T"是虚拟的，除了语法作用之外，并没有什么实质意义。为了以示区别，我们将从戴维森的框架T中推导出的T－语句称为T_1－语句。对于戴维森而言，完成T_1－语句的构造并不是问题的终结。如果对象语言被包括在元语言之内，那么我们可以忽视"是T"这个谓词的含义。但是如果对象语言不被包括在元语言之内，那么确定"是T"的含义是必需的，因为在这种情况下，T_1－语句需要的是对象语句的翻译，这并不符合意义理论的要求。意义理论需要的是解释对象语句的意义，但给出对象语句的翻译实际上预设了我们已经知道了对象语句的意义。因此，戴维森需要的是通过确定"是T"的含义，然后借助它推导出对象语句的翻译。戴维森说道：

> 不论是明确的定义或递归地刻画，非常清楚的是谓词"是T"所应用的句子将只能是L中的真句子，因为我们对令人满意的意义理论所提出的条件在本质上是塔尔斯基的约定T，它用来检测一个形式化的真之语义定义的充分性。①

塔尔斯基的约定T对一个充分的真之定义的规定是：所有的真句子都能够从T－语句的形式中被推导出来。戴维森对一个令人满意的意义理论的要求是：每一个句子的意义都能够从框架T中被推导出来。虽然塔尔斯基和戴维森想要完成的理论是不同的，但他们各自对理论的要求是相同的，只不过T_1－语句中的谓词"是T"的含义是不清楚的，而约定T中的谓词是"是真的"这个谓词。但换个角度来看，这恰恰表明"是T"

---

① Donald Davidson, "Truth and Meaning", in *Inquiries into Truth and Interpretation*, 2nd ed., Oxford: Clarendon Press, 2001, p. 23.

的真实含义其实就是“是真的”这个谓词的含义。除非存在另一个谓词的定义，它与戴维森对意义理论的要求一致，并且只能应用到对象语言中的真句子之上。否则，我们应当接受这个推论，即“是 T”的含义与“是真的”含义一样。如果上述考虑是合理的，那么戴维森的框架 T 可以光明正大地改写如下：

（T）s 是真的，当且仅当 p。

通过阐明“是 T”这个谓词的含义，戴维森建立起了真与意义之间的联系。当 s 是真的，p 也必须是真的；当 s 是假的，p 也必须是假的。也就是说，s 和 p 是等值的，p 是 s 的真之条件，并且给出 s 的意义。我们现在一般将戴维森的这个理论称为真之条件意义理论，因为他是用句子的真之条件给出句子的意义。应该说，戴维森的这个工作很有创新性，但有些人对此不以为然。比如依夫里尼在评价戴维森的工作时说道：“虽然正确，但是这有一点虚伪。”[①] 在依夫里尼看来，真与意义有关这一点，已经在相当长的时间内被不同的哲学家们所接受了；在直觉上来说，知道一个句子的意义必须知道它的真之条件，知道一个句子是真的相当于知道世界是什么样的。但是依夫里尼的这个评价很显然忽视了意义理论的另一个重要传统。这条传统由奥斯丁、斯特劳森、保罗·格莱斯（Paul Grice）等人所开创，他们提倡采用以意图为基础（intention - based）的方法研究意义理论。在他们看来，内涵概念是基本概念。真与意义之间的联系在他们的理论中并不突出。很明显，戴维森的工作与他们不同。

事实上，通过构建框架 T，戴维森不但向我们展示了真与意义之间的联系，还提供了一条从真之定义走向理解意义的路径。他指出：

如果一门语言 L 的意义理论包含了 L 中真之概念的（递归）定义，那么它就可以表明“句子的意义如何依赖于语词的意义”。[②]

---

① Simon Evnine, *Donald Davidson*, Stanford: Stanford University Press, 1991, p. 81.

② Donald Davidson, “Truth and Meaning”, in *Inquiries into Truth and Interpretation*, 2nd ed., Oxford: Clarendon Press, 2001, p. 23.

从这句话中，可以发现，戴维森要求为意义理论服务的真之定义必须满足两个约束条件。第一，它必须是递归式的，这是戴维森在括号中有意突出“递归”这个语词的原因，因为一个定义是否是递归式的是一个意义理论是否满足组合性原则的标志之一。第二，它必须是关于某个特定语言的真之定义，而不是关于普遍的真之概念的定义。塔尔斯基的真之定义恰好满足这两个方面的要求。我们之所以强调这两个约束条件，主要是因为，正是基于这些考虑，戴维森才将他的意义理论与塔尔斯基真之定义的工作联系在一起。这同时也表明：戴维森之所以主张利用塔尔斯基的真之定义构建关于某个对象语言的意义理论，只是基于他的意义理论的要求主动选择的一个结果。塔尔斯基真之定义的工作可以为任何一个句子给出它的T－形式定理。如果在元语言中给出对象语句自身或者其翻译是给出该对象语句意义的一种方式，那么毫无疑问，戴维森可以利用塔尔斯基真之定义的工作构建他的意义理论。而且，这种意义理论不但能满足组合性原则和避免使用内涵概念这两个条件，也可以告诉我们句子的意义如何依赖于句子部分的意义。

可以以戴维森的一段话来总结真与意义之间的联系：“（真与意义之间的）这种联系就是：这种定义通过给出每个句子是真的的充分必要条件起作用，而给出真之条件即是给出句子意义的一种方式。知道一种语言关于真的语义学概念，便是知道一个句子（任何一个句子）是真的是怎么一回事，而这就等于理解了这种语言（在我们能赋予这段话的一种可靠的含义上）。”①

第五节 真之理论向自然语言的扩展

在塔尔斯基看来，一个形式正确且实质充分的真之定义只适用于形式语言。戴维森期望解释的是自然语言的意义。因此，他必定面临着如何将形式语言的真之定义扩展到自然语言的问题。与形式语言相比，自

---

① Donald Davidson, “Truth and Meaning”, in *Inquiries into Truth and Interpretation*, 2nd ed., Oxford: Clarendon Press, 2001, p. 24.

然语言的复杂程度更高，它包含许多形式语言所没有的情况，比如指示词、索引词、副词、时态句、间接语句和隐喻等。严格来说，这些都是戴维森的真之条件意义理论需要解决的问题，但由于篇幅有限，我们仅讨论语境敏感性和行动语句这两个问题。[①] 语境敏感的问题主要与指示词和索引词相关；行动语句则主要与动词、副词、介词短语等相关。我们之所以选择以这两个问题为例，主要是考虑到戴维森对这两个问题的讨论在学界中被接受的程度更高，得到了更广泛的认可。语境问题在自然语言中非常普遍，为了解决这个问题，戴维森甚至修改了他的 T－语句的形式；对行动语句的讨论则是戴维森的独创，它关系到戴维森对形而上学的理解。在一定程度上，这两个问题的解决，也为戴维森使用真之条件意义理论解释其他语言现象奠定了基础。

我们首先分析语境敏感的问题。在某些情况下，“我饿了”这个句子或“这凉了”这个句子可能是真的；但是在另一些情况下，它们则可能是假的。它们的真值情况之所以是不确定的，主要是因为“我”是一个索引词，“这”是一个指示词，它们高度依赖语境。在不同的情况下，这两个语词指示的情况可以完全不一样。如果我们坚持使用塔尔斯基式的真之定义为这两个句子给出意义，那么它们各自的 T－语句应该表述为：“我饿了”是真的，当且仅当我饿了；和“这凉了”是真的，当且仅当这凉了。但很明显的是，这种解释模式并不能满足我们对意义理论的要求。

莱波雷和路德维希给出了三个理由以说明语境敏感这个问题：（1）意义理论应该是主体间性的，任何人都应该能够在不改变句子表达内容的情况下理解它，但是带有索引词和指示词的句子在不同的语境下会改变它的陈述内容，使用塔尔斯基的真之定义不能推导出我们期望的真之理论；（2）T－语句的右侧带有索引词或指示词，而索引词和指示词是依赖语境的，这表明 T－语句所刻画的对象语言的真之条件也是依赖语境的，但这并不符合我们对真之条件的理解；（3）我们希望的真之条件是一个一般陈述，如果真之条件依赖于语境，那么戴维森的真之条件意

① 对这个问题感兴趣的读者可以参见 Ernie Lepore and Kirk Ludwig，*Donald Davidson's Truth—Theoretic Semantics*，Oxford：Oxford University Press，2007。

义理论也将依赖于语境，这不符合我们对意义理论的要求。[①]

莱波雷和路德维希的这三点理由主要论述了两个方面的问题，分别是语境敏感性和真之条件之间的冲突以及语境敏感性和意义理论之间的冲突。我们首先讨论第一个问题。一般所理解的真之条件指的是句子的成真条件，它是普遍的。在任何情况下，如果一个句子的真之条件被满足，那么它就是真的。如果坚持使用塔尔斯基的 T - 语句，那么带有索引词或指示词的句子的真之条件将会随着语境的变化而发生变化，因为索引词和指示词所指示的东西会随着语境的变化而发生变化。这样的话，句子的真之条件将不会是普遍的。有些时候，它表达的是一种情况；但在另一些时候，它表达的可能是另一种情况。同样地，意义理论的情况与之相似。一个意义理论所给出一个句子的意义应该是主体间的，可以为不同的主体所理解和交流。但是在不改变塔尔斯基 T - 语句的情况下，由之给出的包含索引词或指示词的句子的意义会随着语境的变化而变化。这意味着带有索引词或指示词的句子的意义不再是主体间的，而是会时刻发生改变。这样的意义理论明显不符合我们对意义理论的要求。

当然，如果我们认为真之条件和意义理论都是相对于语境的，那么像上述两个例子那样，将索引词和指示词当作常项以构造 T - 语句似乎也是可行的。但这种解决方案会消除索引词和指示词指称环境这种特征，不符合我们对索引词和指示词的理解。因此，在不改变 T - 语句的情况下，自然语言中存在的语境敏感的问题，是不可克服的一个障碍。

戴维森认为，我们可以通过修改塔尔斯基的真之理论，解决语境敏感性的问题。他说道：

> 我们应该将真当作一个属性，不是关于句子的，而是关于言语的，或者言语行为的，或者是关于句子、时间和人的三元组；但是最简单的方式是将真视为一个句子、一个人和一个时间点之间的一种关系。在这种处理模式下，一般的逻辑可以被读作像往常一样被应用，只不过只应用于相对于同样说话者和时间的句子集；在不同

---

① 参见 Ernie Lepore and Kirk Ludwig, *Donald Davidson: Meaning, Truth, Language, and Reality*, Oxford: Oxford University Press, 2005, p. 79。

时间并且由不同说话者说出的句子之间的进一步的逻辑关系可能需要用新的公理阐述。[①]

这段话的前半部分主张将真看作句子、时间和人三者之间的关系属性，而不只是句子的属性。后半部分讨论的是这种观点的改变对于逻辑的影响。我们先讨论前半部分的内容。从表面上看，将真视为句子、时间和人三者之间的关系属性，可能只涉及真之载体的改变，但更多的是因为真之理论扩展到自然语言的需要。如果这种改变是合适的，那么这意味着只有塔尔斯基的 T－语句是不够的，因为塔尔斯基的 T－语句缺少时间和说话者这两个因素。因此，戴维森主张为 T－语句添加时间和说话者这两个因素。这样，戴维森的框架 T 需要进行修改。我们将修改后的框架 T 称为框架 Td，它可以表述如下：

（Td）对于所有说话者 S，句子 s 对于 S 而言在 t 时是真的，当且仅当 p。

通过这种修改，戴维森可以很容易克服语境敏感性的问题。比如说，基于框架 Td，“我饿了”这个句子的 T－语句可以修改如下：当说话者 S 在时间 t（潜在地）说出“我饿了”是真的，当且仅当说话者 S 在 t 时饿了。“这凉了”这个句子的 T－语句也可以修改如下：当说话者 S 在时间 t（潜在地）说出“这凉了”是真的，当且仅当说话者 S 在 t 时所指的东西凉了。[②] 修改后的 T－语句不再受语境变化的困扰，因为索引词和指示词所指示的东西已经通过说话者和时间因素被固定下来，句子的真之条件也因此而重新获得了普遍性，T－语句所给出的意义也再次是主体间的。它们都不会随着语境的变化而发生改变。

我们现在来讨论上面引用的这段话的后半部分内容。戴维森认

---

① Donald Davidson, "Truth and Meaning", in *Inquiries into Truth and Interpretation*, 2nd ed., Oxford: Clarendon Press, 2001, p. 34.

② 我们之所以在这两个 T－语句中加上“潜在地”这一补充性短语，主要是为了避免出现 S 没有说出句子这种情况。

为，通过这种修改不会对一般的逻辑造成任何影响。因为一般逻辑所阐述的内容可以看作相同人物在相同时间内所阐述的内容。也就是说，在阐述逻辑内容时，我们可以将说话者和时间因素看作不变的逻辑常项，这样逻辑仍然被视为只与句子相关。因此，通过将真视为句子、说话者与时间三元组所拥有的属性，与逻辑只与句子相关这种观点是相融的。

事实上，通过为T－语句增加说话者和时间因素，不但可以帮助戴维森处理语境敏感的意义问题，也可以为他的真之理论添加更多经验上的内容。T－语句的右侧是一个句子，这个句子表达的是语言之外的事实。在没有时间和说话者这两个因素参与的情况下，带有索引词和指示词的句子表达的内容是模糊不清的，而且与个人的经验无关。一旦通过说话者和时间因素将索引词和指示词所表达的内容固定下来，那么T－语句右侧的句子所表达的内容必然与说话者相关，因而可以清楚地指示与说话者相关的经验内容。

从戴维森对T－语句的修改中，我们还可以得到这样一种启发，即塔尔斯基形式化的真之定义实际上是中立的，如何使用它依赖于使用者的意图。戴维森将真视为句子、时间与人之间的一种关系，为他利用经验证据证实他的真之理论提供了一条线索。这个问题，我们将在讨论戴维森的彻底解释理论时详谈。

我们现在转到戴维森对行动句的分析上来。行动句也就是报道在特定时间和空间中发生的某件事情的句子。比如说，句子“布鲁图斯刺杀恺撒”指代的是一个事件，这句话是真的，当且仅当历史上的确存在这一事件。如果回想起戴维森的弹弓论证，一个看似合理的质疑会是这样的：既然句子指称事件，那么根据弹弓论证，人们可以很容易得出这个结论，即所有的句子都指称同一个事件。如果这种质疑成立，那么戴维森允许句子指称事件和他的弹弓论证实际上是相互冲突的。笔者认为，这种分析是有问题的，戴维森并不认为句子像指称事实那样指称事件。戴维森在分析行动句的逻辑结构时的确使用了存在量词，但这并不意味着句子整体和事件之间的关系是指称关系。在更多的时候，戴维森认为句子是在描述事件。在他看来，像句子“维苏威火山在公元79年爆发”指称单个事件并不比“这里有一个苍蝇”指称单个苍蝇指称更多的东西。① 事实上，即使我们认为句子指称事件，也无法按照戴维森的思想构造出合适的弹弓论证，因为事件是以个体的方式存在的，就像对象一样。这意味着以事件为指称对象的句子并不满足弹弓论证中的假设DA1，因为逻辑等值的单称词项并不具有相同的指称。比如“恺撒之死”和“恺撒之死并且 1 + 1 = 2”是逻辑等值的，但它们指称的事件并不相同。

一般而言，当我们分析（1）“布鲁图斯刺杀恺撒”这个行动句时，我们会把“刺杀”看成一个二元谓词，把“布鲁图斯”和“恺撒”看成专名，并且这两个专名可以构造成一个有序对（布鲁图斯，恺撒）。因此，（1）表达的是一个二元关系，它的逻辑形式可以表述如下：（1′）K^2（布鲁图斯，恺撒），其中，K^2（x，y）表示“x 刺杀 y”，“2”表示“K”是一个二元谓词。因此，“布鲁图斯刺杀恺撒”是真的，当且仅当有序对（布鲁图斯，恺撒）满足“K^2（x，y）”。如果我们在（1）上添加一个介词短语，比如说“在 3 月 15 日”，那么（1）就可以转变为（2）“布鲁图斯在 3 月 15 日刺杀恺撒”。它的逻辑形式可以表述为：（2′）K^3（布鲁图斯，恺撒，3 月 15 日），其中 K^3（x，y，z）表示“x 在 z 时刺杀 y”，“3”表示“K”是一个三元谓词。因此，“布鲁图斯在 3 月 15 日刺杀恺撒”是真的，当且仅当有序对（布鲁图斯，恺撒，3 月 15 日）满足“K^3（x，y，z）”。从直觉上说，我们可以从（2）推导出（1），这在自然语言之中没有什么问题。但问题在于，一阶逻辑不允许我们从（2′）推导出（1′）。因为 K^3（x，y，z）和 K^2（x，y）是两个完全不同的谓词，虽然它们都包含一些相同的符号。因此，即使上述这种分析方式能帮助我们构造出一个组合性的真之条件意义理论，但它仍然不适合分析自然语言。即使通过增加逻辑规则，比如如果 n 元谓词被 n 元有序对满足，那么与 n 元谓词相应的 n － 1 元谓词可以被 n 元有序对中从左至右的 n － 1 元有序对满足，但这仍然无法满足戴维森对自然语言意义理论的要求。② 因为根据这条规则，我们可以从满足三元谓词 F^3（x，y，z）

---

① 参见 Donald Davidson，“Criticism，Comment and Defence”，in *Essays on Actions and Events*，2nd ed.，Oxford：Clarendon Press，2001，p. 134。

② 参见 Simon Evnine，*Donald Davidson*，Stanford：Stanford University Press，1991，pp. 88 – 89。

的事件中推导出满足二元谓词 F^2（x，y）的事件和满足一元谓词 F^1x 的事件，却无法推导出满足二元谓词 F^2（x，z）的事件。更严重的是，在这种处理方式下，我们无法解释 F 的语义作用，它在不同的谓词中都曾出现，但它的作用在这种处理方式下却是不一致的。

在面对这个问题时，戴维森所提出的建议具有独创性。他说道：

> 行为的动词应该被解释成包含它们看起来并不包含的相对于单称词项或变元而言的一个位。①

在这句话中，戴维森所说的行为动词所包含的一个位填充的是个体事件 e，它被存在量词约束。基于这种分析方式，在不考虑介词短语的情况下，一阶逻辑中被视为 n 元的谓词，在戴维森这里应该被视为 n+1 元谓词。因此，（1）的逻辑形式应被修改为：（1′′）$\exists e K^3$（x，y，e），其中 e 表示 x 对于 y 的一个刺杀事件。它可以读作：存在一个事件，布鲁图斯刺杀恺撒。在这种情况下，“布鲁图斯刺杀恺撒”这句话是真的，当且仅当有序对（布鲁图斯，恺撒，e）满足“K^3（x，y，e）”，并且 e 是 x 对于 y 的一个刺杀事件。相应地，（2）的逻辑形式可以被修改为：（2′′）$\exists e$（K^3（x，y，e）$\wedge Z^1e$）。它可以读作为：存在一个事件，布鲁图斯刺杀恺撒，并且这个事件发生在 3 月 15 日。因此，“布鲁图斯在 3 月 15 日刺杀恺撒”是真的，当且仅当有序对（布鲁图斯，恺撒，e）满足“K^3（x，y，e）”，并且 e 满足 Z，并且 e 是 x 对于 y 的一个刺杀事件。在这个例子中，（2）中的“刺杀”不是一个四元谓词，而仍然被视为一个三元谓词；它的介词短语被视为一个开语句，被一个事件满足。这种分析方式的好处是，它使得我们可以从（2′′）轻而易举地推导出（1′′），介词短语也因此被视为句子结构的一个实质部分。事实上，同样的分析方式也可以应用在副词身上，比如我们可以将行动句（3）“布鲁图斯残暴地刺杀恺撒”分析成（3′′）$\exists e$（K^3（x，y，e）$\wedge C^1e$），其中“C”表示“残暴地”，它可以被视为一个一元谓词，被 e 满足。戴维森认为，如果

---

① Donald Davidson，“The Logical form of Action Sentences”，in *Essays on Actions and Events*，2nd ed.，Oxford：Clarendon Press，2001，p. 118.

我们采取这种处理方式，那么没有什么能阻碍我们以塔尔斯基式的真之定义的形式给出一个行动句的标准意义理论；也没有什么能阻碍我们给出这些句子的意义（真之条件）如何依赖于它们的结构一个融贯和结构性的解释。[①]

戴维森的这个建议得到了哲学家们的广泛赞赏，但也面临着一些批评，比如它似乎不能合理地解释像“故意地”这样表意向的副词。这主要是因为戴维森的解释方式是外延式的，而表意向的副词是内涵式的。另外，他的建议似乎也不能很好地处理一些包含多重修饰语的句子，比如“他的个子很高，但在运动员中很矮”。戴维森在回应其他人的批评时曾意识到这些问题的存在，但他并没有正面回答这些问题。毫无疑问，这些问题的存在会影响到学者对他的真之条件意义理论的评价，但是我们不能因此而全盘否定他的工作。因为还有很多戴维森的支持者仍在从事这方面的工作。[②] 在确定真之条件意义理论无法处理这些情况之前，我建议暂时采取宽容的态度对待这些问题。

从戴维森对行动句的分析中，应该注意到的一点是，戴维森以“事件”作为句子分析的核心，并且基于“事件”进行量化。如果我们同意蒯因本体论承诺的观点，那么戴维森的观点相当于承诺了事件的本体论地位。这样，戴维森可以通过对行动句的语言分析将以事件为基础的形而上学和他的意义理论联系起来。他的行动哲学、心灵哲学、语言哲学也因此可以相互关联，从而形成一个统一整体。从这个角度来说，我们认为，戴维森关注的是一个统一理论，而不仅仅是一个意义理论。

第六节 真之条件意义理论所面临的基本问题

戴维森认为，通过给出一个句子的真之条件，我们可以给出一个句子的意义；通过构建一门语言的真之理论，我们可以构建出关于这门语

① Donald Davidson, "The Logical form of Action Sentences", in *Essays on Actions and Events*, 2nd ed., Oxford: Clarendon Press, 2001, p. 119.

② 关于行动句的进一步分析工作可参见 Kirk Ludwig, *Donald Davidson*, New York: Cambridge University Press, 2003; Ernie Lepore and Kirk Ludwig, *Donald Davidson's Truth - Theoretic Semantics*, Oxford: Oxford University Press, 2007。

言的意义理论。这典型地凸显了真之概念在理解意义概念中的作用。但是，这种理解思路并没有得到学者们的广泛认同，主要原因在于，真之条件意义理论从一开始就面临着很多质疑。这些质疑本身影响着戴维森对真与意义之间关系的讨论。如果这些质疑是成立的，真之条件意义理论是有问题的，那么按照真之条件意义理论所阐述的真与意义之间的关系理解真与意义就是值得商榷的。因此，我们有必要考察真之条件意义理论所面临的基本问题。

真之条件意义理论所面临的质疑大致可以分为两个方面：（1）句子的真之条件能否给出句子的意义；（2）真之条件意义理论能否成功地解释自然语言中的所有语句。前者关注于理论本身，后者关注于理论的应用。关于真之条件意义理论的应用，戴维森保持着积极乐观的态度。虽然戴维森承认自然语言的确很复杂，但他认为，一定程度的乐观主义是得到辩护的。[①] 因为弗雷格、塔尔斯基以及一些语言学家的工作已经成功地向我们展示了如何处理自然语言的片断，比如量词、代词以及句子的组合性结构。在他看来，只要逻辑学家或语言学家其中一方的工作能形成一个关于自然语言的普遍理论，那么真之条件意义理论的应用就是有希望的。基于戴维森的这种乐观态度，我们暂时忽略真之条件意义理论在应用方面可能遇到的问题，转而关注于他的理论本身可能会遇到的问题。

戴维森利用塔尔斯基的真之理论构造意义理论，首先面临的一个问题是真之理论在自然语言中的合法性问题。在前文中，我们曾提到塔尔斯基的真之定义不能应用到自然语言之中，因为这会导致悖论。塔尔斯基认为，产生悖论的主要原因在于自然语言的普遍性和逻辑规则之间的冲突。自然语言的普遍性允许它包含塔尔斯基的真之理论所不允许的一些语义表述，比如“真句子”“指称”等，但是当真之概念（和其他语义概念一样）被运用到日常语言之中，与逻辑的一般规律一起，必然会

① Donald Davidson, “True to the Facts”, in *Inquiries into Truth and Interpretation*, 2nd ed., Oxford: Clarendon Press, 2001, p. 51.

导致混乱和矛盾。[①] 戴维森同意塔尔斯基的诊断，他说道：

> 当对象语言中量词的覆盖范围以某种方式过于宽泛时，语义悖论产生了。但是不清楚的是，将乌尔都语或温德语的量词覆盖范围看作不足以产生一个清晰的关于乌尔都语中的真之定义或温德语中的真之定义，对于乌尔都语或温德语而言，是如何的不公平。或者，用另外的方式阐述这个问题，如果不是以一种更严肃的方式，在理解其他人的语言（真之概念）时，可能这种情况本质上总会存在某些我们把握的东西，不能与他交流。无论如何，一般哲学兴趣的大多数问题总是产生于相关自然语言的一个片断，它可能被视为只包含很少的集合论。当然，这些评论并不满足自然语言是普遍的这一要求。但是在我看来，既然我们知道这样的普遍性会导致悖论，这种要求是可疑的。[②]

在这段话中，戴维森首先承认，如果量词的覆盖范围过于宽泛，那么关于对象语言的意义解释就容易产生语义悖论，但他紧接着提出这样的问题，即如果我们将量词的覆盖范围缩小，以至于不足以产生关于某种语言的真之定义，是否一定会产生重大影响呢。虽然戴维森使用的是乌尔都语或温德语这种不常见的语言来说明这个问题，但这种思路可以推广到任何一种语言。从戴维森使用“如何的不公平”这种短语所表达的态度中，我们可以看出，戴维森实际上认为将量词的覆盖范围缩小，对一种语言而言，不会产生任何影响。其次，戴维森认为，将量词的覆盖范围缩小与我们经常会碰到的另一个问题相关，即我们在理解他人语言中的真之概念时，总会有些东西不能与他人交流。这些不能与他人交流的东西即是那些会导致语义悖论的东西。以此为基础，戴维森还提出了另一个涉及哲学观的问题。在他看来，哲学研究的问题只与自然语言的一个片断相关，并不能包括自然语言的全部。虽然这种观点与自然语

---

① 参见 Alfred Tarski，“The Concept of Truth in Formalized Languages”，in *Logic*，*Semantics*，*Metamathematics*，translated by J. H. Woodger，Oxford：Clarendon Press，1956，p. 267。

② Donald Davidson，“Truth and Meaning”，pp. 28 – 29.

言的普遍性相冲突，但戴维森认为，既然普遍性会导致悖论，我们就没有必要仍然坚持这种要求。

戴维森的这种思路表明，他为了避免语义悖论的骚扰，实际上主张将自然语言进行“阉割处理”，即减小量词的覆盖范围，以使其无法产生悖论。因此，在严格的意义上，戴维森的真之理论并不具有普遍性，不能处理自然语言中的所有句子，它只能处理自然语言的一个片断。这个片断排除了自然语言中能引起悖论的那些句子，也就是那些包含真之谓词或满足谓词的句子。因此，他的真之条件意义理论也不是普遍有效的，而只能局限于那些不会引起悖论的句子。

戴维森的真之条件意义理论面临的第二个方面的问题与他所坚持的外延策略有关。我们知道，戴维森为了构建一个充分的意义理论，主张避免使用内涵式概念。因为他的目的是理解意义的本质，使用内涵式的概念意味着我们对这些概念的意义已经有了含蓄的理解。因此，他主张用“是真的，当且仅当”替代“意味”或“意味着”。一个很合理的怀疑是：放弃使用内涵式的概念是否真的可以帮助我们把握句子的意义。或者更准确地说，通过刻画对象语言的真之概念是否可以构成对句子意义的完整解释。[①] 福斯特是提出这一问题的第一人。为了回答这个问题，我们需要首先理解戴维森想要的意义理论到底是一个什么样的意义理论。

戴维森的意义理论并没有直接回答什么是意义概念的本质这个问题，而是通过追问如何给出句子的意义间接地回答什么是句子的意义，这一点可以从戴维森构造他的真之条件意义理论的过程看出来。因此，有一种观点认为，戴维森的意义理论并不解释意义概念，他给出的是意义理论需要满足的约束条件。但是就像福斯特指出的那样，没有比通过揭示这些理论需要满足的条件和这些条件需要被补充的形式更好的方式解释意义。[②] 而且，正是在戴维森给出的那些约束条件中，解释才是可能的。因此，如果戴维森的意义理论是有效的，那么根据他的意义理论，我们

---

① 参见 J. A. Foster, “Meaning and Truth Theory”, in *Truth and Meaning*: *Essays in Semantics*, Gareth Evans and John McDowell（ed.）, Oxford: Clarendon Press, 1976, p. 10。

② 参见 J. A. Foster, “Meaning and Truth Theory”, in *Truth and Meaning*: *Essays in Semantics*, Gareth Evans and John McDowell（ed.）, Oxford: Clarendon Press, 1976, p. 4。

就可以理解句子的意义。从这个方面说，意义概念的解释内置于戴维森的意义理论之中。当戴维森的意义理论完成了，意义概念的解释也就是清楚的。根据这个理解思路，笔者认为，戴维森的意义理论是解释性的。它的特点是在意义问题起源的地方追问意义的本质，而不是像非解释性的意义理论那样，从形而上学的角度直接追问意义概念的本质。

意义问题起源于对语言符号的理解。解释性的意义理论首先需要揭示的即是这些物理符号如何具有可理解的意义。在一定程度上，这种意义理论与个人的理解能力相关，但我们不能将戴维森的意义理论等同于现实个人所拥有的语言能力。因为戴维森的意义理论是理论性的，它所揭示的只是个人语言能力工作的语义机制，不包括认知主体接收信息的心理机制等。通过揭示语言的语义机制，戴维森认为，他的意义理论能够确保由此而推导出的结果足以构成关于对象语言的解释。在这种意义上，我们认为，福斯特提出的关于戴维森意义理论面临的第二个方面的问题等价于这样的一个问题，即通过对对象语言真之概念的刻画是否可以保证关于句子意义的解释是解释性的。

对象语句自身和它在元语言中的翻译可以构成对句子意义的解释。如果戴维森毫无保留地接受塔尔斯基的真之定义，那么他的真之条件意义理论可以满足解释性的要求。但戴维森的意义理论不能直接利用塔尔斯基的真之定义，因为塔尔斯基的真之定义在构造过程中预设了“翻译”概念。因此，戴维森需要对塔尔斯基的真之定义进行修改。在戴维森看来，他唯一需要做的是去掉塔尔斯基真之定义的最后一步即将公理转化为定义，使得真之谓词作为一个未被定义的概念为对象语句提供解释。① 但福斯特的证明表明戴维森可能过于乐观。笔者认为，在福斯特的整个论证过程中，最关键的一点是区分两种不同意义的真之条件，他说道：

> 我已经说过这些定理，也即戴维森所说的 T－语句，陈述了它们所指称的句子的真之条件。但这是在一个特殊的意义上而言的。就像常识所理解的那样，一个句子的真之条件指的是句子为真的那些

① 参见 Donald Davidson，“Reply to Kirk Ludwig”，in *Donald Davidson：Truth Meaning and Knowledge*，Urszula M. Zeglen（ed.），London and Now York：Routledge，1999，p. 43。

> 充分必要条件……但这种意义上的真之条件不是T－语句所说的真之条件……一个T－语句所说的真之条件在这种意义上成立，即两个句子拥有同样的真之条件，当且仅当它们拥有相同的真值。①

在这段话中，福斯特明确指出T－语句的真之条件和我们一般所理解的真之条件不同。在T－语句中，只要左侧名称或结构性描述所指代的句子和右侧的句子具有相同的真值，那么T－语句就是真的。这也就是说，T－语句所说的真之条件，指的是两个句子具有相同的真值。戴维森的框架Td延续了这种理解模式。如果福斯特的这种理解是正确的，那么这种理解模式所阐述的真之条件比通常所说的真之条件要弱很多。因为我们通常理解的真之条件不但需要两个句子具有相同的真值，而且要求这两个句子是逻辑等值的。

根据福斯特所理解的T－语句意义上的真之条件，以“雪是白的”这个句子为例，我们可以构造出许多不同类型的T－语句。比如说：（1）“雪是白的”是真的，当且仅当雪是白的；（2）“雪是白的”是真的，当且仅当草是绿的；（3）“雪是白的”是真的，当且仅当雪是白的并且1+1=2；（4）“雪是白的”是真的，当且仅当雪是白的并且雪是白的等。很明显，在这些例子中，只有（1）满足解释性的要求，（2）、（3）和（4）都不是关于“雪是白的”的解释。我们将这些在形式上满足T－语句但不是解释性的T－语句称为“Ts－语句”。应该说，戴维森的讨论在一定程度上涉及了这个问题，因为他在构建他的真之条件意义理论时就考虑到了如何排除（2）这种情况。在他看来，如果意义理论给出每个句子正确的结果，那么（2）实际上不会成为该理论的威胁。② 因为如果意义理论考虑的是自然语言中除去那些能引起悖论的句子的所有其他句子，那么（2）所属的意义理论实际上无法给出像“这是雪”和“这是草”这样句子的真之条件，这不符合一个意义理论的要求。我们认为，

---

① J. A. Foster, “Meaning and Truth Theory”, in *Truth and Meaning: Essays in Semantics*, Gareth Evans and John McDowell (ed.), Oxford: Clarendon Press, 1976, p. 11.

② 参见 Donald Davidson, “Truth and Meaning”, in *Inquiries into Truth and Interpretation*, 2nd ed., Oxford: Clarendon Press, 2001, p. 26。

戴维森的观点是有效的，它可以用来排除（2）这种形式的 T－语句。这与他坚持认为真之理论是一个经验理论和他所支持的意义的整体论相关。真之理论作为一个经验理论要求在真之理论的公理中添加说话者和时间因素；意义的整体论要求通过给出语言中每个句子的意义给出任一句子或语词的意义。这两点要求可以排除（2）。但基于福斯特的解释，我们认为，戴维森所给出的约束条件不能排除（3）和（4）这种形式的 T－语句。福斯特说道：

> 对于每一个 L 语言中的句子，存在无限多的且重要的不同翻译，它们与 θ（关于 L 语言的一个充分的真之理论）相一致。①

将这句话所表达的观点应用到目前我们所讨论的问题上，它相当于在说，（3）、（4）和（1）都与关于中文的真之理论一致。因为（3）相当于只在关于对象语句的解释中添加了一个逻辑恒真的命题，（4）相当于重复关于对象句的解释。包含（3）或（4）的意义理论和包含（1）的意义理论是逻辑等值的，而且没有其他的证据能排除前者。如果这个观点是合理的，那么戴维森的真之条件意义理论无法保证解释者对句子意义的理解是解释性的。因为我们无法排除解释者根据（3）或（4）的方式理解句子的意义这种可能性。戴维森后来意识到了这个问题，在对福斯特的回复中，他承认：

> 我的错误是忽视了这个事实，即有些人可能知道一个充分独特的理论，但是不知道它是充分独特的。②

这也就是说，一个解释者可能会按一种真之理论解释句子的意义，但并不知道是否有其他不同的真之理论具有相同的功能。因为没有证据

① J. A. Foster, "Meaning and Truth Theory", in *Truth and Meaning: Essays in Semantics*, Gareth Evans and John McDowell (ed.), Oxford: Clarendon Press, 1976, p. 13.

② Donald Davidson, "Reply to Foster", in *Inquiries into Truth and Interpretation*, 2nd ed., Oxford: Clarendon Press, 2001, p. 173.

告诉他这是唯一充分的理论。为此，戴维森在彻底解释的意义理论中提出新的约束条件，我们在后文中继续探讨这个问题。

真之条件意义理论面临的第三个方面的问题来自达米特。和戴维森一样，达米特认为一个意义理论应产生一个理解或解释的理论。但他认为戴维森的真之条件意义理论不是一个内容充实的意义理论，只是一个适度的意义理论。[①] 两者的区别在于，后者不解释语言中初始词汇所表达的概念，前者会解释该初始词汇所表达的概念。达米特之所以能得出这样的结论，主要是因为戴维森真之条件意义理论预设了对真之概念的先在理解；而且，由之形成的真之理论的公理依赖于解释者事先理解的语言中的初始概念。虽然区分适度的意义理论和内容充实的意义理论并不构成对真之条件意义理论的批评，但达米特之所以强调这种区分，毫无疑问是想批评戴维森的真之条件意义理论无法全面地解释句子和语词的意义。

达米特对戴维森真之条件意义理论所做的批评大致可以分为两个方面。首先，达米特认为，知道一个句子为真与知道句子表达的命题并不是一回事。他说道：

> 关于这样一个 M－语句为真的知识（与关于这个句子表达的命题的知识相比）并不需要拥有由一个翻译手册获得的相应的句子并不包含的信息。[②]

在这句话中，达米特所说的 M－语句是这样的句子："地球转动"意味着地球转动。因此，它的意思是说，我们可以知道"'地球转动'意味着地球转动"是真的，但这种知识并不包括比我们从一个翻译手册获得的句子比如"The Earth moves"包含更多的信息。与之不同的是，句子表达的命题则表达了更多的信息，因为它是"地球转动"这句话所表达的

① 参见 Michael Dummett，"What is a Theory of Meaning?（Ⅰ）"，in *The Seas of Language*，Oxford：Clarendon Press，1993，pp. 5－6。

② Michael Dummett，"What is a Theory of Meaning?（Ⅰ）"，in *The Seas of Language*，Oxford：Clarendon Press，1993，p. 10.

东西，这意味着理解该命题的说话者不但能理解“地球转动”这句话的意义，还能理解“地球”和“转动”这两个语词的意义。达米特之所以能得出这种观点，依赖于他对“知道”这一语词含义所做的区分。在他看来，我们一般所说的“知道”可能仅仅意味着“意识到”；但是在严格的意义上，“知道”并不等同于“意识到”，它还涉及理解。这也就是说，我们可能会意识到“‘地球转动’意味着地球转动”，甚至意识到“‘地球转动’意味着 The Earth moves”，但并不能理解“地球转动”这个句子的意义。因为我们有可能不知道“地球”或“转动”指的是什么。基于这种认识，达米特认为，戴维森的真之条件意义理论也面临同样的问题。我们以“雪是白的”这句话为例阐明达米特的观点。在戴维森构造关于“雪是白的”这个句子的公理过程中，“雪”指称雪，“是白的”指称是白的，因此，“雪是白的”是真的，当且仅当雪是白的。我们可以知道这个 T－语句是真的，但是对于那些生活在赤道附近永远没见过雪或那些眼睛先天失明的人来说，他们即使知道“‘雪是白的’是真的，当且仅当雪是白的”，但仍然不知道“雪是白的”是什么意思。因为他们并不知道什么是“雪”，甚至有可能不知道什么颜色是白的。换句话说，对于他们而言，T－语句无法帮助他们确定语言中基本语词的意义，也将无法帮助他们理解由这些词汇构成的句子的意义。因为 T－语句表达的真之条件是先验的，但在达米特看来，理解一个句子的意义需要在经验中证实它。达米特认为，要想通过真之条件理解句子的意义，就必须为其添加其他一些东西。他的建议是：在认识者认识句子的真之条件时，需要同时拥有能够认识句子的真之条件何时被满足的能力。[①] 这条建议将先验的真之条件与经验的证实联系起来，它可以帮助认识主体克服从经验角度无法认识到句子真之条件何时被满足的困难。因此，达米特主张将认识与对句子或语词意义的理解联系起来，在不预设任何概念的情况下，理解句子或语词的意义。

达米特对真之条件意义理论的第二点批评来自他对句子的分析。这种分析来源于弗雷格。以断定句为例，弗雷格认为，在断定句表达思想

---

① 参见 Michael Dummett，“What is a Theory of Meaning?（Ⅱ）”，in *The Seas of Language*，Oxford：Clarendon Press，1993，pp. 45－46.

之外，我们还应区分出另一种东西，这种东西可以通过将断定句与疑问句进行比较得出。他说道：

> 疑问句和断定句包含相同的思想，但是断定句还含有更多的东西，即这种断定。疑问句含有更多的东西，即一种要求。因此在一个断定句中要区别两点：内容（它与相应的句子疑问所共有）和断定。①

弗雷格所说的断定也就是断定句的语力。在自然语言中，除了断定之外，还有许多其他种类的语力，比如表祈使、表命令的语力。根据弗雷格的区分，断定是对判断的表达，而判断才是对思想为真的肯定。因此，断定与思想没有直接关系。也就是说，语力与思想没有直接关系。思想与真发生关系只在判断这一层面。因此，真之条件意义理论也只能处理句子思想也即含义，无法涉及对句子语力的解释。戴维森意识到了这一点，他承认，按照弗雷格的区分，追随塔尔斯基式真之定义的真之理论所告诉我们的只是句子的含义。② 但是达米特认为，一个意义理论应包括一个语力理论，它可以用来解释句子言语可能拥有的约定意义的不同类型。③ 因为任何句子都包括一个语力成分。对句子意义的完整解释必然要涉及这个层面的内容。否则，它不是一个完整的意义理论。如果达米特的观点是合理的，那么从这个角度来看，戴维森的真之条件意义理论的确不是一个完整的意义理论。

当然，严格来说，达米特对真之条件意义理论的批评并不限于此，比如他还批评真之条件意义理论可能坚持的二值原则以及整体论等。但是这些批评大多都可以从这两个基本批评中进一步引申出来。因为达米特坚持将意义理论与认识联系起来，自然而然会考虑到自然语言中的句子可能不是二值的，也会考虑到从认识的角度反对整体论的观点。因此，

---

① 《弗雷格哲学论著选辑》，王路编译，商务印书馆 2013 年版，第 134 页。

② Donald Davidson, "Moods and Performances", in *Inquiries into Truth and Interpretation*, 2nd ed., Oxford: Clarendon Press, 2001, p. 109.

③ 参见 Michael Dummett, "What is a Theory of Meaning? (Ⅱ)", in *The Seas of Language*, Oxford: Clarendon Press, 1993, p. 74。

关键的问题仍然是达米特所指出的真之条件不足以解释句子的意义以及不能解释句子的语力这两个方面的问题。

在达米特的两个批评中，第二个批评涉及哲学家个人立场的问题。戴维森采取的方式是，先利用意义理论解释句子的含义，然后再解释句子的语力；达米特的主张是，只有同时解释句子的含义和语力这两个部分的意义理论，才是一个完整的意义理论。应该说，这两种立场都是可行的，并不影响二者各自的进程。但是由于篇幅有限，我们不详细讨论这个问题，而将关注点主要放在达米特对戴维森真之条件意义理论的第一点批评之上。

达米特的第一点批评实际上包含两个问题，即如何从知道句子的真之条件过渡到在经验领域中知道句子是否为真，以及如何解释语言中的初始概念。关于第一个问题，达米特区分了句子为真和句子所表达的命题，这是他有意将句子的真之条件与句子的内容相区分的结果。但是这可能不是真之条件意义理论的主张。根据约翰·麦克道威尔（John McDowell）的概述，真之条件意义理论是这样的一种观点：

> 用适合此种用法的句子的断定式言语的方式详细说明所断定的内容，是详细说明，在其中句子（因此被说出）将会是真的的条件。意义的真之条件概念包含着使该思想自明的一个真之概念。①

麦克道威尔的第一句话明确表明，真之条件意义理论的支持者认为真之条件可以确定句子的内容。这与达米特的观点并不一致。因此，达米特与真之条件意义理论支持者之间争论的关键点在于，句子的真之条件是否能决定句子的内容，并因此而给出它的意义。

达米特反对的理由是，真之条件无法为我们提供经验上的认识，因为即使我们知道一个句子的真之条件，可能也无法理解其中语词的意思。这个批评似乎是合理的，因为真之条件本身不是经验的，它告诉我们的是在什么情况下一个句子是真的，只有当认识者在经验领域中判断某个

---

① John McDowell, "In Defence of Modesty", in *Michael Dummett*, Barry M. Taylor (ed.), Dordrecht: Kluwer, 1987, p. 60.

句子是否是真的时，这个句子才可能涉及经验性的内容。因此，对真之条件的理解不一定意味着认识者能够在经验领域中意识到句子的真之条件是否被满足，就像知道句子“雪是白的”是真的的人不一定在经验领域中知道什么是“雪”。虽然理论上，一个认识者在经验领域中知道雪是白的意味着他很可能知道“雪是白的”这个句子的真之条件，但达米特希望给出的是证据，因此他强烈要求在讨论句子意义时考虑主体的认识能力。戴维森认为，我们可以欣赏这个观点的力量，但发现它很难被接受。① 戴维森之所以认为达米特的这个观点很难被接受，因为达米特的观点将会使得真之概念成为一个完全认识上的概念，这将会使得真之概念变为一个相对于人的概念。在这种情况下，真之概念有可能被遗失，因为个人的认识并不一定总是真的。更重要的是，如果达米特的观点是合理的，那么真与意义、信念之间的关系将会被中断。因为达米特相信我们可以理解“没有一个城市建立在这个地方”这样的句子，却不用知道这个句子的真之条件；并且认为我们可以拥有一个没有真值的信念，比如相信没有一个城市建在这个地方。这种观点对于戴维森而言是不能被接受的。

达米特之所以想从认识出发构建意义理论，是想从“外部”（as from outside）出发，为句子的内容提供一个解释。也就是在不依赖于我们对句子理解的情况下，为句子提供解释。在他看来，真之条件意义理论预设了对初始概念的理解对于一个内容充实的意义理论而言，是不可理解的。但麦克道威尔认为：

> 任何（关于任何事物的）理论都需要利用某些概念，以至于它的构造代表它的任何听众（它能明显呈送的听众）预设先天地拥有它们；并且，似乎不可否认的是，任何关于一种语言的意义理论都需要至少利用该语言中被表述的某些概念帮助它自身——并且因此在被官方解释确定的意义上重新将自身安置于至少部分的适度之中。②

① 参见 Donald Davidson, *Truth and Predication*, Cambridge, Mass: Harvard University Press, 2005, p. 46。

② John McDowell, “In Defence of Modesty”, in *Michael Dummett*, Barry M. Taylor (ed.), Dordrecht: Kluwer, 1987, p. 59.

麦克道威尔在这段话中表达了两个主要论点。首先，他认为，一个意义理论必须假设任何认识主体都能通过利用此种意义理论理解句子的意义，这意味着该意义理论内置于认识主体的先天理解之中。其次，麦克道威尔认为，构建一个意义理论总是需要利用某些语言资源，完全不依赖于语言中的某些理解，并因此从语言外部构建出一个内容充实的意义理论是不大可能的。如果麦克道威尔的观点是合理的，那么一个适度的意义理论实际上是不可避免的。因为在没有任何关于语言的先在理解的前提下，我们不可能构造出一个意义理论。根据莱波雷和路德维希的解释，达米特后来放弃了这种批评，他不再坚持真之条件意义理论预设了对初始概念的理解是问题的关键，而是主张将证据纳入意义理论之中。[①] 这也就是说，一个内容充实的意义理论实际上是不可能的。

当然，指出达米特的建议存在问题并不意味着达米特指出的问题是无效的。也就是说，戴维森仍然需要回答如何从知道句子的真之条件过渡到在经验领域中知道句子是否为真，以及如何解释语言中的初始概念这两个问题。在笔者看来，彻底解释理论为戴维森解决这两个问题提供了一个全新的理解思路。

---

① 参见 Ernie Lepore and Kirk Ludwig, "Introduction: Davidson's Philosophical Project", in *Donald Davidson on Truth, Meaning, and the Mental*, Gerhard Predyer (ed.), Oxford: Oxford University Press, 2012, p. 16。

第六章
真与解释

在这一章，我们主要讨论戴维森的彻底解释理论。彻底解释理论最先是戴维森在其《彻底解释》一文中提出来的，它考虑的是，在没有关于说话者任何知识的前提下，如何解释说话者言语的问题。莱波雷和路德维希认为这个理论显示了戴维森更大的野心。① 这种评论是合理的，因为彻底解释理论所包含的内容明显要比真之条件意义理论所包含的内容更多。

戴维森之所以对彻底解释理论感兴趣，有以下几个方面的原因。首先，根据上一章的论述，我们知道，戴维森的真之条件意义理论面临着一些困境，这种困境在其自身之内可能无法得到解决，而必须在更广的理论范围之内加以解释。彻底解释理论为解决这些问题提供了可能。其次，根据戴维森自己的说法，彻底解释理论还向我们展示了解释是如何发生的，这毫无疑问是理解意义的一种方式。事实上，不但在理解意义的问题上，彻底解释效果显著；在理解其他问题上，彻底解释也是一个合理的方法论选择。就像莱波雷和路德维希所说的那样，在独立于彻底解释理论的情况下，很难想象戴维森关于语言、意义以及信念本质的著名论述如何能构建起来。② 就本书的主题而言，我们之所以要谈到彻底解释，还有两个重要原因。首先，通过彻底解释理论确证真之条件意义理

① 参见 Ernie Lepore and Kirk Ludwig, *Donald Davidson*: *Meaning*, *Truth*, *Language*, *and Reality*, Oxford: Oxford University Press, 2005, p. 22。

② 参见 Ibid., p. 170。

论，为真与意义之间的关系辩护；其次，显示真之概念在彻底解释中的核心作用。

第一节　彻底解释的基本任务

如果我们将戴维森的真之条件意义理论视为一种形式理论，即利用塔尔斯基的真之理论给出一种意义理论，那么彻底解释理论就可以被视为这种形式理论在经验领域的应用，即一种解释理论。因此，彻底解释理论的关键是如何在经验领域应用真之条件意义理论。

为此，戴维森在《彻底解释》一文的开篇提出了两个问题：（1）知道哪些内容允许我们解释说话者的言语；（2）我们怎么知道这些内容（在不预设关于说话者任何知识的前提下）。[①] 应该注意到的是，这两个问题与解释的实际情况无关。它们既不追问在实际情况下我们所知道的那些允许我们解释说话者言语的知识，也不追问语言习得的实践进程。从根本上说，这些问题是理论性的，与经验现实无关。它们的目的是概念阐释，阐释解释理论的核心概念在不预设它们应用知识的前提下如何在证据的基础之上被经验地应用。[②]

戴维森提出的这两个问题与他的意义理论相关。假设一个解释者说中文，并且他拥有一个关于中文片断的真之理论，那么为了解释这个中文片断中句子的意义，解释者只需要利用该中文片断的真之理论就可以达到目的。这种方法之所以有效，因为对象语言是解释者可以理解的语言，它被包含在元语言之中。解释者唯一需要做的是考察由真之理论所推导出来的 T－语句是否有效。解释者所拥有的关于对象语言和元语言的知识能够保证他做到这一点。问题在于，这种做法之所以可行，是因为解释者已经事先知道对象语言被包含在元语言之中。如果对象语言并不包含在元语言之内，我们也没有关于对象语言的任何知识，上述做法就

① 参见 Donald Davidson，"Radical Interpretation"，in *Inquiries into Truth and Interpretation*，2nd ed.，Oxford：Clarendon Press，2001，p. 125。

② 参见 Ernie Lepore and Kirk Ludwig，*Donald Davidson*：*Meaning*，*Truth*，*Language*，*and Reality*，Oxford：Oxford University Press，2005，p. 152。

是行不通的。因为在这种情况下，解释者无法形成关于对象语言的真之理论，也没有办法考察关于对象语句的T－语句。比如说，如果解释者不懂英语，那么试图在中文中通过判断“snow is white”这个句子的真之条件给出它的意义肯定是行不通的。因为解释者无法知道它的真之条件。

事实上，塔尔斯基的工作已经阐明了这个问题。在构造关于形式语言的真之定义时，塔尔斯基要求元语言比对象语言更丰富，它必须包含对象语言自身或者它的翻译。否则，对象语言的真之概念无法在元语言中被定义。但是在解释自然语言时，塔尔斯基的这条要求是不合适的，因为戴维森的目的是解释对象语言的意义，要求元语言包括对象语言的翻译意味着解释者已经知道了它的意义。因此，戴维森必须抛弃这条标准，这意味着解释者有可能遇到元语言恰好不包括对象语言自身或它的翻译这种情况。而根据我们的说明，在这种情况下，试图通过句子的真之条件给出句子的意义是行不通的，因为解释者在元语言中无法知道它的真之条件。因此，真之条件意义理论带有明显的局限性。这种局限性并不是说真之条件意义理论是错的，而是说，在构造关于对象语言的真之理论时，解释者必须拥有关于对象语言的某些知识，这种知识至少允许他形成关于对象语句的T－语句。

蒯因认为，在处理自然语言时，上述问题只会在解释外国语言时才会发生。因为似乎只有当外国语言是对象语言时，关于对象语言的知识才不会被包括在元语言之中。戴维森并不这么看，他说道：

> 解释的问题既是关于外国语言的，也是关于本国语言的：对于说同一种语言的说话者来说，它以这种形式的问题出现，即如何确定语言是相同的呢？说同样语言的说话者可以继续依赖于这样的假设：对他们而言，同样的表述是用同样的方式被解释。但这并没有指出什么东西可以为这个假设辩护。①

也就是说，在戴维森看来，所有关于他人言语的理解都会涉及解释

① Donald Davidson, “Radical Interpretation”, in *Inquiries into Truth and Interpretation*, 2nd ed., Oxford: Clarendon Press, 2001, p. 125.

问题。考虑到彻底解释的主题，这一点是很容易理解的。因为在解释说话者的言语之前，解释者无从知道这种言语是否与解释者自己的言语相似。这种情况不但适用于说外国语言的说话者，也适用于说本国语言的说话者。蒯因将彻底解释的情形限于外国语言，很可能是受到经验因素影响，将戴维森的理论说明与实际经验等同起来。但我们需要明确的是，彻底解释理论试图回答的是，在不预设关于说话者任何知识的前提下，如何解释说话者的言语。

第二节　戴维森的约定 T

彻底解释的目的是解释说话者的言语，因此，一个令人满意的解释理论也必须能够揭示句子的语义结构。在阐述真之条件意义理论时，我们曾指出，戴维森认为塔尔斯的真之定义通过适当的修改可以充当解释句子意义的工具，在彻底解释的情况下，这条建议仍然具有指导性的意义。它包含两方面的内容：（1）给出简单句被满足的条件；（2）给出复杂句在简单句被满足的条件下如何被满足的条件。现在的问题是：这些建议在彻底解释的情况下是否成立？

在评价塔尔斯基的真之定义时，戴维森认为，塔尔斯基的真之定义利用了翻译概念，因为 T-语句的右侧 p 是关于对象语句的翻译。问题在于，利用翻译概念意味着解释者事先掌握了关于对象语言的知识，否则他不可能知道关于对象语言的翻译，这与彻底解释的要求不一致。因此，戴维森实际上不能直接利用塔尔斯基的真之定义。对此，戴维森有清晰的认识：

> 在塔尔斯基的工作中，T-语句被认为是真的，因为双重条件句的右侧被假设为其真之条件正被给出的句子的翻译。但是在无法获得彻底解释关键点的情况下，我们不能事先假设能认识到正确的翻译；在经验的应用中，我们必须放弃这个假设。①

① Donald Davidson, "Radical Interpretation", in *Inquiries into Truth and Interpretation*, 2nd ed., Oxford: Clarendon Press, 2001, p. 134.

戴维森的这段话的意思是很清楚的，它要求一个意义理论放弃 T－语句的右侧是一个句子翻译的假设。因为在彻底解释过程中，“我们不能事先假设能认识到正确的翻译”，这一点已经为彻底解释的前提性条件所限制。但需要注意的是，放弃这个翻译假设，并不意味着戴维森彻底放弃了塔尔斯基的真之理论。T－语句的正确性是自明的，它符合我们的直觉。戴维森的建议是，颠倒塔尔斯基解释的方向。塔尔斯基通过假设翻译定义真，而戴维森的想法是将真视为基础的，从中提取出关于翻译或解释的一种说明。①

戴维森的这个想法对于塔尔斯基而言，可能是不可思议的。在塔尔斯基看来，真是一个语义概念，但不是一个清楚的语义概念，因而它需要定义。但是在戴维森这里，这个建议不存在任何问题。因为戴维森认为，真是一个初始概念，我们每个人都拥有关于真的理解。而且，在戴维森的理论体系中，这种做法有明显的优点。首先，真是一个简单的属性，它的载体是言语，而每个言语都有自己的解释，这可以保证真与解释紧密联系在一起。其次，真倾向于与说话者的简单态度联系在一起，这又可以保证真与信念之间的联系。

虽然根据“真”这个初始概念并不能直接推导出关于解释或翻译的说明，但戴维森认为，这并不是一件很困难的事。在他看来，通过修改塔尔斯基的约定 T 可以轻而易举获得一个可行的解释模型。我们将戴维森修改后的约定 T 称为“约定 DT”，戴维森对它的表述如下：

> （约定 DT）对于对象语言的每个句子 s 而言，一个可接受的真之理论必须蕴含这种形式的句子：s 是真的，当且仅当 p；其中“p”被任何是真的句子替代，当且仅当 s 是真的。②

虽然约定 DT 和约定 T 所允许的句子具有相同的形式，即 s 是真的，

① 参见 Donald Davidson，“Radical Interpretation”，in *Inquiries into Truth and Interpretation*，2nd ed.，Oxford：Clarendon Press，2001，p. 134。

② 同上。

当且仅当 p，但约定 DT 的限制条件比约定 T 的限制条件弱很多。因为约定 T 要求 T－语句的右侧 p 是 s 的翻译，但约定 DT 只要求从中推导出的 T－语句的两侧即 s 和 p 具有相同的真值。直觉上说，如果约定 DT 是解释模型的全部，那么我们很难相信从这样的约定 DT 中，能推导出一个合适的解释理论。毕竟在自然语言中，具有相同真值的句子数量相当多。戴维森看到了这个问题，他承认如果我们对 T－语句的要求只有这些，那么从中推导出一个解释理论是不可能的。但是他强调：

> 希望在于，在作为一个整体理论的基础上添加合适的形式和经验性的限制条件。①

换句话说，戴维森认为，完整的解释模型需要通过在整体论的视角下为他的约定 DT 增加形式性的约束条件和经验性的约束条件。如果暂时不考虑戴维森所说的经验性的限制条件，那么戴维森的这种解释模型与他的真之条件意义理论所阐述的给出句子意义的方式基本上是一致的。在笔者看来，这种一致性在戴维森的理论体系中是必然的。因为意义理论试图给出的是句子的意义，而彻底解释理论期望解释的也是句子的意义，二者的不同只在于解释条件的不同。在解释模型的约束条件中，整体论的视角要求从整体的角度看待理论中全部的 T－语句，而不是单独地分析每个 T－语句；形式性的约束条件要求每个 T－语句都具有这样的形式：s 是真的，当且仅当 p；因此，问题的关键在于阐述什么是经验性的约束条件。

如果考虑到在真之条件意义理论中，戴维森为 T－语句添加时间和人两个因素，我们就可以理解，戴维森所说的经验性的约束条件需要以说话者和解释者的具体解释情境为基础。因此，经验性的约束条件不是一个可以具体细化的约束条件。我们可以肯定里面包括人和时间因素，但无法给出所有的限制条件。但是，这并不意味着这个条件没有用，因为解释者可以从受它约束的 T－语句的后果中寻找它的根基，即受经验性的

---

① Donald Davidson, "Radical Interpretation", in *Inquiries into Truth and Interpretation*, 2nd ed., Oxford: Clarendon Press, 2001, p. 134.

约束条件限制的 T－语句必须能够在经验领域中被证实。从这个角度来看，戴维森的彻底解释理论最终能否成功依赖于在彻底解释过程中，解释者在经验领域中能否推导出上述解释模型。这也就是说，彻底解释理论要想成功，必须最终能够推导出真之条件意义理论所阐述的解释模型。这是彻底解释理论能否成功的判断标准。如果不满足这一点，那么或者戴维森的真之条件意义理论是失败的，或者他的彻底解释理论是失败的。

第三节　彻底解释的起点：持有一个句子为真的态度

彻底解释理论关注的是语言的意义问题。由于解释者在彻底解释之前并不具备关于说话者的任何知识，因此，在经验领域中实施彻底解释并不是一件容易的事。解释者必须利用所有可供利用的证据从事解释任务。戴维森主张利用塔尔斯基的真之理论，因此，解释者可供利用的证据仍然只能是 T－语句。问题在于，在没有任何关于说话者的知识的前提下，解释者无法构造成任何形式的 T－语句。为此，解释者必须首先选择一个合适的起点，否则，彻底解释无从进行。

在笔者看来，为彻底解释选择一个合适的起点是一件很困难的事情。这里面有两个方面的原因。首先，当解释者解释说话者的言语时，他相当于为说话者的言语指派意义；问题在于，在解释过程中，信念与意义之间存在着相互关联和互补的关系。戴维森说道：

> 如果我们必须继续下去的所有内容是关于诚实言语的事实，在不知道意义的情况下，我们不能推导出信念；并且在不知道信念的情况下，也没有机会推导出意义。①

这一点之所以重要，因为彻底解释的任务即是解释说话者的言语，但信念与意义之间的关系使得解释者没有办法将它们分开独立解释。如果我们想解释意义，必须同时解释说话者的信念，反之亦然。因此，彻

① Donald Davidson, "Belief and the Basis of Meaning", in *Inquiries into Truth and Interpretation*, 2nd ed., Oxford: Clarendon Press, 2001, p. 142.

底解释的起点必须要能够帮助我们打破信念与意义之间的这种循环结构。戴维森简单地考察了两种打破意义与信念循环结构的方法。[①] 第一种方法建议寻找独立于信念的语词意义的证据。这种方法在戴维森看来难以成功，因为信念的领域很广，意图、欲望、后悔、希望、赞同、约定等都包含信念因素，想要在不了解信念的情况下构造一个正确的解释理论是没有希望的。第二种方法建议从说话者的信念中收集证据，在非言语的意图、使用、目的等基础之上解释言语的意义。维特根斯坦、斯特劳森、格莱斯等人开创的传统即是采用此种方法的典型代表。戴维森反对这种方法。理由很简单：在彻底解释的情况下，解释者无法直接把握到说话者的意图、目的以及言语使用的方法等。

其次，为彻底解释选择一个合适的起点之所以是困难的还由于彻底解释的起点必须满足至少三个要求：（1）它必须是公共的，因为解释者并没有其他可供利用的证据；（2）它必须能够用非语义的语词表述，因为一个彻底的解释理论不允许使用任何未加解释的语义概念；（3）在拥有一个完整的解释理论之前，它还必须是我们能够想象的解释者所能拥有的。第一个方面的要求是基于彻底解释的限制条件给出的；第二个方面的要求是为了满足解释的彻底性；之所以还需要满足第三个方面的要求，因为彻底解释是站在第三人称的角度开始的，需要适用于所有合乎理性的解释者。

在笔者看来，对于戴维森而言，一个可供参考的选择是蒯因的彻底翻译理论。蒯因的彻底翻译理论考察的是，语言学家在不了解土著人语言的前提下如何通过观察土著人的言语行为构造出一个从土著人的语言到自己所说语言的翻译手册。虽然彻底翻译与彻底解释在关注点上有所不同，比如彻底翻译将翻译计划理解为行为与知觉刺激之间的关系，体现为一种狭隘的认识论计划，而彻底解释考察更多的是言语表达之间的关系，但在本质上，我们可以认为蒯因的彻底翻译理论与戴维森的彻底解释理论是一回事。两种理论都是在不了解对象语言的前提下，考虑翻译或解释此种语言需要哪些内容。在这种情况下，有两种积极的情况可

① Donald Davidson, "Belief and the Basis of Meaning", in *Inquiries into Truth and Interpretation*, 2nd ed., Oxford: Clarendon Press, 2001, pp. 142 – 143.

供思考。首先，如果蒯因的彻底翻译理论是成功的，那么彻底翻译的起点有很大的可能性成为戴维森彻底解释的起点。其次，即便彻底翻译理论不成功，蒯因对彻底翻译起点的选择对戴维森而言，也具有启发意义。

一般而言，学界认为蒯因的彻底翻译理论不太成功，理由大概有两点。首先，蒯因的彻底翻译理论将会导致认识论的自然化，可能会面临着无法解释认识论中的规范性问题。其次，蒯因将场合句的意义还原为刺激意义，有可能会导致怀疑论。因为根据斯特劳德（Barry Stroud）的观点，蒯因“并没有排除这种可能性，即世界通常与我们的知觉影响我们的方式以及我们的内部构造导致我们思考它的方式，完全不一样”①。对于蒯因的彻底翻译理论，戴维森倾向于持批判态度。但无论如何，这种批判性的态度并不影响这一事实，即戴维森非常赞赏蒯因在他的彻底翻译理论中将“同意”（assent）当作彻底翻译的起点，并认为这是蒯因彻底翻译理论的一个核心观点。在笔者看来，戴维森的这种态度是可以预期的。因为“同意”是一种可观察的行为，不但可以打破信念与意义之间的循环结构，而且没有预设任何知识前提，这大体上可以满足彻底解释的要求。

当然，需要承认的是，戴维森最终并没有将“同意”也视为彻底解释的起点。这很可能是因为，彻底解释与彻底翻译有不同的理论旨趣，以“同意”为起点的彻底翻译理论侧重于从行为认识论的角度理解翻译，因而使得“同意”一词本身带有浓厚的行为主义色彩，这是戴维森所不能接受的。戴维森的选择是“持有一个句子为真”（holding a sentence true）的态度，或者说“持真”（holding true）的态度。但是通过对比，我们就可以发现，“同意”与“持有一个句子为真的态度”之间关系非常紧密。戴维森说：

> 所需要的是诚实的同意，而这与真之间的联系是明显的：诚实地同意一个句子的人持有该句子为真的态度——相信它是真的。②

---

① Barry Stroud, "The Significance of Naturalized Epistemology", in *Midwest Studies in Philosophy, Volume VI: The Foundations of Analytic Philosophy*, P. A. French, T. E. Uehling Jr. and H. K. Wettstein (ed.), Minneapolis: University of Minnesota Pree, 1981, p. 457.

② Donald Davidson, "Pursuit of the Concept of Truth", in *Truth, Language, and History*, Oxford: Clarendon Press, 2001, p. 74.

这也就是说，同意一个句子，相当于相信这个句子是真的，也即持有该句子为真的态度。当然，戴维森在这里加了一个修饰语即“诚实的”，而蒯因本人很少使用这个词。更多的时候，蒯因使用的是“引起的同意”（prompted assent）。在笔者看来，两位哲学家在“同意”之前加不同的修饰词与他们各自的理论目标相关。戴维森关注的是语言交流中的解释问题，“诚实”对于说话者和解释而言，似乎是必需的，否则解释无法进行。蒯因关注的是语言学家对土著语的翻译，同一个知觉刺激引起土著人的反应，引起语言学家的同意态度。

由于彻底解释理论目标的限制，戴维森将持有句子为真的态度视角彻底解释的起点。持有句子为真的态度是一个基础的信念，它不能被还原成其他意向性或非意向性的概念，并且可以应用到所有的句子之上。需要注意的是，戴维森对这种态度的解释很广。希望一个句子为真、相信一个句子是真的等类似的命题态度都可以根据持有句子为真的态度被归为同一类。

将“持有句子为真”的这种态度作为彻底解释的起点的确是一个非常明智的选择。首先，它可以用来打破信念与意义之间的循环结构。戴维森说道：

> 如果我们知道他持有这个句子为真，并且我们知道怎样解释它，那么我们能够为其指派一个正确的信念。对称地，如果我们知道持有一个句子为真的信念表达的内容，我们就知道如何解释它。①

这段话的意思很清楚。持真的态度是一种特殊的态度，它与信念、意义之间的关系紧密。解释者可以为说话者指派这个态度而不需要知道说话者所拥有的信念，也不需要知道他所说出的句子的意义。假设解释者为说话者指派持有句子为真的态度，在这种情况下，如果他知道如何解释说话者所说句子的意义，那么他就可以推导出说话者的信念内容。

---

① Donald Davidson, “Thought and Talk”, in *Inquiries into Truth and Interpretation*, 2nd ed., Oxford: Clarendon Press, 2001, p. 162.

反之亦然。也就是说，持有句子为真的态度为解释者在信念与意义的循环结构之中同时解释信念与意义提供了一种可能性。

其次，持有句子为真的态度完美地满足关于彻底解释起点的三点要求。它是公共可进入的，因为它同时适用于说话者和解释者。除了真这个语义概念之外，持有句子为真的态度没有利用其他的语义概念，而真这个概念被戴维森假设为我们每个人都能理解的概念，因此，它也满足第二点要求。由于持有句子为真的态度可以应用于每个句子，且适用于每个说话者和解释者，因此它也满足第三点要求。而且，在完整地阐释一个解释理论之前，解释者可以将这种态度指派给每个合乎理性的说话者。

假如我们同意戴维森所选择的彻底解释的起点，在一些前提条件下，我们可以构造出这样的证据：黛西的母语是中文并且黛西在 2016 年 6 月 19 日下午持有句子“天很热”为真的态度，当且仅当，2016 年 6 月 19 日下午在黛西附近，天很热。这样的证据对于解释者解释说话者的言语而言有着至关重要的作用。但需要注意的是，我们强调这个证据的构造需要某些前提条件，因为在彻底解释的情况下，仅凭持有句子为真的态度，实际上并不足以构造出这样的 T－语句。构造这样的证据还省略了一些必要的步骤。戴维森认为，构造一个真之理论至少有三个步骤：（1）确定谓词、单称词项、量词、联结词和等词，理论上，它解决逻辑形式的问题；（2）关注带有指示词的句子，根据语境的变化，这些句子有时为真，有时为假；（3）处理剩下的句子，这些句子的真值不会随环境的变化而变化。① 我们上述构造的有关黛西的证据至多相当于构造真之理论的第二步。在达到这一步之前，需要首先确定谓词、量词、单称词项等。在戴维森看来，利用决策论和宽容原则的相关资源可以帮助我们解决这些问题。由于宽容原则涉及的问题更多，我们先讨论决策论的内容。

① 参见 Donald Davidson，“Radical Interpretation”，in *Inquiries into Truth and Interpretation*，2nd ed.，Oxford：Clarendon Press，2001，p. 136。

第四节 决策论的引入

在进一步实施彻底解释之前，解释者目前可供利用的资源只有一个，即持有句子为真的态度。他可以将这一态度指派给说话者。问题在于信念与意义的循环结构并没有因此而彻底瓦解。戴维森说：

> 一个说话者持有一个句子为真的态度是两种考虑的结果：他认为句子的意义和他所相信的事实。问题是，解释者相对可直接观察的东西是两种不可观察的态度的产物：信念和意义。①

也就是说，我们知道信念与意义的后果，即持有句子为真的态度，但并不清楚信念与意义的具体内容。这种局面和决策论的情况相似。决策论希望判定什么样的选择是一个合理的选择，它是公共可观察的；但是，它是由两个不可观察的因素决定：行动者为每个行动后果指派的价值和他所相信的每个行动发生的可能性。因为这种相似性，戴维森试图从决策论中发现进一步实施彻底解释的方法。

虽然贝叶斯（Thomas Bayes）是决策论的始祖，但拉姆塞的决策论对戴维森的影响最大。当然，拉姆塞的决策论是从贝叶斯的决策论发展而来的。在信念和价值这两个因素中，拉姆塞首先考虑的是信念的程度问题，他称之为“部分的信念”（partial belief）。我们可以用一个简单的例子说明这个概念所表达的内容。一般而言，人们都相信太阳从东边升起，但是对明天下雨这件事则并不那么确定。这种确信与不确定所体现的即是信念的程度。换句话说，信念有强弱之分，并不是每个信念的程度都是百分之一百。根据拉姆塞的观点，我们不能通过感觉来判断信念的程度。因为我们很难通过它为信念的程度赋值；更重要的是，有些时候信念与感觉无关。在他看来，信念的程度只有通过我们准备基于它行动的

---

① Donald Davidson, “The Structure and Content of Truth”, *The Journal of Philosophy*, Vol. 87, No. 6, 1990, p. 318.

程度来判断。[①] 我们需要注意的是，并不是每个信念都会产生相应的行动，而是说，只有在合适的环境中，才会导致相应的行动。这也就是说，拉姆塞所关注的信念是倾向性的，而不是已实现的信念。而他之所以选择从信念的结果来判断信念的程度，是因为只有结果才是可观察的。

为了构建信念的量化理论，拉姆塞引进了普通心理理论作为基础，它的主要内容可以表述为：我们以我们认为最有可能实现我们的欲望对象的方式行动。拉姆塞将这些欲望对象称为“利益”（goods），并且假设它们在数学上是可测量的和可附加的，可以用期望值进行刻画。因此，如果 p 是行动者关心的一个命题，那么实现它的利益或损害乘以相同的分数是进入他的计算的一个充分必要条件，这被称作行动者关于 p 的信念程度。比如说，如果行动者关于 p 的信念程度是 m/n，那么这意味着重复 n 次行动，有 m 次行动，其中 p 为真，剩下的行动次数中，p 为假。

拉姆塞也面临着一些困难：信念与欲望可以相互独立，它们各自在行动者的行动中发挥的作用并不相同；但是将它们区分开以确定各自在引起行动者行动的贡献并不是一件容易的事。根据戴维森的解释，拉姆塞的解决方案是在单一选择的基础上，通过寻找一个其为真和其为假的可能性相同的命题，将其当作构建一系列赌博或选择的工具，为所有可能的选择产生一个价值尺度。[②] 这个解释有点复杂，它的本质是在行动者偏好中，寻找一个模式以确定这两个相互依赖的决定者中的一个，然后确定另一个因素。赌博选择方案是这个模式的核心。假定当事人现在面临着两种选择，其中的一种选择是获得 5 元，另一种选择是一种赌博，即如果投出的硬币是正面，那么他将获得 11 元，如果是反面，则没有钱。假定钱的边际效应对于当事人而言是递减的，如果当事人对这两种选择等而视之，没有任何偏好，那么我们可以推测出当事人认为硬币出现背面的可能性要高一些，因为 5 元并不处于 0 元和 11 元的范围中间。而如果当事人认为硬币出现正面和背面的概率是相同的，那么他应该倾

① 参见 Frank P. Ramsey，“Truth and Probability”，in *The Foundations of Mathematics and other Logical Essays*，R. B. Braithwaite（ed.），London：Routledge and Kegan Paul，1931，p. 169。

② 参见 Donald Davidson，“The Structure and Content of Truth”，*The Journal of Philosophy*，Vol. 87，No. 6，1990，p. 317。

向于选择第二种方式，因为在第二种情况下，当事人获得的期望值是5.5元。同样地，利用决策论，如果解释者能确定行动者偏好一个选择而不偏好另一个选择的态度，那么他就可以利用拉姆塞的方法确定行动者的信念程度。① 当然，这种解释模式和拉姆塞的决策论一样，蕴含了一个很强的假设，即行动者是合乎理性的，他会尽最大的可能满足自己的欲望。

有必要提及一下里查德·杰弗里（Richard Jeffrey）的工作，因为戴维森向我们展示的如何从我们所不了解的语言中确定哪种符号是谢费尔竖线的工作依赖的即是杰弗里的工作。② 和拉姆塞不一样，杰弗里并没有直接使用赌博，而是将偏好的对象当作命题，并详细地展示了如何从命题为真的偏好中推导出主观可能性和价值。③ 相对于拉姆塞而言，杰弗里的工作是一个重大的进步。因为在彻底解释的视角下，很难想象解释者如何将句子当作拉姆塞所说的赌博，但是将句子视为杰弗里所说的命题则是一件很容易的事。当然，从解释者的角度来看，我们应该将杰弗里的命题转化为句子，而不是相反，因为命题的使用意味着解释者已经理解了句子的意义。戴维森说道：

> 广泛地说，我的论点是，我们应该将意义与信念看成单一理论相互关联的结构，就像我们已经将主观的价值和可能性看作决策论相互关联的结构。④

与偏好相对应的是持有句子为真的态度，与选择相对应的则是言语行为。决策论通过偏好一个句子为真而不偏好另一个句子为真的态度推导出行动者的信念程度与价值，彻底解释则希望通过持有一个句子为真

---

① 关于拉姆塞的具体方法参见 Frank P. Ramsey, "Truth and Probability", in *The Foundations of Mathematics and other Logical Essays*, R. B. Braithwaite (ed.), London: Routledge and Kegan Paul, 1931。

② 参见 Donald Davidson, "A Unified Theory of Thought, Meaning, and Action", in Problems of Rationality, Oxford: Oxford University Press, 2004, pp. 161 - 166。

③ 参见 Richard Jeffrey, *The Logic of Decision*, 2nd ed., Chicago: University of Chicago Press, 1983。

④ Donald Davidson, "Belief and the Basis of Meaning", in *Inquiries into Truth and Interpretation*, 2nd ed., Oxford: Clarendon Press, 2001, p. 146.

的态度推导出说话者的信念和他所说言语的意义。

需要注意的是，解释理论与决策论之间并不只有类比关系，它们之间还存在其他方面的联系。从决策论的角度来看，行动者的选择方案必须用句子表达。如果行动者不知道句子的意义，那么他就无法进行任何选择。戴维森指出，这个问题并不仅仅是一个理论问题；在实践过程中，行动者也会遇到这种情况。因为表达同一意义的不同表述可能会引起行动者不同的反应。因此，戴维森认为，彻底的决策论应包含一个解释理论，而不应预设它。① 从解释理论的角度来看，解释者需要决策论也是很清楚的，戴维森利用杰弗里的工作确定谢费尔竖线就是一个明证。在彻底解释中，我们唯一拥有的态度是持有句子为真的态度，戴维森要想确定句子的意义和说话者的信念必须利用决策论的解决模式。否则，彻底解释无法进行下去。

当然，即便通过引入决策论，解释者可以打破信念与意义的循环结构，也不意味着他一定可以构造出关于对象语言的真之理论。这里面还存在两个问题。首先，在彻底解释的情况下，我们并不知道对象语言是否蕴含着一个一阶逻辑体系。虽然根据戴维森的分析，解释者可以利用决策论在不了解对象语言的情况下确定对象语言中符合哪种形式的符号应被理解为谢费尔竖线，但这并不意味着对象语言中的确存在符合这种形式的符号。如果对象语言中没有适合于这种形式的符号，那么不但戴维森的方法没有意义，构造出塔尔斯基式的真之理论也是不可能的。因为塔尔斯基的真之理论所依赖的逻辑即是一阶逻辑。

其次，彻底解释的起点是持有句子为真的态度，但由这个态度构造的T-语句并非一个真实的证据。因为由持有句子为真的态度构造的T-语句的左侧表述的是一个信念，右侧是一个事实，但相信一个句子为真并不能因此而确定这个句子实际上也为真。在理想条件下，我们可以将利用持有句子为真的态度构造出的T-语句形式化为：

(Th) 对于所有说话者S，S在t时持有句子s为真的态度，当且

① 参见 Donald Davidson, "Belief and the Basis of Meaning", in *Inquiries into Truth and Interpretation*, 2nd ed., Oxford: Clarendon Press, 2001, p. 147。

仅当 p。

但是对于一个真之理论而言，解释者希望获得的 T－语句应具有这样的形式：

(Td) 对于所有说话者 S，句子 s 对于 S 而言在 t 时是真的，当且仅当 p。

这两种语句之间存在明显的差距。如何从 Th－语句过渡到 Td－语句是戴维森必须要完成的任务。笔者认为，正是这些问题促使戴维森在决策论之外，寻找另一种资源即宽容原则帮助他完成彻底解释理论的构建。

第五节　宽容原则

宽容原则是解释理论中至关重要的一个原则。戴维森曾指出，“宽容不是一种选择，而是具有一种切实可行的理论的条件……宽容是强加于我们的，不管我们是否愿意”①。戴维森对宽容原则的这种描述表明，宽容原则在彻底解释中具有一种先验性，是彻底解释之所以可能的先决条件。

根据莱波雷和路德维希的分析，宽容原则在戴维森的文本中有三种不同的解释方式，并且每种解释方式都有相应的文本支持。这三种不同的解释方式分别是：(1) 在其他条件不变的情况下，说话者指向场合句的持有真的态度是真的；(2) 在其他条件不变的情况下，说话者关于他周围环境的信念事实上是真的；(3) 在其他条件不变的情况下，解释者和说话者同意说话者的周围环境。② 无论在这三种方案中选取哪种方案，这似乎都表明，莱波雷和路德维希对戴维森宽容原则的解释只会涉及从

① Donald Davidson, “On the Very Idea of a Conceptual Scheme”, in *Inquiries into Truth and Interpretation*, 2nd ed., Oxford: Clarendon Press, 2001, p. 197.

② 参见 Ernie Lepore and Kirk Ludwig, *Donald Davidson: Meaning, Truth, Language, and Reality*, Oxford: Oxford University Press, 2005, pp. 185－186。

信念为真过渡到事实为真的问题，也就是如何从 Th－语句过渡到 Td－语句的问题。在戴维森的论文中，尤其是戴维森在 20 世纪 70 年代至 80 年代所写的论文中，我们的确可以在某些地方找到相关证据支持莱波雷和路德维希的分析；但需要注意的是，这似乎不是宽容原则的全部。因为戴维森在 90 年代初曾明确指出，宽容原则包含两方面的内容：融贯原则和符合原则。[①] 融贯原则关注的核心内容是语言的逻辑结构，它促使解释者相信说话者的思维中包含一定程度的一致性；符合原则关注的是信念的程度问题，它促使解释者相信说话者的反应与他自己在相同情境下的反应一致。莱波雷和路德维希对宽容原则的分析适用于宽容原则中的符合原则，但是在我看来，融贯原则和符合原则，这两个原则中的任何一个原则都不应该被忽视。

我们首先讨论融贯原则。[②] 融贯原则也被称为一致性原则，它强调说话者的思想具有逻辑一致性的特点。在彻底解释的情况下，解释者最初获得的证据是从为说话者指派持有句子为真的态度中得到的。假如 Daisy 的母语是英语，那么 Daisy 在 t 时持有句子“snow is white and grass is green”为真的态度，当且仅当，雪是白的是真的并且草是绿的是真的。在这个 Th－语句当中，等式的右边是解释者正在使用的语言，等式左边引号中的句子是解释者希望解释的句子。也就是说，解释者是通过自己的母语为说话者的言语指派意义；而且，在解释者的解释过程中，他还使用了一个逻辑联结词“并且”。虽然解释者并没有关于对象语言的任何知识，但是他仍然会猜测英语中的“and”相当于“并且”，因为解释者在构造关于对象语言的真之理论时，会将自己母语中的语言逻辑结构指派给对象语言。在戴维森看来，这是无法避免的一件事情，因为我们需要使用塔尔斯基式的真之理论给出对象语言的意义。他说道：

> 在需要获得一个理论以满足约定 T 的程度上，我们寻找最好的

① 参见 Donald Davidson，“Three varieties of knowledge”，in *Subjective*，*Intersubjective*，*Objective*，Oxford：Clarendon Press，2001，p. 211。

② 戴维森最初使用的不是原则而是规范（norm）这个词，参见 Donald Davidson：“A New Basis for Decision Theory”，*Theory and Decision*，Vol. 18，1985，p. 92。

> 方式将我们的逻辑安置于新语言之上；这可能意味着把一阶量化理论的逻辑结构（加上相等）加入对那种语言的理解之中，不是逐个地理解逻辑常项，而是将这些逻辑当作一张网刹那间安置在该语言之上。①

在彻底解释的情况下，解释者将一般的逻辑结构指派给说话者所说的语言是至关重要的。戴维森在阐述构造真之理论的三个步骤之前，已经预设了这一点。否则，确定对象语言中的谓词、逻辑联结词等是不可能的。当然，戴维森并没有证明这一点。事实上，他也不可能证明这一点，除非我们能考察所有的语言，并证明它们都包含一阶逻辑体系。但是这并不意味着戴维森的观点是无效的。因为我们很难想象一个语言会不包含与“非”“或者”“如果……那么……”“所有”等这类逻辑联结词相同意义的语词。

通过将一阶逻辑纳入到对对象语言的理解当中，解释者也同时将他自己的推理模式纳入到对说话者的理解当中。说话者的言语被假设为和解释者一样具有逻辑一致性，遵循着演绎规则和归纳规则，并且知道如何按照推理规则行动，甚至于感受。这意味着解释者可以根据他自己的推理模式从说话者的言语行为和周围环境的信息中进行推理，而不会同时为其指派 p 且¬ p 这样逻辑矛盾的信念或意义。也正是在这种基础上，决策论才可以被应用。

宽容原则第二个部分的内容即符合原则将解释者所认为的关于世界的部分真信念赋予说话者。至于这个部分到底是多少，戴维森并没有给出具体数字，他强调的是大部分。事实上，无论从哪个角度来讲，计算一个人的信念既无必要，也无可能。需要注意的是，符合原则允许解释者的真信念与说话者的真信念之间存在若干差异，但它不允许这些差异占主导地位。戴维森仍然从持有句子为真的态度为出发点，证明这条原则的必要性。他说道：

---

① Donald Davidson, “Radical Interpretation”, in *Inquiries into Truth and Interpretation*, 2nd ed., Oxford: Clarendon Press, 2001, p. 136.

> 如果我们知道的所有内容只不过是说话者持有哪个句子为真的态度，并且我们不能假设他的语言是我们自己的语言，如果不知道或者假设大量关于说话者的信念，那么我们甚至无法迈出走向解释的第一步。由于信念的知识只来源于解释语词的能力，那么从一开始，唯一的可能性是假设信念的一般共识。[①]

这也就是说，仅从说话者持有句子为真的态度中，解释者无法将彻底解释继续下去。要想让解释变为可能，解释者必须假设说话者的信念与解释者的信念是一致的。因此，接受符合原则不是一个选择，而是彻底解释的先决条件。在这种意义上，符合原则是规范性的。通过这条原则，解释者可以获得通达说话者信念内容的途径。因为在同样的情境下，他可以根据自己的信念推测出说话者所相信的内容。通过利用这个原则，戴维森实际上将个人的主观成分纳入解释理论当中。这是他和蒯因不同的地方。蒯因只在翻译真之函数运算符的时候运用了宽容原则。但戴维森对宽容原则的使用明显超出了蒯因的使用范围。

需要阐明的是，符合原则允许解释者指派给说话者的大部分真信念主要指的是知觉信念，这是彻底解释开始的地方。和彻底翻译中语言学家翻译土著人的言语一样，解释者也需要通过观察外部对象与说话者言语之间的因果关系判断说话者言语的意义。因此，在彻底解释过程中，知觉信念是第一位的，它是彻底解释的关键，因为它与外部环境之间的联系最直接，最不容易出错。

如果我们的这种解释是合理的，那么我们认为莱波雷和路德维希对宽容原则的第三种解释最适合于符合原则。戴维森说道：

> 最终必须被认为支持解释方法的东西是这样的，它将解释者和说话者置于普遍的共识之下：根据这种方法，在解释者看来，说话者在某个特定的条件下持有句子为真的态度，并且只有当说话者持

① Donald Davidson, "On the Very Idea of a Conceptual Scheme", in *Inquiries into Truth and Interpretation*, 2nd ed., Oxford: Clarendon Press, 2001, p. 196.

有该句子为真时，这些条件才实现。①

莱波雷和路德维希认为共识不足以解释宽容，因为宽容原则需要假设说话者的信念为真，但是共识并非如此。② 这种分析从表面上看是有道理的，但是稍加分析就会发现这是有问题的。虽然共识无论如何广泛都不能保证一个信念是真的，但莱波雷和路德维希的这种看法没有看到：在戴维森上述论证中，基本的观点是，交流和理解需要大量的信念提供一个基础；而扩展的断言应该是，客观的错误只能在大多为真的信念背景中出现。③ 也就是说，共识并不能制造真，但如果共识中某些内容为假，那么共识中的大多数内容必须为真。因为在彻底解释的情况下，大量的错误是不可理解的，它会导致讨论中的主题存在被丢失的危险。

坚持莱波雷和路德维希对宽容原则的第三种解释最适合于符合原则还另一种优势，即我们可以很容易从中推论出第一种解释和第二种解释，这可以说明戴维森为什么有时候似乎是在支持宽容原则的第一种和第二种解释。比如说，从解释者和说话者同意说话者的周围环境这个前提中，我们可以推论出说话者关于他周围环境的信念事实上是真的，也可以推论出说话者指向场合句的持有真的态度是真的。当然，这种推论蕴含有另一个前提，即解释者关于周围环境的大多数信念为真。虽然符合原则并没有这个前提条件，但这其实是戴维森对解释者的要求。因为如果解释者关于周围环境的大多数信念并不为真，那么他很难成为一名真正的解释者。

第六节　真在彻底解释中的作用

以上关于彻底解释模型以及彻底解释过程的阐述并没有表明戴维森

---

① Donald Davidson, "Thought and Talk", in *Inquiries into Truth and Interpretation*, 2nd ed., Oxford: Clarendon Press, 2001, p. 169.

② Ernie Lepore and Kirk Ludwig, *Donald Davidson: Meaning, Truth, Language, and Reality*, Oxford: Oxford University Press, 2005, p. 191.

③ 参见 Donald Davidson, "The Method of Truth in Metaphysics", in *Inquiries into Truth and Interpretation*, 2nd ed., Oxford: Clarendon Press, 2001, p. 200。

的彻底解释理论是合理的，或者说是有效的，因为我们并不清楚戴维森在彻底解释过程中利用的资源能否得到辩护，但是这不妨碍我们可以得出这样的结论，即真在彻底解释中起着核心作用。

首先，在彻底解释的解释模型中，戴维森的约定 DT 是以真为初始概念的。戴维森的期望是，能够以真为基础，从中提取出关于翻译或解释的一种说明。虽然戴维森为约定 DT 添加各种各样的约束条件，比如形式性的约束条件和经验性的约束条件，但这一切都是以真之概念为基础的。通过真之概念，戴维森将对象语句和它在元语言中的解释结合起来了，并尝试构建一个解释理论。从这个思路出发，我们可以发现，真之概念在对“解释”概念的说明中，起着核心作用。

事实上，考虑到戴维森的约定 DT 与塔尔斯基的约定 T 之间的关系，真之概念在解释中的核心地位是明显的。塔尔斯基利用约定 T 定义真之概念，但其中蕴含了对真之概念的直觉理解。戴维森将这种直觉理解突显出来，一方面在意义理论中构建出一个真之条件意义理论，另一方面在彻底解释中，力图给出一个解释理论。当然，严格来说，在戴维森的理论框架中，真之条件意义理论和解释理论在核心地方存在一致性。由意义与解释之间的关系，我们就可以发现这一点。解释一个句子，也即是理解这个句子的意义。二者之间的差别只在于，“解释”往往包含很多经验因素，而“意义”更多的是一种理论性的说明。由于在真之条件意义理论之中，真起着核心作用，因此，在彻底解释中，真之概念毫无疑问也起着核心作用。

其次，戴维森将持有句子为真的态度视为彻底解释的起点，这同样表明，真之概念在彻底解释过程中起核心作用。在彻底解释过程中，戴维森需要思考的是，如何能够解释说话者所说出的句子，使其符合约定 DT 所阐述的解释模型。由于意义与信念之间的循环结构，戴维森认为，持真的态度是一个合适的起点。仅从“持真”这个语词中，我们就可以发现真之概念在其中所起的作用。持有一个句子为真的态度，也即是相信这个句子是真的。这意味着，解释者实际上已经对真之概念有所理解。否则，他不会认为说话者所说出的句子是真的。

在戴维森的真之理论中，真被视为一个初始概念。笔者认为这种初始概念的意义在“持真”的态度中体现得特别明显。一般来说，当我们认为真是一个初始概念时，我们倾向于认为真是不可定义、不可还原的；但“初始概念”这个语词似乎还有另一层更深的意思，即对其他语词的解释似乎都依赖于它。在戴维森的彻底解释理论中，对句子的解释依赖于持有句子为真的态度，也即依赖于真之概念。另外，只有在解释者拥有持真的态度的情况下，彻底解释才有可能继续进行，这意味着，解释者在解释说话者所说句子之前，已经对真之概念有基本的理解，这一点似乎与真之初始论的第三个论点相关，即合乎理性的解释者至少部分地理解真之概念。

最后，在决策论和宽容原则中，真之概念同样参与其中。决策论作为一种技术手段，它所应用的对象是偏好一个句子为真的态度，并试图从中推导出关于意义与信念的解释。宽容原则假设说话者的大多数信念都是真的，这同样体现了真之概念在彻底解释过程中的作用。需要注意的是，虽然宽容原则并没有得到进一步的辩护，但不可否认的是，如果说话者的大多数信念都是假的，那么对他所说句子进行解释似乎是不可能的。这也就是说，宽容原则与真之概念之间存在紧密关系。如果不预设真之概念，宽容原则将无法为彻底解释提供任何实质内容。

综上所述，笔者认为，在戴维森的彻底解释理论中，真之概念起着核心作用。从各个角度，我们似乎都可以得出这样的结论，即真是彻底解释的先决条件，如果没有真之概念的参与，解释说话者所说的句子是不可能的。

第七章

真与信念

在意义理论中，真之理论是构建一个意义理论的核心；在彻底解释理论中，真之概念是彻底解释之所以可能的先决条件。这些理论都显示出真之概念在其中的重要作用。在本章，我们将讨论真与信念之间的关系问题。之所以讨论真与信念之间的关系，有以下几个方面的考虑。

首先，根据戴维森所阐述的真与信念以及意义之间的结构关系，信念是讨论真与意义关系问题中不可缺少的一环。如果能清楚真与意义之间的关系，并知道一个句子的意义，我们便可以为说话者指派信念。反之亦然。因此，如果我们能清楚真与信念之间的关系，并知道信念阐述的内容，那么我们就可以解释说话者所说句子的意义。

其次，在彻底解释中，宽容原则假设说话者的大多数信念都是真的，这涉及真与信念之间的关系问题，但这一假设并没有得到辩护。如果说话者的大多数信念有可能是假的，那么宽容原则即是无效的，彻底解释也是不可能的，这将会进一步影响到真之条件意义理论的合理性，进而导致一系列严重的后果。

最后，讨论真与信念之间的关系，有可能会进一步印证真是一个实质概念这一观点。这对于戴维森的真之理论而言，也是一个有力的补充。

第一节　戴维森信念论的基本论点

虽然戴维森在不同时期对信念的理解可能有所不同，但在他的理论框架中，有两个论点基本保持不变：（1）信念在本质上是真实的；（2）信念是外在性的。

关于第一个论点，我们在讨论戴维森的真之融贯论和宽容原则时曾多次提到过，并且指出问题的关键在于，证明说话者的大多数信念都是真的。第二个论点即信念是外在性的，强调信念与信念主体外部环境之间的联系。与之相对立的观点是信念的个体主义，这种观点认为个体的心智状态和事件结构性地独立于与外部实在的任何关系。戴维森支持信念外在论，并在后期主张通过信念外在论证明信念本质上是真实的。从这个角度看，笔者认为，戴维森信念论的第一个论点是其信念论的核心。通过证明这一观点，我们可以发现真与信念之间存在天然联系。这种联系不是因为信念可以被当作真之载体，而是因为信念本质上倾向于是真的。

戴维森曾提出两个不同的论证，以证明信念在本质上是真实的。第一种论证被称为先验论证，它通过假设一个无所不知的解释者，证明说话者关于周围环境的大多数信念是真的；第二种论证被称为三角测量论证，这个论证有时被学者称为戴维森的自然主义进路，它在戴维森的后期思想中占有主导地位。我们首先讨论无所不知的解释者假设。

第二节　无所不知的解释者假设

戴维森在多个不同的地方都提到过无所不知的解释者假设。在《真和知识的融贯论》一文中，他说道：

> 暂时想象一下这样的一个解释者，他对于世界以及什么引起并且能够引起说话者在其（潜在无限的）操作中同意任何句子无所不知。这个无所不知的解释者，与可错的解释者使用的方法一样，并且发现可错的说话者大多是一致的和正确的。当然，通过他自己的标准，但是既然这些标准是客观正确的，那么按照这些客观标准，可错的说话者看起来大多是正确的和一致的。如果我们愿意，我们也可以让无所不知的解释者将他的注意力转向解释可错的说话者的可错的解释者。结果证明，可错的解释者可能在某些事情上出错，

但不会普遍出错；并且因此，他不能与他正在解释的行动者分享普遍的错误。一旦我们同意我已经概述的解释的一般方法，那么认为某人在事物如何所是的问题上大量出错是不可能正确的。①

在《形而上学中的真之方法》中，他指出：

> 无所不知的解释者的观点并没有任何荒谬的地方。他将信念指派给他人，并且是基于他自己的信念解释他人的言语，就像我们其他人一样。既然他采取的方式与我们其他人采取的方式一样，因此他必定能发现理解他的指派和解释必定需要大量的共识；当然，在这种情况下，同意的内容根据假设是真的。而现在，为什么关于世界的大量错误简单的是不可理解的就是很清楚的，因为假设它是可理解的，也就是假设可能存在这样的一位解释者（无所不知的解释者），他正确地将某人解释为犯有大量错误，并且我们已经证明这是不可能的。②

虽然戴维森关于无所不知的解释者假设的这两种表述略有不同，但其实质精神是一致的。无所不知的解释者和安瑟尔谟的上帝观念一样，是一个概念假设，与经验无关。但在这个假设中，他仍然是一个解释者，即便除了说话者的信念内容之外，他知道所有引起说话者同意某个句子的原因，并且他所知道的内容都是真的。因此，要想解释说话者的信念内容，他仍然需要遵守彻底解释所阐述的解释模式，将自己的信念内容指派给其他人，否则解释无法进行。如果这种指派成立，那么说话者的大多数信念必定是真的。因为无所不知的解释者所指派的信念都是真的。我们可以将戴维森的这个论证过程重构如下：

（1）假设存在一个无所不知的解释者；

① Donald Davidson, "A Coherence Theory of Truth and Knowledge", in *Subjective*, *Intersubjective*, *Objective*, Oxford: Clarendon Press, 2001, pp. 150 – 151.

② Donald Davidson, "The Method of Truth in Metaphysics", in *Inquiries into Truth and Interpretation*, 2nd ed., Oxford: Clarendon Press, 2001, p. 201.

（2）无所不知的解释者的信念都是真的；

（3）无所不知的解释者按照彻底解释的解释程序解释说话者的信念；

（4）无所不知的解释者将自己的大多数信念指派给说话者；

（5）说话者的大多数信念是真的。

虽然有些人同意戴维森的这个论证，但绝大多数人对此提出了批评。这些批评者的意见大致可以分为三类。第一类批评认为这个论证与戴维森其他方面的核心观点不一致，存在相互矛盾的地方；第二类批评认为我们可以设想说话者的大多数信念为假，或者至少他的某些核心信念为假，即使这些核心概念并不在信念总体中占据大多数的地位；第三类批评认为，即使我们认可无所不知的解释者假设，也不一定能证明说话者的大多数信念事实上为真。[①] 笔者认为，前两类批评可能误解了戴维森的意思，只有第三类批评才可能是有效的。

我们首先考察第一类批评意见，即无所不知的解释者假设具有不一致性。戴维森无所不知的解释者假设依赖于他的彻底解释的理论背景。因此，学者们认为他的这个假设论证不一致，并不仅仅针对于该论证本身，更多的是在讨论该假设与他的彻底解释理论所阐述的相关内容之间的矛盾。

最早认为无所不知的解释者假设存在不一致的地方可能是迈克尔·威廉姆斯（Michael Williams），他说道：

> 无所不知的解释者的知识扩展到“什么引起并且能够引起说话者在其（潜在无限的）操作中同意任何句子”。考虑到这样的知识，不清楚为何无所不知的解释者一定要使用和可错的解释者一样的方法，这个方法由于后者缺乏通达引起同意固定句的原因而强迫他使

---

① 我们将所有关于无所不知的解释者假设的批评大致分为三类的这种做法受里查德·曼宁（Richard Manning）的启发。不同之处在于，曼宁的分类是从这个假设论证和怀疑论之间的关系视角给出的，并且因此将批评者的声音分为四类；而我们的讨论主题仅仅是这个假设论证，并不考虑它与怀疑论之间的关系问题。因为根据我们前文的阐述，戴维森并没有试图反驳怀疑论，而是说怀疑论迷失了方向。关于曼宁的分类方式参见 Richard Manning，“Interpreting Davidson's Omniscient Interpreter”，*Canadian Journal of Philosophy*，Vol. 25，No. 3，1995，pp. 335 – 374。

用。因此，一致描述戴维森的思想实验甚至是不清楚的。①

引起说话者同意某个句子的是对象与说话者之间的因果关系。威廉姆斯认为无所不知的解释者的知识扩展到说话者在某种环境中同意某个句子的原因，这相当于是在说，无所不知的解释者知道说话者与对象之间的因果关系。威廉姆斯的质疑的地方在于，既然无所不知的解释者知道引起说话者同意任一句子的原因，包括场合句和固定句，那么他就没有必要遵循彻底解释所描述的方法。换句话说，威廉姆斯认为，在无所不知的解释者假设论证中，（3）是不成立的，它与无所不知的解释者这个概念相冲突。

福多和莱波雷的观点与迈克尔·威廉姆斯的观点相似，他们也认为无所不知的解释者不需要使用和可错的解释者相同的方法。在他们看来，假设无所不知的解释者使用的解释方法与可错的解释者使用的方法相同，会导致这样一个不融贯的结论，即无所不知的解释者将会被迫达成关于可错的说话者错误信念的错误信念。② 他们的推理过程可以简述如下：如果说话者的信念是错误的，那么将其解释成一致的和正确的肯定是错误的，因此，无所不知的解释者只能将说话者的错误信念解释成错误信念，但这个结论是不融贯的，因为无所不知的解释者不能拥有错误信念。

威廉姆斯以及福多和莱波雷可能误解了无所不知的解释者概念和彻底解释的解释程序。无所不知的解释者知道引起说话者同意任何句子的原因，这是威廉姆斯认为他不需要遵守彻底解释的解释程序的主要原因。里查德·曼宁（Richard Manning）在反驳这种观点时所提出的意见值得我们注意，他说道：

> 一般而言，宣称某人是无所不知的意味着她拥有完美的知识。但是戴维森的论证事实上并不依赖于那个断言即解释者拥有知识。所有需要的内容只是她拥有足够的真信念——特别地，引起说话者

---

① Michael Williams, "Scepticism and Charity", *Ratio*, Vol. 1, No. 2, 1988, pp. 189 - 190.

② Jerry Fodor and Ernest Lepore, *Holism: A Shopper's Guide*, Oxford: Blackwell, 1992, p. 160.

> 同意场合句的信念——以帮助她为说话者构造一个真之理论。如果她拥有这些真信念，那么她能够成功地将说话者解释成与她自己一致。因此，说话者的信念将被证明大多数为真。①

笔者同意这一诊断，通过将无所不知的解释者假设弱化，去掉无所不知的解释者所拥有的关于引起说话者同意任何句子的知识，仅赋予她全部真信念，戴维森的结论仍然有效，而且在直观上可以避免不融贯的指责。因为弱化的无所不知的解释者并不知道所有引起说话者同意某个句子的原因，她只能采取可错的解释者所采用的解释程序。但是需要注意的是，即使赋予无所不知的解释者关于引起说话者同意任何句子原因的知识，也不意味着她不需要遵守彻底解释的解释程序。在彻底解释过程中，一个可错的解释者至少需要知道如何利用宽容原则、决策论模型以及对象引起说话者同意某个句子的原因。无所不知的解释者只知道对象引起说话者同意某个句子的原因，如果不利用其他的资源，他仍然无法解释说话者的言语。威廉姆斯等人的解释要想成立，必须蕴含这样的假设，即采用宽容原则和决策论模型的目的是确定引起说话者同意某个句子的原因，并且通过确定这个原因，可错的解释者可以给出该句子的真之条件。但这样的假设不符合戴维森的解释理论。因为在戴维森的理论体系中，因果关系并不能决定信念的真假。因果关系所阐述的只是认知心理过程，而信念的真假涉及的内容与判断有关。当然，戴维森并不否认因果关系在彻底解释中的作用，而是说仅凭因果关系无法决定一个句子的真之条件。比约恩·兰伯格（Bjorn Ramberg）对戴维森 T－语句中右侧 p 的解释可以很好地说明这一点。他说道：

> 知道什么使 p（理论语言中的一个句子）是真的，是不够的。她必须知道它是真的，并且它在 L 语言中句子言语的场合中的确是真的……但是认识判断无法从她的信念和世界之间的因果关系获得支持。就像戴维森说的那样，“我们当然无法在我们的皮肤之外找到那

① Richard Manning, “Interpreting Davidson’s Omniscient Interpreter”, *Canadian Journal of Philosophy*, Vol. 25, No. 3, 1995, p. 351.

些引起我们意识到的内部事件的东西"①。这意味着p的合适选择依赖于信念原因的语义理解和它们融贯性认识判断的结合。②

兰伯格的这段话表明确定p需要两个因素，它们分别是p的语义理解和融贯性的认识判断。信念和世界之间的因果关系与融贯性的认识判断无关。这也就是说，即便无所不知的解释者知道信念与世界之间的因果关系，也不意味着她不需要遵循可错的解释者所采用的解释方法。因为她还缺少关于p的融贯性的认识判断。因此，无所不知的解释者仍然需要假设他所解释的说话者的信念是一致的，仍然需要采用彻底解释所阐述的解释模型。

福多和莱波雷的另一个错误在于，他们将无所不知的解释者通过解释得到的信念等同于无所不知的解释者本身所拥有的信念。想象可错的说话者拥有一个错误的信念是一件很容易的事情，无所不知的解释者对这个信念的解释必然会得到同样的一个错误信念，这并没有什么问题。但这并不意味着无所不知的解释者会持有这个信念，因为通过将它与其他信念进行对比，无所不知的解释者就可以发现这个信念是错误的，进而拒绝接受这样的信念。因此，无所不知的解释者在解释可错的说话者的过程中不会产生自相矛盾的结论。福多和莱波雷认为无所不知的解释者将说话者解释成一致的和正确的是一种错误的解释，并认为这是一个自明之理，因为说话者本身是可错的。③ 这种观点的逻辑推理过程没有问题，但它不足以反驳戴维森。因为戴维森从没有说过说话者的信念全体是一致的，而是在强调说话者的大多数信念构成的整体是融贯的，他允许说话者存在不一致的信念，但这些信念在整个信念体系中只会占有很少的一部分。无所不知的解释者假设与彻底解释所刻画的情景是一致的，其中并没有不融贯的地方。

---

① Donald Dowidson. "A Coherence Theory of Truth and Knowledge", *in Truth and Interpretation*, E. Lepore (ed.), Blackwell, 1986, p. 312.

② Bjorn Ramberg, *Donald Davidson's Philosophy of Language: An Introduction*, Oxford: Blackwell, 1989, p. 76.

③ 参见 Jerry Fodor and Ernest Lepore, *Holism: A Shopper's Guide*, Oxford: Blackwell, 1992, p. 160。

无所不知的解释者假设的第二类批评者认为说话者的大多数信念是假的是可能的，或者至少某些核心信念是假的是可能的。前一种观点比较强，后一种观点弱一些。但这两种观点中任何一种观点都会威胁到戴维森。前一种观点的破坏力是明显的。如果说话者的大多数信念是假的是可能的，这不但意味着无所不知的解释者假设是有问题的，因为它的结论正好相反；而且意味着彻底解释是不可能的，因为彻底解释的起点是说话者持有句子为真的态度。如果后一种观点是成立的，那么根据融贯的要求，解释者可以为说话者指派更多的错误信念，但这实际上是错的。[①] 我们接下来分别讨论这两种观点。

费尔马岑（Bruce Vermazen）是第一种观点的代表人物，他认为说话者的大多数信念是假的是可以理解的。为了证明这个结论，他从两个方面对无所不知的解释者假设提出了批评。根据他的分析，无所不知的解释者假设有两个前提：（1）假设关于世界的大量错误是可理解的，相当于假设存在一个无所不知的解释者，他能正确地将某人解释成犯有大量的错误；（2）一个无所不知的解释者应该正确地将某人解释成犯有大量错误是不可能的。[②] 通过比较，我们可以发现，费尔马岑提出的这两个前提实际上是从戴维森对无所不知的解释者假设的阐述中抽离出来的，出自戴维森的原文。

费尔马岑的第一个批评针对的是前提1。前提1由两个假设组成，即某人拥有关于世界的大量错误信念是可理解的，和如果存在一个无所不知的解释者，那么他能正确地为某人指派大量的错误信念；并且认为这两个假设是等值的。但费尔马岑认为，这两个假设实际上并不等值。在他看来，如果无所不知的解释者知道说话者的信念，那么我们可以认为这两个假设等值。因为在这种情况下，他可以直接为说话者指派信念。但这不是戴维森所解释的无所不知的解释者。在戴维森的假设中，无所不知的解释者并不知道说话者的信念，这是他需要采用彻底解释程序的

---

① 参见 Richard Manning，“Interpreting Davidson's Omniscient Interpreter”，*Canadian Journal of Philosophy*，Vol. 25，No. 3，1995，p. 353。

② 参见 Bruce Vermazen，“The Intelligibility of Massive Error”，*The Philosophical Quarterly*，Vol. 33，No. 130，1983，p. 70。

原因。费尔马岑给出了一个可能的建议：

> 给予这种等值初始合理性的一种方法是在理解一个事物和能够解释它（至少在思想中）之间提供一种联系……说一个情境是可理解的也就是说某人或其他人能理解它。①

如果这种思路是可行的，那么认为某人拥有大量的错误信念意味着至少能够在思想中解释他。这意味着我们一方面需要为该说话者指派大量的错误信念，另一方面需要假设他与我们之间存在大量共识，但这是不可能的。因为我们认为我们自身的信念大多数都是真的。如果这种理解模式是唯一的，那么没有人能理解某人拥有大量的错误信念。从表面上看，按照费尔马岑的思路所得到的结论与戴维森的结论似乎是一致的，但费尔马岑的真实意图并不在此。在他看来，如果情况真的如此，那么无所不知的解释者假设实际上没有起到任何作用。因为在费尔马岑的这个论证思路中，并没有使用到任何与无所不知的解释者假设相关的内容。

费尔马岑认为某人拥有大量错误信念意味着至少能够在思想中解释它这个观点是可以接受的，而且并不认为它会导致矛盾。在他看来，我们并不是无所不知的解释者，因而不需要认为我们的大多数信念为真。从共时的角度来看，解释者总是倾向于认为他的大多数信念都是真的；但是从历史的角度看，常识中的信念总是随着时间的变化而不断地变化。费尔马岑说道：

> 如果情况真的如此，那么我认为我的信念中实际错误的部分和从我的角度来看能够可理解地指派给说话者的错误信念的实际错误的部分的总数，能够达到关于指派给他的错误信念的一个优势地位。②

① Bruce Vermazen, "The Intelligibility of Massive Error", *The Philosophical Quarterly*, Vol. 33, No. 130, 1983, p. 72.

② Bruce Vermazen, "The Intelligibility of Massive Error", *The Philosophical Quarterly*, Vol. 33, No. 130, 1983.

费尔马岑之所以得出这样的结论，依赖于这样的一个常识，即一个人持有他的信念为真的态度并不意味着他的信念实际为真。某人拥有大量错误信念之所以是可理解的，因为存在这样的可能，即他认为他的信念为真，但实际上是错误的。历史的事实似乎可以证明这一点，因为历史上存在许多被认为是真的信念最终被证实为是假的。费尔马岑认为，为这个论证添加无所不知的解释者也不会改变这一结论，因为我的信念与无所不知的解释者的信念无关，并且有可能我的大多数信念事实上是错误的。

很多批评戴维森的学者都同意费尔马岑的这个论点。比如班尼特曾追问过：

> 在某些生物的知觉的坏运气和理智的虚弱应该相符合以使得它关于简单或明显事物的大多数信念都是错误的这个观点中，有什么内容是不可理解的呢?①

戴维森不同意这种看法，在他看来，错误的信念倾向于破坏主题，因而破坏将信念描述成关于该主题的有效性。② 这也就是说，太多的现实错误将会使得说话者无法知道自己的信念到底是关于什么事物的信念。根据戴维森的整体论，一个信念总是与许多其他信念相关，通过与其他信念之间的关系，该信念的主题得以确定。比如说，我相信满天星会活下来。在这个信念中，如果不知道满天星是一种植物，可以开花等，那么我就不会拥有这个信念。因此，一个对象要想成为某个具有真值的信念的主题，必须有无数的关于该主题的真信念。正是在这种意义上，大量的错误信念是不可能的。

需要注意的是，上述回复对于反驳费尔马岑等人的观点而言，仍然是不够的。因为信念为真与事实为真并不是一回事。有可能大多数信念都指向同一个虚假的主题。这是无所不知的解释者假设之所以重要的原

---

① Jonathan Bennett，“Critical Notice”，*Mind*，New Series，Vol. 94，No. 376，1985，p. 610.

② 参见 Donald Davidson，“Thought and Talk”，in *Inquiries into Truth and Interpretation*，2nd ed.，Oxford：Clarendon Press，2001，p. 168。

因。费尔马岑否定了这个假设的必要性，并通过利用信念为真与事实为真之间的区别得出了无所不知的解释者假设是不重要的这种相反的结论。因此，要想反驳费尔马岑的第一个批评，我们必须证明无所不知的解释者假设并不是可有可无的。路德维希给出了两个理由：

> 首先，如果解释者是无所不知的，那么他知道他拥有真信念。因此，他不能想象他可能拥有错误信念是一种认识上的可能性……其次，考虑到解释者的所有信念都是正确的，如果他能正确地解释他人，那么他人大多是正确的。①

在这段话中，路德维希指出了无所不知的解释者具有的两个特征。它们分别是：（1）无所不知的解释者知道他自己拥有真信念；（2）如果无所不知的解释者能够正确地解释他人，那么他人的信念大多是真的。这两个特点将无所不知的解释者与可错的解释者区别开来。后者不具备这两个特征，因为可错的解释者认为自己的信念大多数是真的并不意味着他的大多数信念事实上是真的。戴维森之所以选择无所不知的解释者而不使用可错的解释者作为论证的主角正是因为这个原因。基于无所不知的解释者所拥有的这两个特征，路德维希认为，一旦我们发现这一点，那么我们将会得到这样的一个结论，即如果拥有一种语言的任何人原则上可以被无所不知的解释者解释，那么他关于世界的大多数观点都是正确的。② 因为无所不知的解释者的信念都是真的，与其匹配的说话者的大多数信念也必须是真的。我们应该看到，这个结论对于可错的解释者而言，并不适用。因为在证明可错的解释者的大多数信念是真的之前，没有理由认为可错的解释者的信念事实上是真的。从这个角度来看，无所不知的解释者的信念假设并不是可有可无的，它可以完成可错的解释者所不能完成的论证。

费尔马岑的第二个批评针对的是无所不知的解释者概念。在他看来，

---

① Kirk Ludwig, "Skepticism and Interpretation", *Philosophy and Phenomenological Research*, Vol. 52, No. 2, 1992, p. 323.

② 参见 Ibid., p. 323。

无所不知的解释者概念在戴维森的理论体系中并没有什么意义，甚至可能是荒谬的。[1] 根据戴维森的阐述，我们知道，无所不知的解释者有且只有真信念，但他并不知道说话者的信念。这意味着，从可错的解释者的角度来看，我们至多能够确认无所不知的解释者的信念是真的，但并不知道他的信念的具体内容。费尔马岑反对这种概念的原因在于，他认为戴维森的文本强烈地暗示着没有关于任何人心智状态的事实。[2] 换句话说，没有任何客观的证据能够确定某一个真信念。费尔马岑之所以能得出这个结论，依赖于蒯因的翻译不确定性论题。根据这个论题，费尔马岑认为，我们无法指望由此而形成的理论能够推导出关于某个信念是真的是唯一的，因为对于个人的心智而言，唯一确定的真是不存在的。如果费尔马岑的这个批评是有效的，那么即使我们承认无所不知的解释者假设，它也没有能力证明大多数信念为假是不可理解的。因此，问题的关键在于，是否真的没有事实能够确定说话者的信念。

笔者认为，费尔马岑可能误解了戴维森。戴维森从来没有说过信念没有外在的对象或现实，因为承认信念与外在对象没有关系，相当于认为信念的内容没有与之相关的对象。戴维森不可能接受这种观点。戴维森只是在说，仅凭外在的对象或现实并不能决定一个信念是否为真。一个信念是否为真还需要通过它与其他信念之间的关系来确定。戴维森虽然同意解释是不确定的，但翻译的不确定性论题在此并没有什么作用。因为在戴维森那里，翻译的不确定性主要是由指称的不确定性导致的，而指称的不确定主要发生在语言层面，与是否存在某种外在的对象以确定信念的内容无关。这也就是说，蒯因的翻译手册在戴维森那里并不具有本体论的地位，本体论所阐述的现实是唯一的，并不是相对的。因此，信念的内容仍然依赖于现实的情境。

在费尔马岑式的质疑之外，还存在另一种论证方式。这种论证方式通过构造与无所不知的解释者假设相类似的完全无知的解释者（omnigno-

---

① 参见 Bruce Vermazen，“The Intelligibility of Massive Error”，*The Philosophical Quarterly*，Vol. 33，No. 130，1983，pp. 72 – 73。

② 参见 Ibid.，p. 73。

rant/deluded interpreter）假设，证明大量的错误信念是可理解的。[1] 我们以路德维希的描述为例，他说道：

> 一个“完全无知的”解释者，他关于世界的大多数信念是错误的，这个观点并没有什么荒谬的地方。将这个假设与所有的语言说话者都必须潜在地与彼此交流这个假设，以及交流在没有大量共识的情况下是不可能的，结合在一起，我们就可以得出结论，即我们的大多数信念都是错误的。[2]

这个论证除了用完全无知的解释者替换无所不知的解释者之外，它遵守了无所不知的解释者假设的所有步骤。问题在于，完全无知的主体是否真的可以充当解释者？根据戴维森的彻底解释理论，解释的起点是持有句子为真的态度，解释者必须拥有真的信念以确信说话者在说出某个言语时表达的是同意的态度；他必须能够保证他和说话者之间存在大量共识；而且他还必须能够确定到底是何种因果关系引起说话者说出此种言语。错误的信念无法满足这些要求。当然，支持完全无知的解释者假设的人可以通过否认戴维森的彻底解释方案以证明完全无知的解释者假设的合理性。问题在于，除非我们能够提供一个以假为基础的意义理论，并且在彻底解释的意义上证实这种意义理论，否则，完全无知的解释者在戴维森的意义上是不可理解的。虽然假和真一样，都可以被视为一个常项，但根据戴维森的阐述，这种情况基本上是不可能的，因为它会破坏信念的主题。因此，认为完全无知的主体可以充当解释者的观点并不像路德维希所说的那样没有什么荒谬的地方，它实际上是荒谬的。

我们现在来考察另一种观点，这种观点认为大多数信念是假的是不可能的，但认为某些核心观点是假的是可以理解的。根据费尔马岑的解

---

① 参见 Kirk Ludwig，“Skepticism and Interpretation”，*Philosophy and Phenomenological Research*，Vol. 52，No. 2，1992，pp. 317 - 339 和 Virnda Dalmiya，“Coherence，Truth，and the ‘Omniscient Interpreter’”，*Philosophical Quarterly*，Vol. 40，No. 158，1990，pp. 86 - 94。

② Kirk Ludwig，“Skepticism and Interpretation”，*Philosophy and Phenomenological Research*，Vol. 52，No. 2，1992，p. 327.

释，麦吉恩（Colin McGinn）对戴维森的批评属于这一类。[①] 麦吉恩认为，如果说话者只具有概念式的信念，并且该信念只能通过它与其他信念之间的关系被确定，那么假设该说话者拥有大量的错误信念是不可能的。问题在于，除了概念式的信念之外，还存在其他形式的信念，比如关系式的信念。知觉信念是其中的代表，它表达的是主体与世界之间的关系。麦吉恩认为，这类信念存在大量错误的可能性。他举了一个例子来说明这一点：传说中，古代人认为星星是巨大圆顶中的缝隙，圆顶背后有一团大火，它发出的光从这些缝隙中渗透出来的，形成了我们所看到的星星的样子。这种观点在现在看来，毫无疑问是错误的。通过这个例子，麦吉恩指出，我们关于一个对象的不同意见可能不会被关于此对象的普通概念调解，因为没有任何假设认为说话者所使用的概念相对于说话者而言是有效的。[②] 因此，他认为，解释者将错误信念指派给说话者所观察的事物是可以理解的。

麦吉恩的这种处理方式有些简单。关于某个对象的信念并不是我们可以瞬间把握或瞬间失去的东西，它依赖于信念整体。因此，对单个信念的解释还依赖于进一步的检验。解释者需要通过该信念与其他信念之间的关系判断它的真假。这不仅适用于概念式的信念，也适用于关系式的信念。麦吉恩所说的关系信念属于场合句的范畴，在这种情况下，如果某个说话者关于某个对象的所有信念与我们的相关信念都不一致，那么我们有理由认为该说话者所指称的对象与我们所指称的对象不一致，这与说话者到底选择了什么样的概念来指称对象无关。认为关于一个对象的不同意见不会被有关此对象的普通概念所调解只会在坚持每个信念都是独立自主的意义上才是可能的，但这不符合戴维森对信念的解释。因为戴维森坚持的是整体论的理解模式。在麦吉恩的例子中，关于星星的传说是错的，但这不妨碍这种传说蕴含了星星在空中，以及它在晚上会发光等命题；而且，与关于星星的解释相比较而言，这些命题应具有

---

① 参见 Bruce Vermazen，“The Intelligibility of Massive Error”，*The Philosophical Quarterly*，Vol. 33，No. 130，1983，pp. 70 – 71。

② 参见 Colin McGinn，“Charity，Interpretation，and Belief”，*The Journal of Philosophy*，Vol. 74，No. 9，1977，p. 526。

更基础的地位。因此，麦吉恩试图通过这个例子得出说话者的知觉信念大量出错这样的结论是无效的。

笔者认为，认为大多数信念是真的并且其中的核心信念是假的是可以理解的这种观点没有看到：在彻底解释的情况下，解释是否成功并不能简单地通过观察解释者为说话者所指派的大多数信念是否是真的来确定。因为大多数信念为真不是一个数学上的问题，而是一个理解是否可能的问题。核心信念的错误将不可避免地破坏理解的可能，这是任何一个解释理论都不允许的。因此，即使核心信念在整个信念体系中不占大多数，它们也不大可能与我们的相关信念完全不一致。

无所不知的解释者假设的第三类批评者认为，即使我们承认这个假设，它也不能证明说话者的大多数信念为真。在这类批评中，我们还可以做进一步的区分。其中，一部分人认为，无所不知的解释者假设并没有肯定无所不知的解释者的解释一定能够成功，如果无所不知的解释者的解释是失败的，那么这个假设无法证明我们的大多数信念为真；另一部分认为，除非现实生活中真的存在这样的一个解释者，否则，它不能证明说话者的大多数信念为真。我们将这两种不同的理由概括为现实性的缺乏，因为无论是质疑无所不知的解释者的解释是否成功，还是质疑他的存在，都属于对无所不知的解释者现实性方面的质疑。

我们首先考察第一种观点，即认为无所不知的解释者假设并不蕴含无所不知的解释者的解释一定能成功。拉斯马森（Stig Rasmussen）是持有此种观点的代表人物。在拉斯马森的分析中，无所不知的解释者假设包含两个前提：（1）解释需要广泛的事实共识；（2）存在一个无所不知的解释者的概念是可理解的。戴维森希望得到的结论可以被称为：（3）无所不知的解释者以某种方式解释我们，使得他为我们指派的关于世界的图景大体是正确的。如果戴维森能从（1）和（2）中推导出（3），那么无所不知的解释者假设就可以达到它的目的。但拉斯马森指出，如果戴维森不预设前提（4）即无所不知的解释者解释我们的尝试会成功，那么根据（1）和（2），他实际上得不出（3）。[①] 为了说明这一

① 参见 Stig Rasmussen，"The Intelligibility of Abortive Omniscience"，*The Philosophical Quarterly*，Vol. 37，No. 148，1987，p. 317。

点，拉斯马森给出了两个理由：首先，（4）并不是一个无辜的假设，因为如果我们关于世界的大多数信念是假的，那么（1）和（2）的结合就可以排除（4）；其次，（4）也不是戴维森所阐述的无所不知的解释者的一个自然结果，因为无所不知的解释者并没有通达说话者的特殊通道。

笔者认为，无所不知的解释者的确没有通达其他说话者的特殊通道，但这并不影响他的解释，因为“无所不知”这个概念已经保证了拥有该属性的解释者必然会成功地解释说话者的言语，否则，他就不是无所不知的。这是无所不知的解释者假设的特殊之处。拉斯马森认为如此强的假设可能会威胁到前提（2），但是他并没有给出任何具体原因。在我看来，这种担心实际上是多余的，因为无所不知的解释者本身就是一个理论假设，所提供的是一个先验论证，只要我们能够在思想中阐明它，那么这个概念就是可理解的。

事实上，拉斯马森自己都认为，如果我们求助于这样的一个告诫，即交流所要求的共识不能将解释者所忽视的内容当作可理解的错误排除掉，那么（4）就可以成立。虽然他认为这个告诫会破坏（1）的合理性，但情况可能并非如此。因为在彻底解释过程中，假设共识的存在并不排除其中的某些错误。换句话说，拉斯马森所提出的告诫与前提（1）实际上完美共存。因此，拉斯马森认为可理解的错误要求我们承认无所不知的解释者将我们解释成犯有大量的错误，是不恰当的。这再次证明了拉斯马森对无所不知的解释者假设的理解有所偏差。

笔者认为，只有指出无所不知的解释者假设缺乏现实性的第二个方面的原因才会对这个假设本身构成实质性的威胁。根据戴维森的阐述，无所不知的解释者只是一个理论假设，并不是一个真实的存在。从这个假设中，我们可以得出这样的结论：如果存在一个无所不知的解释者，他采用的是彻底解释所阐述的解释模型，那么我们的大多数信念都是真的。问题在于，就像福利（Richard Foley）和福莫顿（Richard Fumerton）所指出的那样，如果我们要想得出结论，比如约翰的大多数信念都是真的，那么我们需要确定这个条件句的前件。① 换句话说，我们必须肯定解

---

① 参见 Richard Foley and Richard Fumerton，“Davidson's Theism”，*Philosophical Studies*，Vol. 48，1985，p. 84。

释约翰的无所不知的解释者存在才能证明约翰的大多数信念是真的。但在戴维森的假设中，我们无法找到支持无所不知的解释者存在的证据。

福利和福莫顿提出了一个可能的选择。他们指出，戴维森或许可以通过将他的观点弱化来逃避这种指责。这种弱化的观点可以表达为：无论何时，如果无所不知的解释者会相信命题 p，那么命题 p 就是真的。在这种情况下，只要无所不知的解释者在另一个与我们的现实世界最为接近的一个可能世界中存在，p 就是真的。因此，现实世界中是否存在无所不知的解释者并不重要，它对我们最终的结论并没有影响。① 问题在于，这种考虑方式是以模态逻辑的方式考虑无所不知的解释者假设的。而坚持模态逻辑的考虑方式要求我们的结论是我们的大多数信念必然为真，而不是我们的大多数信念为真。如果我们将命题 p 的内容看成“我们的大多数信念为真”，那么证明我们的大多数信念必然为真就需要证明 p 在各个可能世界中的真值都为真。回答这个问题的一个自然而然的答案是：无所不知的解释者必然存在。但康德明确告诉我们，仅凭“无所不知的解释者”这个概念，我们无法推论出这种解释者的存在。②

在笔者看来，戴维森很可能看到了无所不知的解释者假设面临这样的问题，所以他后来并没有过多地使用这个假设证明我们的大多数信念为真。正是在这种情况下，他的三角测量理论的重要性逐渐凸显出来。

第三节 三角测量

严格地说，三角测量（triangulation）是一个隐喻，它原本是一种测量技术。如果我们知道一个点 a 到另外两个点 b 和 c 之间的角度，以及 b、c 之间的距离，那么通过三角函数，我们就可以计算出 a 到 b 和 a 到 c

---

① 福利和福莫顿的解释有些奇怪，他们认为采用弱化的观点之所以能逃避无所不知的解释者是否存在的疑问是因为在这种情况下，无所不知的解释者假设的结论只是弱化观点的一个示例，这种分析并没有错。但问题在于，我们希望获得的结论不是一个条件句，而是我们的大多数信念为真。因此，如何证明条件句前件的问题仍然存在。这与他们后来在阐述命题 p 的真值在不同的可能世界中可能不一样这个问题时着重强调需要证明条件句的前件有些不一致。关于福利和福莫顿的解释参见 Richard Foley and Richard Fumerton, “Davidson' s Theism”, *Philosophical Studies*, Vol. 48, 1985, p. 85。

② 参见康德《纯粹理性批判》，邓晓芒译，人民出版社 2004 年版。

之间的距离。

戴维森在其论文《合理性的动物》中首次引进“三角测量”这个概念，他说道：

> 如果我被固定在地球上，那么我将没有办法决定从我到许多其他对象之间的距离。我将只知道它们位于从我到它们之间所引出的直线上。我可能会成功地与这些对象交流，但是对于它们在哪儿这个问题，我没有办法给出相关的内容。如果不被固定住，我便能够自由地三角测量。我们关于客观性概念的意义是另一种类型的三角测量的后果，这种三角测量需要两个生物。每一个生物与一个对象相互作用，但是给出关于事物如何客观所是的每个概念的是两个生物之间通过语言形成的基线。①

这段话虽然是在论文结尾以结论的形式出现的，但它揭示了三角测量理论所需要的所有基本内容：两个生物、一个对象、每个对象与生物之间的相互作用以及两个生物之间的相互作用。如果缺少其中的任何一种因素，三角测量都无法完成。因此，在戴维森的比喻中，如果他被固定在地球上，那么他就无法确定他与对象之间的距离。因为在这种情况下，只有一个生物、一个对象。一旦戴维森从他的固定位置中被解放出来，他就可以自由移动。虽然在这种情况下，仍然只有一个生物和一个对象，但由于这个生物可以自由移动，确定不同的固定点，因而可以测量他与对象之间的距离。需要注意的是，戴维森强调了语言在三角测量中的作用，但这是基于阐释客观性概念的需要。事实上，根据戴维森的阐述，并不是所有的三角测量都需要语言的参与。我们首先考察最基础的三角测量情形。

最基础的三角测量情形只需要两个或两个以上生物的参与，它们所面对的是同样的情境、事件或对象，但不需要拥有描述这些情境的能力。因此，在最基础的三角测量情形中，生物并不拥有概念，它们对共同对

---

① Donald Davidson, “Rational Animals”, in *Subjective*, *Intersubjective*, *Objective*, Oxford: Clarendon Press, 2001, p. 105.

象的反应是非语言的。拥有一个概念不但意味着该主体能够区分对象、事件等，而且能够意识到他的区分有可能是错误的；但在基础的三角测量中，主体并不拥有这样的能力。基础的三角测量情形很常见，基本上动物界所有动物的反应都符合此种三角测量模式。就像戴维森所说的那样，每个生物都将其他生物的反应以及它自己的反应与世界上的变化或对象联系起来。[1] 虽然我们可以在动物界中发现某些动物具有一些习得的反应，但是通过反思，我们就可以知道这些习得的反应不是因为命题信念、欲求或意图，它们的交流形式也不是一种语言。

第二类情形可以被称为学习情形。其中，一个生物拥有语言或思想，而另一个生物还未拥有语言，但是拥有学会语言的能力。小孩学习语言是这类三角测量的典型代表。比如说，当老师通过指示学习的方式教小孩学“桌子”这个语词时，老师和小孩是其中的两个角，他们共同所面对的对象桌子是第三个角，而老师和小孩之间的交流比如小孩意识到老师对桌子的反应和他从老师那儿学习到的对桌子的反应是相似的，构成了他们之间的相互作用。当然，讨论这类三角测量并不是为了说明如何将意向性概念还原成外延性的事物，而是为了说明三角测量如何使这类学习程序变为可能。换句话说，三角测量并不阐述小孩学习语言的实际过程，而只是在理论上分析小孩学习是如何可能的。根据戴维森的分析，刚开始，小孩学习语言的过程和第一类三角测量中生物的情形是一致的；但是当小孩通过利用三角测量意识到错误的可能性之后，意向性概念便开始参与其中。

在第三类三角测量中，每个生物都具有思想和语言，但是它们的语言并不一致。因此，问题在于如何理解对方的言语。通过对比，我们可以发现，这类三角测量与彻底解释理论阐述的是同一个问题。虽然第三类三角测量与第二类三角测量略有不同，但毫无疑问的是，第三类三角测量依然会涉及第二类三角测量中的问题。因为指示学习无论在解释还是理解中，都具有基础性的地位。正因为如此，我们可以认为第二类三角测量是第三类三角测量的特殊情况。

---

① 参见 Donald Davidson，“The Emergence of Thought”，in *Subjective*，*Intersubjective*，*Objective*，Oxford：Clarendon Press，2001，p. 128。

戴维森认为，三角测量理论的应用范围非常广泛。它可以用来说明客观性的条件，也可以用来阐明思想是如何可能的。由于我们目前关注的主题是为宽容原则辩护的问题，因此我们的主要任务是考察戴维森如何利用它来证明我们关于周围世界的大多数信念为真。在具体讨论这个问题之前，有一种观点值得我们注意。这种观点认为，三角测量理论所阐述的内容不属于哲学。彼得·帕金（Peter Pagin）是这种观点的代表人物。比如在讨论戴维森关于小孩学习语言的观点时，他曾认为，戴维森的观点完全是一种经验的观察，即使这种断言在经验上是真的，它也没有直接的哲学意义。[①] 戴维森并不在意这种评论，他说道：

> 由于我不着迷于分析/综合的区分，我也不强调完全脱离经验的观察/经验观察的区分。它当然是一种观察……帕金认为这是一个未经证实的或者在哲学上没有任何兴趣的假设。我并不试图猜测什么内容在哲学上令人感兴趣，但是这个观点……是必需的。[②]

也就是说，即便戴维森的三角测量理论真的如帕金所言，只是一种经验观察，这也不妨碍它具有理论说明的地位。因为从经验观察中，我们可以概括出某种理论以说明普遍的现象。帕金认为这在哲学上没有任何意义，必须首先证明哲学与经验观察无关。但真实的情况可能并非如此。因为很多哲学理论来源于经验观察，并最终能够在经验中被证实。因此，帕金的批评无法驳倒戴维森，他似乎混淆了哲学分析与在哲学上具有意义，因为只有前者由于逻辑方法的使用才与经验观察区别开来，后者并不排斥经验观察。也就是说，经验观察与具有哲学意义并不是绝对不相关的两种事物。

---

① 参见 Peter Pagin，“Semantic Triangulation”，in *Interpreting Davidson*，Peter Kotatko，Peter Pagin and Gabriel Segal（ed.），Stanford：CSLI，2001，p. 207。

② Donald Davidson，“Comments on Karlovy Vary Papers”，in *Interpreting Davidson*，Peter Kotatko，Peter Pagin and Gabriel Segal（ed.），Stanford：CSLI，2001，p. 293.

第四节　信念的外在性及其决定因素

戴维森的三角测量理论主要是通过说明信念的外在性特征证明我们关于世界的大多数信念为真。虽然三角测量有不同的类型，但它们都采用外在主义的描述方式刻画信念，它们要求多个不同的生物和外部对象一起决定信念内容。因此，信念是外在的，不是一种主观的感觉。罗萨里亚·埃吉迪（Rosaria Egidi）认为，主张信念是外在的是戴维森信念论的一个核心观点。① 这种评价毫无疑问是正确的。这一点之所以重要，是因为在哲学史上，哲学家们往往倾向于接受信念内在论，认为信念是内在的，被个人的心智状态决定。自近代认识论以来，这种观点便在哲学界中占有主导地位。

戴维森之所以认为信念是外在的，因为三角测量解释模型已经明确告诉我们，只有通过增加第二个生物和外在的客观对象，说话者才能确定他的信念内容。虽然戴维森并不认为三角测量对于确定信念内容而言是充分的，但却认为它是必需的。他说道：

> 如果它的概念是关于什么东西的概念这个问题有任何答案，那么我所描述的那种三角测量……是必需的。……我应该强调，问题不在于确证一个生物所回应的是哪个对象或事件；问题的关键在于，没有第二个生物回应第一个生物，这个问题没有答案。②

应该说，戴维森的意思是很清楚的。他强调，确定概念所描述的对象必然需要第二个生物的参与。没有两个生物之间的交流，试图回答概念所描述的对象到底是什么样的对象是不可能的。概念是构成信念的基本要素。既然概念需要第二个生物的参与，那么确定信念内容也必然需

---

① 参见 Rosaria Egidi, "'Cred' io ch 'ei credette ch' io credesse...: What Basis for Belief?'" in *Interpretations and Causes: New Perspectives on Donald Davidson's Philosophy*, Mario De Caro (ed.), Dordrecht: Kluwer, 1999, p. 153.

② Donald Davidson, "The Second Person", in *Subjective*, *Intersubjective*, *Objective*, Oxford: Clarendon Pree, 2001, p. 119.

要第二个生物的参与。从这个角度来看，信念必定是外在性的。

另外，三角测量可以为信念提供一个客观的判断标准。戴维森认为，拥有一个信念要求信念的拥有者能够在真信念和假信念、表象和现实、仅仅是看起来像和是之间做出区分。① 因此，仅仅承认信念是外在的是不够的，三角测量还必须为信念提供判断它是否正确的标准。这个问题与对错误概念的解释密切相关，因为一个生物要想拥有一个真信念，它必须能够理解它的信念有可能出错。戴维森认为，三角测量为理解错误概念提供了可能。他说道：

> 如果分享者认为已经多次被重复共享的回应之间的关联是失败的，那么在这种情境下，三角测量的确为错误概念（和真之概念）提供了空间。一个生物以先前联系两个生物和某种情境的方式回应，但另一个生物并不如此。这可能简单地将非—反应者改变为一个被忽视的危险或机会，但是如果参与的危险或机会没能被具体化，错误概念的空间便存在。②

换句话说，如果三角测量中的生物通过交流发现彼此之间多次重复的回应是不一致的，那么他们就可以猜测到自己的信念存在错误的可能。当然，说话者可以忽视他的对话者并坚持认为自己的信念是真的，但是如果他无法做到这一点，那么他的信念是错误的便是可能的。也就是说，通过交流，三角测量模型中的生物能够意识到自己的错误，能理解什么情况下自己的信念为真，什么情况下自己的信念为假。因此，三角测量中生物之间的交流可以为信念提供判断标准。

当然，证明三角测量可以说明信念的外在性特征并不意味着三角测量已经得到了辩护，戴维森对此有着清晰的认识。虽然戴维森承认我们无法为三角测量辩护，但是他认为我们可以或者从先验的角度，或者从

---

① 参见 Donald Davidson, "Three Varieties of Knowledge", in *Subjective*, *Intersubjective*, *Objective*, Oxford: Clarendon Pree, 2001, p. 209。

② Donald Davidson, "Seeing Through Language", in *Truth*, *Language and*, *History*, Oxford: Clarendon Press, 2005, p. 141.

经验的角度为它的合理性给出说明：

> 它的合理性依赖于这样的一个坚定的信念，它可以被视为或者经验的，或者先验的；这个坚定的信念即是关于我们是什么样的生物这个事实。如果你认为它只是恰好如此发生，并对我们而言是真的，即这是我们能够谈论和思考这个世界的方式，那么它是经验的；如果你认为（就像我倾向于认为的那样）这是当我们讨论思考和谈论时我们所意味内容的一部分，那么它是先验的。毕竟，谈论和思考的概念是我们自身的。[①]

戴维森这个说明的核心是让我们从事实的角度思考“我们到底是什么样的生物”这个问题。我们之间的交流符合三角测量模型，这是一个事实。如果这个事实被认为只是合理性的生物恰好拥有的一个事实，那么三角测量模型就是经验性的；如果认为这个事实是我们思考和谈论内容的一部分，那么三角测量模型就是先验的。戴维森倾向于认为三角测量模型是先验的，但即使认为它是经验的，这个说明也是有效的。因为合理性的生物符合三角测量模型是一个事实。因此，即便戴维森无法为他的三角测量理论提供辩护，我们也应该承认它的合理性。因为事实即是如此。从这个角度来看，罗斯基（Adina Roskies）等人认为三角测量理论事先蕴含了对信念和思想的解释是正确的；但是如果因此而认为戴维森用三角测量理论来解释信念和思想犯有乞题或循环论证的错误则是站不住脚的。[②] 因为我们信念和思想的本质就是这样。要想真正地批评三角测量理论，这些批评者，应该像阿莫雷蒂（Maria Amoretti）指出的那样，为她自己提供一个关于思想和语言不同的解释，这个解释应该比三角测

---

① Donald Davidson, “Comments on Karlovy Vary Papers”, in *Interpreting Davidson*, Peter Kotatko, Peter Pagin and Gabriel Segal (ed.), Stanford: CSLI, 2001, p. 294.

② 克劳丁·费尔海根（Claudine Verheggen）认为，虽然循环在三角测量理论中是不可避免的，但这个循环并不令人沮丧，反而是有益的；而且，正是在这个循环中，意向理论才取得了重大的进展。关于费尔海根的讨论参见 Claudine Verheggen, “Triangulation”, in *A Companion to Donald Davidson*, Ernie Lepore and Kirk Ludwig (ed.), NY: Wiley - Blackwell, 2013, pp. 466 - 469。

量式的外在主义解释更具有现实性和更令人信服。①

三角测量理论，既可以从共时的角度来分析，也可以从历时的角度来分析。戴维森选择了后者，沼泽人思想试验可以说明这一点。戴维森让我们想象这样的一个情境：某天，闪电击中了沼泽中的一棵树，碰巧，这棵树变成了戴维森的样子，不但具有戴维森的面貌，而且好像和戴维森一样能够认识戴维森的朋友，说英语，写论文等。② 这样的沼泽人能通过彻底解释的暂时检验，因为没有人能够说明戴维森和沼泽人二者之间的区别。问题在于，沼泽人是否因此可以被视为戴维森本人呢？戴维森的答案是否定的。他指出：

> 我的复制品不能认识我的朋友；它不能认识任何东西，因为从一开始，它就不能认知任何东西。它不知道我朋友的名字（当然，虽然它看起来可以）；它不记得我的房子。比如说，它不能意味着我使用“房子”这个语词所意味的东西，因为沼泽人所发出的声音“房子”不是在能够给予它正确意义甚至任何意义的语境中学习而来的。③

在这段话的最后一句中，戴维森表达出这样一层意思，即说话者要想为一个语词指派意义，必须在给出该语词意义的语境中学习。沼泽人由于缺少学习，与他周围的环境之间也没有足够的历史因果相互作用，因此，即使它能够说出某个语词，也不能为该语词指派意义。如果我们与沼泽人继续进行足够的交流，就会发现这个沼泽人实际上是在愚弄我们。他没有和戴维森一样的经历，他的表现也不可能和戴维森本人的表现一模一样。虽然戴维森后来承认沼泽人的思想试验为他带来了一些困

---

① 参见 Maria Cristina Amoretti，“Triangulation between Externalism and Internalism”，in *Triangulation：From an Epistemological Point of View*，Maria Amoretti and Gerhard Preyer（ed.），Heusenstamm：Ontos，2011，p. 60。

② 参见 Donald Davidson，“Knowing one’ s Own Mind”，in *Subjective*，*Intersubjective*，*Objective*，Oxford：Clarendon Press，2001，p. 19。

③ Donald Davidson，“Knowing one’ s Own Mind”，in *Subjective*，*Intersubjective*，*Objective*，Oxford：Clarendon Press，2001，p. 19.

扰，但不可否认的是，正是因为这个思想试验，戴维森才能得出这样的结论，即决定我们关于世界基础信念内容的是我们与世界之间的交流历史。①

克劳丁·费尔海根（Claudine Verheggen）认为，戴维森的结论即我们与世界之间的交流历史决定我们关于世界的信念内容，对于反驳怀疑论而言，起着至关重要的作用。② 费尔海根之所以持有这种论点，因为他认识到，如果我们都是通过与世界的交流历史获得关于世界的信念，那么我们所拥有的关于世界的绝大多数信念不可能都是错的。因为外部原因通过因果关系的方式引起这些信念，如果信念的外部原因相同，那么由这些外部原因引起的信念也必然相同。当然，这个推理蕴含这样的前提，即行动者获得信念的原因是相同的。如果引起行动者同一信念的原因不同，那么有可能某个行动者的信念为真，而另一个行动者的信念为假。在这种情况下，某个说话者的大多数信念为假也是可能的。三角测量理论可以避免这种情况的发生。

由于信念主要出现在第二类和第三类三角测量中，我们以第三类三角测量为例说明为什么引起不同行动者拥有相同信念的原因不可能不同。在第三类三角测量中，某个外部原因引起其中一个生物的反应，这是一个自然的过程。现在的问题是，如何确定引起该生物获得该信念的原因？仅凭该生物自身是不可能完成这一任务的。戴维森说道：

> 如果我们考虑单个的生物自身，它的回应，不论有多么复杂，都不能证明它是在回应或思考一定距离之外的事件，而不是它的皮肤上的事件。③

---

① 沼泽人的思想试验之所以为戴维森带来了一些困扰，因为它提出了一个难以回答的问题，即我们何时能认为一个生物正在思考。具体内容可参见 Donald Davidson，“Interpretation: Hard in Theory，Easy in Practice”，in *Interpretations and Causes: New Perspectives on Donald Davidson's Philosophy*，Mario De Caro（ed.），Dordrecht: Kluwer，1999，p. 35。

② 参见 Claudine Verheggen，“Triangulation and philosophical skepticism”，in *Triangulation: From an Epistemological Point of View*，Maria Amoretti and Gerhard Preyer（ed.），Heusenstamm: Ontos，2011，p. 34。

③ Donald Davidson，“The Second Person”，in *Subjective*，*Intersubjective*，Objective，Oxford: Clarendon Pree，2001，p. 119.

也就是说，对于单个生物而言，他无法判断自己的回应到底与什么相关，因为从他的神经末端所接受到的刺激到原始的宇宙大爆炸都有可能是引起该信念的原因。[①] 在这种情况下，第二个生物必须出现，他帮助第一个生物从引起该信念的众多可能原因中独立出真正的原因。由于引起该信念的原因必须是即时公开的，因此，通过这两个生物之间的交流，他们可以发现引起该信念的原因是远端的对象，而不是近侧刺激。因为只有远端对象可以处于联结对象和两个生物的两条线的交叉点上；而近侧刺激是不可观察的，只能处于这两条直线中靠近生物的那一端上。当然，确定远端对象到底是什么还需要语言的参与，因为将语言指定为一个生物所说的内容要求言语与世界中的对象或事件相匹配。[②] 也就是说，只有通过语言，我们才可以确定引起信念的原因。这是戴维森认为完整的三角测量中至少需要一个生物具有语言的原因。他说道：

> 除非生物的关注内容可以被说成对相互作用的反应，否则他们没有任何办法利用三角关系的认识优势，其中，该三角关系为我们的观点即他们正在回应的是某一事物而不是另一事物提供内容。[③]

生物能够对相互作用的关系做出反应，意味着他能够反思他与对象之间的因果关系，或者能够回应他与另一个生物之间的交流，而无论是哪种情况，都表明该生物拥有语言或思想。从戴维森的这种解释中，我们可以发现，在三角测量中，决定信念原因的是相互交流的两个生物，而不是单独的某个生物。这意味着引起他们信念的原因是相同的，它们共同决定了他们的言语和思想，并且确定了它们的内容。因此，如果三角测量理论是正确的，那么我们关于世界的大多数信念为假是不可能的。

---

① 参见 Donald Davidson，“Externalism”，in *Interpreting Davidson*，Peter Kotatko，Peter Pagin and Gabriel Segal（ed.），Stanford：CSLI，2001，p. 4。

② 参见 Donald Davidson，“The Second Person”，in *Subjective*，*Intersubjective*，*Objective*，Oxford：Clarendon Press，2001，p. 120。

③ Donald Davidson，“The Second Person”，in *Subjective*，*Intersubjective*，*Objective*，Oxford：Clarendon Press，2001，p. 120.

因为我们关于世界的信念内容都是如三角测量模型所描述的那样如此这般地被外部原因所决定。

第五节 信念在其本质上都是真的吗?

费尔海根认为，通过对三角测量所描述的信念内容的分析，我们就可以得出大多数信念为假是不可能的。他甚至同意戴维森的观点，即在回答我们如何知道我们的大多数信念为真的问题时，这个问题回答了自身，因为信念自身在本质上是真的。① 但真实的情况可能并非如此。三角测量能够证明我们关于世界的大多数信念是真的，但不能证明我们的大多数信念是真的。我们关于世界的大多数信念是真的，因为它们的形成过程如三角测量理论所描述的那样。戴维森说道：

> 在基础的情形中，应用决定概念的内容。一个解释者在初始阶段——他还未能理解说话者的语言——不能独立地发现行动者的信念是关于哪些东西，然后再追问它们是否为真。这是因为正常地引起一个信念的情境决定了在哪种条件下它是真的。②

在这段话中，最后一句话最为重要。它指出，引起一个信念的情境决定了它在哪种条件下是真的。这相当于是在说，引起一个信念的情境决定了该信念的真之条件。我们讨论关于世界的信念属于解释者解释的初始阶段。在这个阶段中，应用之所以决定概念的内容，因为世界中的对象引起我们信念的过程决定了它是真的的条件，同时也决定了这个信念是真的。因此，我们关于世界的大多数信念是真的，出现系统性的错误是不可能的。但这并不意味着信念在其本质上是真的，或者说我们的大多数信念一定是真的。因为除了关于世界的信念，我们还有很多其他

---

① 参见 Claudine Verheggen，“Triangulation and Philosophical Skepticism”，in *Triangulation: From an Epistemological Point of View*，p. 35。

② Donald Davidson，“Epistemology Externalized”，in *Subjective*，*Intersubjective*，*Objective*，Oxford：Clarendon Press，2001，pp. 196 – 197.

的信念，它们与存在于世界之中的对象无关，比如关于数学定理或其他抽象对象的信念。关于这些信念，我们可以称为“理论信念”。

由于理论信念的对象不存在于外部世界之中，三角测量的解释模型可能无法保证大多数这样的信念为真。戴维森强调信念的产生过程依赖于第二个生物的参与，理论信念也不例外。在形成理论信念的过程中，我们也要求第二个生物拥有思想和语言。但是这对于构建三角测量模型可能是不够的，因为抽象的信念对象无法通过因果关系与这两个生物建立起联系。这样一来，三角关系便无法构建起来。在这种情况下，无论两个生物之间的交流如何进行，都无法排除二者所形成的信念存在不一致的可能性。举个例子来说，有可能交流中的一个生物形成的信念是“有困难找组织”，另一个生物形成的信念是“有困难找领导”。很明显，这两个信念中必定有一个信念为假。应该能看到的是，这个问题与戴维森强调他的信念理论允许错误信念的存在不是同一个问题。因为即使这两个生物进行再多的交流，可能也无法迫使比如说第二个生物认识到自己的信念为假。也就是说，第二个生物将“组织”理解成了“领导”，并且无法通过交流认识到这种错误。因为在缺乏与抽象对象相互作用的情况下，第一个生物无法通过三角测量的解释模型告诉第二个生物组织并不等于领导。

当然，如果有人认为关于世界的信念的数量和重要性远远大于理论信念，那么进一步认为我们的大多数信念是真的也是可行的。但问题在于，戴维森所说的“大多数”并不是一个数量上的概念，也不是质量上的概念，他之所以强调大多数信念为真是为了确保解释的成功。因此，要想证明我们大多数理论上的信念是真的，还需要证明我们的大多数理论信念是真的。

当然，我们并不是说，理论上的信念一定是错的；而是说，三角测量理论无法保证大多数理论信念为真。如果这个观点是对的，那么我们认为，戴维森认为信念在其本质上是真实的这个观点是很危险的。从真与信念之间的关系来看，戴维森至多只能说，关于外部世界的信念在其本质上是真实的，但不能因此而认为所有的信念在其本质上是真实的。因为关于理论信念，我们无法得出它们本质上一定是真的这样的结论。

第六节 彻底解释是否充分?

按照戴维森的思路，在整体论的约束条件下，如果我们使用持有真的态度作为彻底解释的起点并且宽容原则是有效的，那么通过利用决策论和宽容原则，我们就有希望获得真之条件意义理论的解释模型。如果这种希望在理论上最终被证明是可行的，那么这不但可以回答彻底解释的第二个问题，即我们怎么知道这些内容；同时也可以帮助我们证实真之条件意义理论。

现在的问题是：在彻底解释的情况下，我们是否可以推导出真之条件意义理论的解释模型？换句话说，彻底解释是否充分？在回答这个问题之前，我们有必要弄清楚彻底解释理论的旨趣所在。戴维森说道：

> 和许多其他人一样，我希望回答这样的问题，即“什么是意义?”，在奥格登和理查德，查尔斯·莫里斯，斯金纳和其他人的答案中，我发现了这些企图愚蠢的地方，并对此感到很沮丧。因此，我用另一个我认为可能并不那么棘手的问题替换：为了理解说外国语言的说话者，解释者知道哪些东西是足够的，并且他如何知道这些?①

这也就是说，彻底解释的目的仍然是回答意义问题，提出的两个新问题只是意义问题的另一种追问方式。我们之所以强调这一点，因为很多人在批评戴维森的彻底解释理论时，总是在指责彻底解释理论所阐述的解释模型并不符合我们实际的解释过程或者不能真实地解释句子的意义。比如华莱士认为，彻底翻译理论提供的解释模型在三个基础方面不能满足在解释一种线型序时所发生的实际情况；② 费尔马岑认为，对于蒯

---

① Donald Davidson, “Reply to Jerry Fodor and Ernest Lepore”, in *Reflecting Davidson: Donald Davidson Responding to an International Forum of Philosophers*, Ralf Stoecker (ed.), Berlin: De Gruyter, 1993, p. 83.

② 参见 John Wallace, “Translation Theories and the Decipherment of Linear B”, *Theory and Decision*, Vol. 11, No. 1, 1979, p. 133。

因和戴维森的观点而言，如果存在真实的测试案例，那么这将是每个人在日常言语交谈中所掌握的那种翻译或解释。[①] 问题在于，戴维森从来没有说过，并事实上一直在否认自己的彻底解释理论处理的是实际的解释问题。他一再强调：

> 如果我曾经想过我曾展示过的方式，即一个人能够在理论中决定行动者的信念、偏好和意义，描述了我们实际上正在做的事情，或者一个聪明的实验者可能如何成功地完成它，那么我肯定已经出错了。但这不是我的观点。[②]

因此，在考察戴维森的彻底解释理论时，我们需要时刻提醒自己：彻底解释与实际的解释情况无关，它只是从理论上澄清真、意义、信念等相关概念之间的关系。明白了这一点之后，我们再来审察彻底解释是否充分的问题。

彻底解释过程中遇到的至关重要的问题是如何从 Th－语句过渡到 Td－语句。假设宽容原则和决策论的计算模式是有效的，基于持有句子为真的态度，我们可以构造出 Th－语句，这一点对于彻底解释而言应该没有任何异议。问题在于，从 Th－语句中，我们能否构造出 Td－语句？戴维森认为，如果说话者关于周围环境的大多数信念都是真的，那么从持有一个句子为真的态度，我们就可以得出这个句子是真的。

莱波雷和路德维希给出了不同的意见。他们认为，宽容原则中的符合原则只要求说话者关于他周围环境的信念是真的，但是在结果上，它并不能确保他的真信念与引起它们的条件相关联。[③] 莱波雷和路德维希之所以希望建立起信念与引起这些信念的条件之间的关联，因为这样不但可以确保处于相同条件之下的信念都是真的，而且可以将单一的证据普

---

① 参见 Bruce Vermazen，“Testing Theories of Interpretation”，in *Truth and Interpretation：Perspectives on the Philosophy of Donald Davidson*，Ernest Lepore（ed.），Basil Blackwell，1986，p. 243。

② Donald Davidson，“Reply to Deborah Hansen Soles”，in *The Philosophy of Donald Davidson*，Lewis Edwin Hahn（ed.），Illinois：Open Court Publishing Company，1999，p. 330.

③ 参见 Ernie Lepore and Kirk Ludwig，*Donald Davidson：Meaning，Truth，Language，and Reality*，Oxford：Oxford University Press，2005，p. 193。

遍化为其一般形式，这对于构建起关于对象语言的真之理论而言，毫无疑问是重要的。他们举了一个例子说明这个问题。假如存在这样的 Th－语句：（L1）对于说话者 S，S 在 t 时持有句子 s 为真的态度，当且仅当 p；（L2）对于说话者 S，S 在 t′时持有句子 s 为真的态度，当且仅当 p′。其中 L2 是 L1 的示例，p′是 p 在 t′时示例的结果。我们可以首先确认 L1 为真；由于 L2 是 L1 的示例，因此我们也可以认为 L2 为真。另外，由于 L2 中的时间已经发生过改变，我们可以构造出这样的 Th－语句：（L2′）S 在 t′时持有句子 s 为真的态度，当且仅当 q，其中 S 相信 q 是 s 的真之条件，并且可以给出 s 的意义。现在的问题是：我们如何能保证 q 和 p′的意义相同呢？如果不能保证这一点，那么 L2′与 L2 会产生矛盾。宽容原则无法做到这一点，它只能确保 L2′为真，但不能保证 q 和 p′的意义相同，因为它并没有指出引起信念的条件是信念相关的内容。因此，莱波雷和路德维希建议为彻底解释补充一个比宽容原则更强的假设，他们称为优雅假设（the assumpution of grace）：

> 在其他条件不变的情况下，当我们用一个句子（表达由环境引起的 S 的信念的内容）替换（S）即 S 在 t 时相信 p 中的“p”时，该句子同样表达了 S 的周围环境中引起该信念的条件。①

如果将目光仅限于彻底解释理论构造的简单模型，那么莱波雷和路德维希的批评毫无疑问是成立的。而且，他们的优雅假设可以为戴维森的解释理论做进一步的补充。因为优雅假设强调了信念与周围环境中引起该信念的条件之间的关联。问题在于，戴维森所给出的条件是经验性的约束条件。就像莱波雷和路德维希所指出的那样，经验性的约束条件并不是某个特殊的约束条件，而是一类约束条件。② 这类约束条件是经验解释过程中应该遵守的约束条件。对象与信念之间的因果关系是经验性

---

① Ernie Lepore and Kirk Ludwig, *Donald Davidson*: *Meaning*, *Truth*, *Language*, *and Reality*, Oxford: Oxford University Press, 2005, p. 194.

② 参见 Ernie Lepore and Kirk Ludwig, *Donald Davidson*: *Meaning*, *Truth*, *Language*, *and Reality*, Oxford: Oxford University Press, 2005, p. 218。

的约束条件之中的一种。以简单句为例，戴维森说道：

> 考虑我们怎样发现某些简单句意味着什么，比如说“那里有一个桌子”或“这里有一张绿色的纸”。我们的基本证据是，通过桌子或绿色纸的呈现，说话者被引起同意这些句子（并不仅仅在这种情境下，而是一般地），而这些对象的缺席引起他（一般地）不同意同样的句子。①

在这段话中，对象引起说话者同意或不同意是以因果关系的方式进行的；并且，戴维森特地强调了对象引起说话者同意某个句子是在一般条件下，而不是局限于某个特殊的情境。换句话说，对象与说话者信念之间的因果关系并不局限于时空的限制。说话者同意或不同意某个句子指的是说话者对待句子的态度，属于说话者的信念范畴。因此，即便宽容原则无法确保信念与引起该信念的外部条件之间的关联，对象与信念之间的因果关系也可以确保引起信念的条件是该信念所表达的内容，它们可以承担起莱波雷和路德维希希望优雅假设在彻底解释理论中所起的作用。事实上，也正是基于对象与说话者信念之间存在的这种因果关系，当解释者发现一个句子并且说话者恒常地在解释者所认识的条件下同意这个句子，他才可以将这些条件看成这个句子的真之条件。② 因此，笔者认为，宽容原则和因果约束条件可以帮助戴维森将大部分关于周围环境的 Th－语句过渡到 Td－语句。

问题在于，在自然语言中，除了关于周围环境的句子之外，还有很多句子并不与周围环境直接相关。蒯因很早就发现了这一点，在彻底翻译中，他根据与感官刺激的关系将句子区分为场合句（或观察句）和其他种类的句子，比如理论句。场合句具有最大程度的可观察性，它与感官刺激直接相连，刺激意义构成了场合句的意义概念，其他种类的句子

① Donald Davidson, “Empirical Content”, in *Subjective*, *Intersubjective*, *Objective*, Oxford: Clarendon Press, 2001, p. 174.

② 参见 Donald Davidson, “A Coherence Theory of Truth and Knowledge”, in *Subjective*, *Intersubjective*, *Objective*, Oxford: Clarendon Press, 2001, p. 149。

通过与场合句之间的关系与感官刺激相连。某种程度上，戴维森也接受蒯因的这种区分，他认可感官刺激存在于对象引起说话者信念的因果链条之中，只是不认可感官刺激的辩护作用。在他看来，大多数的场合句之所以为真是由宽容原则的有效性来保证的。至于其他种类的句子，他说道：

> 其他种类的句子通过它们与场合句之间的条件被解释，并且在它们中出现的语词同样出现在场合句之中。①

这句话主要传达了这样一个观点，即理论句的解释可以通过它们与场合句之间的条件被解释。理论句和场合句之间存在一定的条件关系，主要是因为理论句中包含的语词同样会出现在场合句中。因此，戴维森认为，通过解释场合句和场合句中出现的语词，我们就可以解释理论句。戴维森的这种解释很明显与蒯因的解释不同。在蒯因那里，其他种类的句子的最终证据依然是感官刺激，它们与场合句之间的联系是通过与刺激意义之间的关系得到保证的。在戴维森这里，对其他种类句子的理解来源于理解出现在这类句子中的语词。戴维森的这种理解与他在意义理论中强调组合性原则是一致的。如果理论句中的语词都会出现在场合语之中，那么戴维森的做法是可行的。但问题在于，我们很难相信理论句中的所有语词都会出现在场合句之中。因为场合句总是受时间和地点的限制，场合句中的语词也总是受周围环境的影响，但理论句并非如此。根据蒯因的阐述，理论句是场合句的另一个极端，在理论句中出现的很多语词是抽象的，与周围环境无关。比如在那些表达数学定理、物理定律和哲学理论的句子中出现的语词，甚至于在自然语言中经常出现的“机构”“组织”等这类语词也很难通过场合句来把握。因此，笔者认为，试图通过理解场合句中的语词来理解理论句中的所有语词并进而理解由这些语词组成的理论句是不可能的。学习语言的实际情况可以说明这一点。有可能某个人一生都无法理解什么是“实数”、什么是“熵”、什么

---

① Donald Davidson, “A Coherence Theory of Truth and Knowledge”, in *Subjective*, *Intersubjective*, *Objective*, Oxford: Clarendon Press, 2001, p. 152.

是“形而上”。整体论的约束条件在此也没有任何帮助。因为戴维森并不是一个强的整体论的支持者，他并不认为一个句子的意义需要依赖于所有句子的意义。[①] 也就是说，我们不能通过理论句在整个语言之网中的位置理解它的意义。因此，要想解释理论句的意义，戴维森的彻底解释方案还必须提供其他的方法或约束条件。

我们之所以强调从 Th－语句是否能过渡到 Td－语句这个问题，因为它与彻底解释最终能否证实真之条件意义理论直接相关。根据我们的阐述，真之条件意义理论是通过句子的真之条件给出句子的意义，但是由于 T－语句中的真之条件只需要保证 T－语句两侧的真值相同，因此，它容易导致一些奇怪的 Ts－语句。整体论的约束条件可以帮助戴维森排除部分 Ts－语句，但是像“‘雪是白的’是真的，当且仅当雪是白的并且 1＋1＝2”或“‘雪是白的’是真的，当且仅当雪是白的并且雪是白的”这类 Ts－语句，戴维森的意义解释理论实际上无能为力。这是他之所以发展彻底解释理论的原因之一。在彻底解释过程中，通过添加经验性的约束条件，戴维森可以利用对象与说话者之间的因果关系限制场合句的真之条件。在这种情况下，由于经验因素的影响，我们基本可以保证关于场合句的 Td－语句的右侧是解释性的，不会出现对象语句的解释加真语句这种形式的句子。因为在经验领域中，我们关于场合句成真条件的认识不会涉及与场合句无关的内容。经验性的证据可以保证我们做到这一点。因此，在回答我们是否能解释某种言语时，戴维森说道：

> 不是只有 T－语句，而是 T－语句的典范证据，允许我们解释外国句子。[②]

在给出一个真之理论的情况下，构造有关场合句的 T－语句的典范证据并不困难。它遵循塔尔斯基真之理论的构造方式，因果关系以及宽容

---

① Donald Davidson, “Reply to Jerry Fodor and Ernest Lepore”, in *Reflecting Davidson: Donald Davidson Responding to an International Forum of Philosophers*, Ralf Stoecker (ed.), Berlin: De Gruyter, 1993, p. 80.

② Donald Davidson, “Radical Interpretation”, in *Inquiries into Truth and Interpretation*, 2nd ed., Oxford: Clarendon Press, 2001, p. 138.

原则可以帮助我们确定该 T－语句的典范证据的具体内容，只不过它所依赖的规则仅允许我们证明只包含解释性公理内容的 T－语句。[①] 在这种情况下，场合句中出现的初始语句的意义可以得到清晰的阐释，因为场合句中的语词可以以句子的形式出现。这在一定程度上可以回答达米特的质疑，即我们如何理解语言中的初始概念。

问题在于，理论句不受经验的限制，经验性的约束条件对它不起作用。在这种情况下，我们无法构造出它的典范证据，因为我们没有与说话者相关的任何知识，并且除了宽容原则之外，我们也没有其他可以利用的资源。戴维森的标准是，T－语句的全体应最圆满地适合那些关于本地说话者持有某个句子为真的态度的证据。[②] 但在彻底解释过程中，利用理论句的证据，我们无法排除它具有 Ts－语句的形式。因为除了整体论和 T－语句的限制作用之外，它并没有其他的限制条件，但这两个限制条件又不足以排除所有的 Ts－语句。

因此，笔者认为，戴维森的彻底解释理论是不充分的。它只能处理场合句，并从中证实真之条件意义理论；但在面对不受经验限制的理论句时，彻底解释理论无法从理论句的 T－语句中排除所有的 Ts－语句。这意味着如果根据真之条件给出理论句的意义，那么 T－语句右侧中的句子可能不是解释性的，因而无法满足意义理论的要求。当然，这个结论并不意味着真之条件意义理论完全是错误的，而是说，在彻底解释过程中，戴维森给出的约束条件不足以给出理论句的意义，也因此无法解释语言中理论语词的意义。要想解决这个难题，戴维森必须给出更多的约束条件。笔者认为，借助戴维森所讨论真与合理性之间的关系，我们可以解决这个问题。

---

① 关于典范证据的具体构造过程可以参见 Ernie Lepore and Kirk Ludwig, *Donald Davidson: Meaning, Truth, Language, and Reality*, Oxford: Oxford University Press, 2005, pp. 109－112。

② 参见 Donald Davidson, "Radical Interpretation", in *Inquiries into Truth and Interpretation*, 2nd ed., Oxford: Clarendon Press, 2001, p. 139。

第八章 真与合理性

本章，我们将讨论最后一对概念，即真与合理性之间的关系。在戴维森的理论体系中，宽容原则包含两个部分，即融贯原则与符合原则；其中符合原则讨论的是真与信念之间的关系，而融贯原则处理的是思想或信念之间的一致性问题。在第七章，我们讨论了真与信念之间的关系问题，并认为关于周围世界的信念在本质上倾向于是真的。在本章，通过讨论真与合理性之间的关系问题，我们将为宽容原则中的融贯原则辩护，并且处理理论信念所涉及的问题。

就本书的主题而言，真与合理性之间的关系问题之所以重要，有两个方面的原因。首先，达米特从理解语言能力的角度对戴维森的意义理论提出了质疑，这涉及合理性问题。其次，在解释理论中，戴维森假设每个说话者和解释者都是合乎理性的个体，但他并没有对什么是合理性给出明确的解释。因此，为了深入理解戴维森的意义理论和解释理论，确证真之概念是一个实质概念这一论点，考察真与合理性之间的关系问题是必要的。另外，笔者认为，通过讨论真与合理性的关系问题，还可以回答到目前为止前文所遗留下来的问题。这些问题包括：在何种程度上，真之条件意义理论可以排除关于理论句的 Ts - 语句；在何种意义上，说话者的大多数理论信念是真的；以及如何回答达米特的质疑，即有可能行动者知道句子的真之条件但在经验领域中无法判断一个句子是否是真的。

第一节 合理性及其规范

戴维森对合理性的解释是以事实为根据的。在他看来，一周大的婴儿或一只蜗牛肯定不是一个合乎理性的生物，而成人则往往被认为是合乎理性的。因此，当我们追问合理性的本质时，我们可以将这个问题转化为另一个问题，即什么使一个生物合乎理性。通过比较成人与一周大的婴儿，以及蜗牛之间的区别，戴维森认为：

> 成为一个合乎理性的动物，就是拥有命题态度，不论这些态度可能是多么的混乱，矛盾，荒谬，无法得到辩护，或者错误。①

也就是说，是否拥有命题态度是判断一个生物是否合乎理性的标准。如果一个生物拥有命题态度，那么我们就可以将其视为合乎理性的。当然，严格来说，通过将成人与一周大的婴儿以及蜗牛进行比较，戴维森并不能因此而得出拥有命题态度是生物合乎理性的标准。因为，成人与一周大的婴儿之间相互区别的东西很多，与蜗牛之间相互区别的东西更多，拥有命题态度只是这些区别之中的一种，并不能因此而确定它是生物合乎理性的标准。解释者的视角在此起了至关重要的作用。从解释者的视角出发，如果我们认为一个生物是合乎理性的，那么根据彻底解释所阐述的解释程序，我们应该能够解释他所说的关于周围环境的言语。如果这种解释是可行的，那么我们必须能够为该生物指派信念、欲望等命题态度。否则，解释无法进行。在我们为生物指派的各种各样的命题态度中，有些是普遍的，有些是特殊的，有些则是关于逻辑的。这些命题态度组成一个融贯的体系，它们的大部分内容都是真的。而且，合乎理性的行为也可以通过这些命题态度得到解释。从这个角度来看，我们可以将生物是否拥有命题态度视为生物是否合乎理性的标准。

虽然命题态度有很多种，但在戴维森看来，这些命题态度并不是相

---

① Donald Davidson, "Rational Animals", in *Subjective*, *Intersubjective*, *Objective*, Oxford: Clarendon Press, 2001, p. 95.

互独立的，而是相互依赖的。也就是说，拥有一个信念需要拥有其他的命题态度，比如意图、欲望等。因为我们很难想象一个生物拥有信念，却没有欲望。一个信念之所以成为信念，它必定能影响行为，并且在一定的情况下被相应的行为所证实，而行为的实现依赖于欲望、价值等命题态度。单个的信念本身也依赖于其他的信念，因为确定信念并且使其成为信念的是它与其他信念之间的关系。命题态度的这种整体论的存在方式意味着戴维森为合理性指派的标准，并不是单个的命题态度，而是所有命题态度形成的整体。而一旦我们考虑的是命题态度形成的整体，那么我们就必须承认合理性与规范有关。因为命题态度必须遵守一定的规范或规则才能构成一个整体。

戴维森首先提及的规范是基本的逻辑规则，其中最重要的是矛盾律。他的这个观点继承于蒯因。蒯因认为，“公平的翻译保存逻辑规则”，并且“最鲁莽的系统建筑者也需要受矛盾律的限制”。[①] 在他看来，如果我们认为矛盾是可接受的，那么我们必须调整逻辑规则以确保某种形式的区分。因为根据现有的逻辑规则，矛盾可以推出一切。但一旦我们调整规则以重建逻辑体系，我们又必须假设矛盾律。否则，矛盾又可以推出一切。戴维森将这个观点应用到合理性领域，他说道：

> 没有人能够相信“p 且¬ p”这种形式的命题，并且同时支持这种形式的命题。如果我们将这样的一个信念指派给某人，那么我们作为解释者就犯了一个错误。[②]

在这段话中，没有人能够相信“p 且¬ p”意味着没有人会否定矛盾律。因此，一旦某个解释者为某人指派这种形式的信念，那么该解释者的解释就是有问题的。需要注意的是，这并不意味着解释者不会犯错。解释者犯错是可能的。戴维森提醒我们：某人可以相信 p，并且同时相

---

① W. V. O. Quine, *Word and Object*, Cambridge: MIT Press, 1960, p. 59.

② Donald Davidson, “Incoherence and Irrationality”, in *Problems of Rationality*, Oxford: Oxford University Press, 2004, p. 198.

信¬ p，但不能相信“p 且¬ p”。[①] 前者表达的是偶然的错误，后者表达的才是矛盾律。这两者需要区别开来。

如果考虑到宽容原则中的融贯原则，就可以发现，融贯原则中的相关内容和合理性中的这部分内容是相似的，二者讨论的都是信念之间逻辑的一致性问题。这似乎表明，宽容原则与合理性原则之间在内容上存在某种程度的一致性，二者之间的区别并不是本质性的区别。

萨伽德（Paul Thagard）和尼斯贝特（Richard E. Nisbett）试图从人类学和哲学史中寻找证据以反驳蒯因和戴维森的观点，认为否认矛盾律在思想中是可能的，但他们给出的例子实际上都是不充分的。关于人类学领域中的证据，他们给出的例子只能证明这些外族人犯有错误，并不能证明他们不支持矛盾律；而且就像他们自己所说的那样：

> 人类学的例子总是容易受到这样的指责，即我们并没有充分地理解外族人，而且进一步的研究将会展示他们并不是真正地违反逻辑规则。[②]

关于哲学史中证据，萨伽德和尼斯贝特的选择是黑格尔，并认为黑格尔的哲学告诉我们违反矛盾律是可理解的。问题在于，黑格尔所说的矛盾与蒯因所说的矛盾并不是一回事。比如在他们的引文中，黑格尔说：

> 有些事物移动，并不是因为在某个时刻它在这里，在另一个时刻它在那里，而是因为，在某个时刻中，并且在那个相同的时刻中，它在这里，又不在这里，因为在“这里”，它立刻是，又不是。[③]

这段话中，虽然黑格尔谈到了“是，又不是”，但他是在利用“立

---

① 参见 Donald Davidson，“Incoherence and Irrationality”，in *Problems of Rationality*，Oxford：Oxford University Press，2004，p. 198。

② Paul Thagard and Richard E. Nisbett，“Rationality and Charity”，*Philosophy of Science*，Vol. 50，No. 2，1983，p. 255.

③ G. Hegel，*Science of Logic*，A. V. Miller（Trans.），New York：Humanities Press，1969，p. 440.

刻”这个表时间语词的模糊性来谈论运动的本质，它属于辩证法，不属于蒯因意义上的逻辑学。要想在逻辑学的意义上讨论矛盾律，这段话的后半句应修改为：因为在“这里”，它是，并且不是。如果以这种方式修改，笔者以为，不但蒯因不会同意，黑格尔本人也不会同意。

除了基本的逻辑规则之外，戴维森还提到了另一种规则，即归纳推理需要全体证据的原则（the principle of total evidence for inductive reasoning），它要求我们在相互排斥的假设集中，选择相信被所有可获得的相关证据高度支持的假设。① 戴维森有时也将其称为“自制的类似原则”（the analogous principle of continence）。自制原则可以表述为：

> 一个人应该喜好以所有被认为与之相关的考虑为基础的判断（或在这样的判断基础上行动）。②

很明显，归纳推理需要全体证据的原则和自制原则之间是类似的。对于归纳推理需要全体证据这个原则，戴维森认为，我们不能要求每个人总是根据这个原则来思考或行动，否则现实生活中的不一致性将是不可能的；另外，认为某人拥有这个原则，但很少按照这个原则思考或行动，则是没有意义的。因此最好的解释是我们的思维模型已经蕴含了这条原则，只不过我们按照这条原则思考或行动时，并没有意识到这条原则。需要注意的是，戴维森的这种解释并不排除这种可能性，即根据这条原则思考或行动可能会受到其他方面因素的影响，比如个人情绪、周围环境等。换句话说，即使我们的思维模型蕴含了这条原则，但是实现以这条原则为根据来思考或行动可能还需要其他的前提条件。

戴维森并不否认合理性理论中还包含其他的规范，比如认识的规范、决策的规则等，但阐明所有这些规范的内容并不是合理性理论的关键点。就像他所说的那样：

---

① 参见 Donald Davidson，“Deception and Divisioin”，in *Problems of Rationality*，Oxford：Oxford University Press，2004，p. 201。

② 参见 Donald Davidson，“Incoherence and Irrationality”，in *Problems of Rationality*，Oxford：Oxford University Press，2004，p. 194。

> 问题不是我们是否都准确地同意合理性的规范有哪些；问题的关键是，我们都拥有这样的规范，并且如果一种现象过于违规，那么我们不能将其视为思想。只有当我们根据我们自己的情况将一个生物（或“对象”）视为在很大程度上合乎理性时，我们才能够可理解地将思想指派给它，或者根据它的目标和坚定的信念解释它的行为。①

也就是说，在合理性理论中，重要的不是阐明合理性规范的所有内容，而是必须认识到，当我们讨论一个生物是否合乎理性时，我们是将自己所拥有的规范指派给该生物。如果我们能够做到这一点，那么该生物就可以被视为合乎理性的。如果该生物的行为在解释过程中过多地偏离我们所拥有的规范，那么它就不能被视为合乎理性的。

第二节　真与合理性

命题态度被戴维森视为判断生物是否合乎理性的标准，而且具有各种各样的形式。在各式各样的命题态度中，戴维森赋予了真以核心地位，并以此将真与合理性联系起来。在他看来，拥有一个客观的真之概念既是一个生物合乎理性的必要条件，也是它的充分条件。

为了说明拥有一个客观的真之概念是一个生物合乎理性的必要条件，戴维森给出了一个详细的论证。这个论证过程主要分为两个步骤：（1）为了拥有一个信念，我们必须拥有一个信念概念；（2）拥有一个信念概念，意味着拥有一个客观的真之概念。我们首先考察第一个步骤。

戴维森选择信念作为论证的出发点，因为信念在命题态度中具有基础性的地位，其他的命题态度都依赖于它。一般而言，拥有一个信念，意味着意识到命题p；拥有一个信念概念，则意味着意识到自己意识到命题p。如果信念可以分层，那么拥有一个信念是第一层信念，而拥有一个信念概念则是第二层信念，它是关于信念的信念。因此，戴维森想要证

① Donald Davidson, “Representation and Interpretation”, in *Problems of Rationality*, Oxford: Oxford University Press, 2004, p. 97.

明的是，为了拥有一个信念，我们必须拥有关于信念的信念。戴维森选择了一个特殊的心理现象“惊讶”作为分析的对象。在他看来，当我们惊讶时，我们并没有反思性的思想或信念。也就是说，惊讶作为一个心理现象并不蕴含一个信念概念。但是另一方面，戴维森认为，惊讶的发生又需要信念概念。我们可以举个例子来说明这个问题。我认为校园卡在我的口袋里，但是当我发现校园卡不在我的口袋里时，我会很惊讶。在这个过程中，校园卡不在我的口袋里这个事实改变了我的信念。但是仅仅承认我之前有一个信念即我的校园卡在口袋里并且在打开我的口袋之后不再拥有这个信念，是不够的，惊讶需要更进一步。戴维森说道：

> 惊讶需要我意识到在我曾相信的东西和我将要相信的东西之间有一个对比。①

这个对比是戴维森论证过程的关键。它是一个关于信念的信念，因为我意识到我之前的信念错了。因此，惊讶需要一个信念概念。由于惊讶是一种命题态度，根据命题态度所具有的整体论的特点，如果这个论证是成立的，戴维森可以得出结论，即拥有一个信念需要拥有一个信念概念。

莫泽（Paul K. Moser）对这个推论提出了质疑。在他看来，我们可能会认可戴维森的言论，即某些事情会改变个人关于普通观察信念的想法，并且在这些事情可能会发生的情况下，普通的观察信念蕴含了惊讶的可能性；问题在于，这个观点并不能证明惊讶态度蕴含了对前一个信念的否定。② 笔者认为，莫泽对惊讶态度的分析是有问题的。莫泽看到了惊讶态度蕴含了信念的转变，但没有看到转变后的信念与转变前的信念共享有同一个主题，比如校园卡是否在口袋里。他认为不但戴维森没有论证为何惊讶态度会蕴含对前一个信念的否定，甚至指出没有办法为此提供

---

① Donald Davidson，“Rational Animals”，in *Subjective*，*Intersubjective*，*Objective*，Oxford：Clarendon Press，2001，p. 104.

② 参见 Paul K. Moser，“Rationality without Surprises：Davidson on Rational Belief”，*Dialectica*，Vol. 37，No. 3，1983，p. 222。

所需的论证，这是一种误解。因为如果我们能看到转变后的信念与转变前的信念的主题相同，那么我们就会发现转变后的信念是对转变前的信念的一种否定。比如说，在打开口袋之前，我认为校园卡在我的口袋里，但是在打开口袋之后，我惊讶地发现校园卡不在我的口袋里，后者明显是对前者的否定。因此，莫泽对戴维森论证的第一个步骤的质疑是站不住脚的。①

戴维森论证的第二个步骤是他一直坚持的一个论点。他指出：

> 信念概念是关于有机体状态的一个概念，这个状态可以为真，也可以为假，正确或者不正确。因此，拥有信念概念也就拥有客观的真之概念。②

戴维森的这个观点与我们通常的观点不太一样。一般而言，我们认为，如果所有的信念都有真值，那么这个观点是成立的。比如说，如果我相信校园卡在我的口袋里，那么这个信念可能是真的，也可能是假的，并且只有当我的校园卡的确在我的口袋里时，我的信念才为真。问题在于，我们的很多信念并没有真值。比如说：孙悟空比猪八戒厉害。在这个信念中，孙悟空和猪八戒只存在于中国神话故事中。虽然在神话中，我们可以认为孙悟空比猪八戒厉害，但是在现实中，我们并不能认为这个信念为真。因为根据戴维森自己的解释，一个信念为真和一个句子为真一样，依赖于语词的意思和世界的实际情况这两件事情，但是信念“孙悟空比猪八戒厉害”很明显缺乏与之相对应的实际情况。事实上，戴维森并不否认有的信念可能没有真值，他想强调的是，如果一个人不知道他的信念在什么情况下为真，或者在什么情况下为假，那么他将无法理解或把握这个信念。换句话说，要想理解一个信念，我们必须首先理解它的真之条件。需要注意的是，理解信念的真之条件并不需要我们具

---

① 莫泽在批评完戴维森的第一个论证步骤后，提出了一个新的论证思路，我们认为这个论证思路是可行的。对此感兴趣的读者可以参见 Paul K. Moser，“Rationality without Surprises：Davidson on Rational Belief”，*Dialectica*，Vol. 37，No. 3，1983，p. 223。

② Donald Davidson，“Rational Animals”，in *Subjective*，*Intersubjective*，*Objective*，Oxford：Clarendon Press，2001，p. 104.

体阐述在什么时候这个信念为真；甚至很多时候，我们都可以不关心一个信念是否为真。就像前面所举的例子一样，虽然我们并不知道什么时候孙悟空比猪八戒厉害，也可以不关心这个信念是否为真，但我们都能理解这个信念，都知道这个信念的真之条件。对于其他的命题态度而言，情况同样如此。戴维森说道：

> 我们所拥有的针对一个命题的态度——信念、怀疑、惊奇、希望或者害怕——决定了我如何理解它的真。但是如果我对它有任何态度，甚至是完全不关心的态度，我都必须知道它的真之条件。[①]

这也就是说，理解命题的真之条件是决定我们拥有命题态度的关键。由于理解命题的真之条件需要拥有真之概念，戴维森因此认为真之概念在所有的心理—语义概念中具有中心地位。并且，由于命题态度是判断一个生物是否合乎理性的标准，因此，如果一个生物被认为是合乎理性的，那么它必定拥有真之概念。

莫泽对此再次提出了质疑。他认为，如果我们能够从“信念概念是关于某个可以客观为真或为假的状态的概念”中推论出“拥有信念概念蕴含着拥有客观的真之概念”，那么我们将承认这个原则，即如果概念 x 是关于某事的概念，并且这件事情可以是 y，那么拥有概念 x 将蕴含着拥有概念 y；问题在于，这样的一个原则很明显是错误的，因为我们可以拥有铁币的概念，但却不拥有磁性的概念。[②] 莫泽的这个分析仍然是有问题的。他将信念与真之间的关系等同于实体与属性之间的关系，但情况并非如此。戴维森认为，如果我们知道一个信念的真假，那么我们就可以理解这个信念。但理解实体的一种属性并不等于理解这个实体，因为实体的属性有很多种。更重要的是，信念与真属于心理—语义概念，它们之间并没有实体与属性之间的依附关系。莫泽之所以会犯这种错误，很

---

① Donald Davidson, “The Problem of Objectivity”, in *Problems of Rationality*, Oxford: Oxford University Press, 2004, p. 10.

② 参见 Paul K. Moser, “Rationality without Surprises: Davidson on Rational Belief”, *Dialectica*, Vol. 37, No. 3, 1983, p. 224。

可能是因为他将拥有概念理解成按照一定标准区分东西的能力。但戴维森并不在这种意义上使用“概念”这个语词，因为在这种意义上使用概念，将会使得最简单的动物都具有拥有概念的能力。在他看来，概念与错误有关，应该喜欢为那些使得谈论错误具有清晰意义的场景保留“概念”这个语词；这个错误，不仅从可理解的说话者的角度来看是如此，而且从该生物的角度来看也是如此。[①] 换句话说，如果生物不能意识到错误的可能性，那么它就不可能拥有概念。因此，拥有一个信念概念蕴含着拥有一个客观的错误概念，也就蕴含着拥有一个客观的真之概念。

我们现在来考察戴维森如何证明拥有一个客观的真之概念是一个生物合乎理性的充分条件。要想证明拥有一个客观的真之概念是一个生物合乎理性的充分条件，必须证明如果一个生物拥有客观的真之概念，那么它就是合乎理性的。由于戴维森将生物是否拥有命题态度视为生物是否合乎理性的标准，并且命题态度的最基本构成要素是信念，而信念又是思想的基本形式，因此，戴维森可以将这个问题转化为如何证明生物拥有一个客观的真之概念是它拥有思想的充分条件。因为，如果我们能证明拥有一个客观的真之概念意味着它拥有思想，那么我们就可以证明拥有一个客观的真之概念意味着该生物是合乎理性的。需要强调的是，在转化问题过程中，整体论起着至关重要的作用。整体论在其中任何一步的失效都会导致整个转化过程的失败。戴维森认为，拥有一个客观的真之概念可以证明该生物具有思想，只不过展示一点并不需要一个过程。因为说拥有真之概念是什么并不比说思想需要什么更简单：它们只是指出客观性问题的两种方式。[②] 换句话说，从阐明客观性的角度来看，展现如何拥有一个真之概念可以同步地阐明该生物拥有思想，并且证明该生物是合乎理性的。因此，问题的关键在于如何说明一个生物拥有客观的真之概念。

一般而言，我们认为一个东西是客观的，意味着它的真值不依赖于它们是否被认为是真的，或者是假的。就像我们说信念可能是真的，也

---

① 参见 Donald Davidson, “The Problem of Objectivity”, in *Problems of Rationality*, Oxford: Oxford University Press, 2004, p. 8。

② 参见 Ibid., p. 5。

可能是假的，但是它们的真假不依赖于拥有这些信念的个人。但戴维森并不是在这种意义上讨论客观的真之概念，他想要追问的是，什么使客观的真之概念成为可能。

首先，戴维森认为，一个客观的真之概念意味着存在一个客观的现实世界，它独立于个人的信念。这是客观的真之概念存在的必要条件，缺少这个条件，真之概念的客观性是不可能的。另外，客观世界的存在并不是真之概念存在的充分条件，因为任何生物可以与它相互作用，但不拥有真之概念。动物是其中的典型代表。戴维森说：

> （生物）可能会在颜色、味道、声音以及形状之间做出区分。它可能会学习保存它的生命或增加它的食物摄入量的方式，并由此改变它的行为……但是根据我的标准，无论这些行为如何成功，它们都不能证明该生物控制着信念所需要的相信什么以及现实是什么之间的对比。①

主体拥有客观的真之概念意味着它能够理解个体信念内容与现实之间的对比。戴维森认为生物能够区分不同的事物，但这种区分不是信念与现实之间的区分，这相当于是在说，该生物不会拥有一个客观的真之概念。在戴维森看来，语言交流能够帮助我们在信念的内容与现实之间做出区分。他说道：

> 语言交流是足够的。为了理解他人的言语，我必须能够思考与他所思考的事物相同的事物；我必须分享他的世界。我不需要在所有事情上与他保持一致，但为了不同意，我们必须怀抱同样的命题，同样的主题，以及同样的真之概念。②

---

① Donald Davidson, "Rational Animals", in *Subjective*, *Intersubjective*, *Objective*, Oxford: Clarendon Press, 2001, pp. 104 – 105.

② Donald Davidson, "Rational Animals", in *Subjective*, *Intersubjective*, *Objective*, Oxford: Clarendon Press, 2001, p. 105.

戴维森在此运用的是包含语言的三角测量解释模型，它包括解释者、说话者，以及共享的现实世界。通过语言的交流，解释者和说话者必须分享同样的主题、同样的真之概念。在这个意义上，真之概念出现于其中。当然，严格来说，在三角测量中出现的真之概念是主体间的真之概念。虽然这样的真之概念可能仍然依赖于某个群体或整个人类，但这不妨碍它具有客观性的标准，因为它已经超出了个人的范畴。戴维森指出，在交流需要语言的基础上，主体间的真之概念足以说明信念和思想。正是在这个意义上，他认为，如果一个生物拥有真之概念，那么足以证明它是合乎理性的。①

除了有些学者基于三角测量所包含的循环问题批评戴维森的这个论证之外，我们很少听到其他的反对声音。之所以会出现这种情况，可能是因为大家都倾向于支持这样的一个观点，即一个生物拥有语言或者能够使用语言进行交流足以判断它是合乎理性的。而根据整体论，拥有真之概念意味着拥有一种语言，也就意味着该生物是合乎理性的。

第三节　对真之概念的重新审视

事实上，在真与意义、真与解释、真与信念以及真与合理性的关系中，如果能够确定真在其中的任何一对概念中，都具有重要的、不可替代的作用，那么我们就可以确定真是一个实质概念。在笔者看来，这一任务到目前为止实际上已经完成，因为我们可以确定的是，在真与信念以及真与合理性的关系中，真之概念都是先在的，不可或缺的。只不过，在真与意义以及真与解释的关系中，仍然有部分内容需要辩护。在我看来，合理性问题的介入，可以帮助我们完成这部分工作，并且如戴维森

---

① 在阐明了主体间的真之概念足以说明信念和思想之后，戴维森曾补充说道，为了完成这个论证，他需要证明某人可以获得信念—真之比较的唯一方法是通过获得主体间的真之概念。但严格说来，这个步骤对于他证明拥有真之概念是该生物合乎理性的充分条件而言，是不必要的；但对于他证明拥有真之概念是该生物合乎理性的必要条件而言，可能是必要的。虽然他承认他不知道如何证明这一点；但同时又指出，除了三角测量所阐述的解释模型之外，他不知道还有任何其他的方式可以诞生出客观的真之概念。笔者同意这一看法，因为除了交流之外（包括间接交流和直接交流），我们很难想象出真之概念还有其他的实现方式。关于戴维森的论述，可以参见 Donald Davidson，“Rational Animals”，in *Subjective*，*Intersubjective*，*Objective*，Oxford：Clarendon Press，2001，p. 105。

所期望的那样，证明真之概念在这些理论，甚至他的统一理论中，具有核心地位。

我们首先讨论彻底解释的问题。戴维森设计彻底解释理论的目的之一是证实他的真之条件意义理论。由于在彻底解释过程中，解释者并不具备任何与说话者有关的知识，因此他必须假设宽容原则。宽容原则包含两方面内容，即融贯原则和符合原则。通过与合理性原则进行对比，我们可以发现，这两条原则也包含在合理性的原则之中，只不过宽容原则中的符合原则在合理性理论中可能会被称为认识的原则。这意味着，在很大程度上，宽容原则与合理性原则所包含的实质内容很可能是一致的，只不过它们各自的视角有所不同。在彻底解释理论中，合理性原则是对每一个说话者与解释者的要求，而宽容原则是解释者在解释过程中应遵守的一项原则，目的在于使彻底解释能顺利进行。

叶闯老师在他的著作《理解的条件：戴维森的解释理论》中认为，宽容原则与合理性原则“不是完全平列的”,[①] 这是对的，因为宽容原则并没有穷尽合理性原则的所有内容；但是如果因此而将宽容原则与合理性原则视为两种完全独立的原则，并因此将它们视为原始解释的条件，可能是有问题的。考虑到戴维森在后期思想中，更多的是利用三角测量和合理性概念处理解释问题，而并没有过多地谈到宽容原则，那么这一点应该更为明显。在这种意义上，笔者认为，宽容原则并没有不依赖于合理性的独立地位。

现在的问题是，在彻底解释过程中，解释者和说话者同意他们的周围环境，但这只能确保观察句的真之条件意义解释，不能排除理论句解释中的所遇到的其他的 Ts－语句。在了解宽容原则与合理性之间的关系后，这个问题实际上很容易解答。在解释问题上，戴维森说：

> 成功的解释者倾向于将自己的合理性规则匹配到他或她正在解释的人的身上，这是解释的一个必然特征。[②]

① 叶闯：《理解的条件：戴维森的解释理论》，商务印书馆 2006 年版，第 236 页。

② Donald Davidson, “The Objectivity of Values”, in *Problems of Rationality*, Oxford: Oxford University Press, 2004, p. 49.

当然，这并不是说，解释者和说话者之间所拥有规范没有什么不同；而是说，规范之间的不同应该处于共同的框架之下。否则，对于解释者和说话者而言，规范之间的不同没有任何意义。基于这点考虑，我们可以在融贯原则和一致原则之外为宽容原则添加其他的原则，比如指称一致性原则。它可以表述如下：

在两个等值的解释理论中，选择指称一致的解释是合乎理性的。

为宽容原则添加这个原则的好处在于，一方面，它并不违反宽容原则的本意，即“将共识最大化”；[①] 另一方面，它又可以帮助我们排除整体论所不能排除的理论句解释中的 Ts－语句。比如说，当我们面对两种不同的解释，它们分别是“‘雪是白的’是真的，当且仅当雪是白的”和“‘雪是白的’是真的，当且仅当雪是白的并且 1+1=2”，在指称一致性原则的约束条件下，我们倾向于选择前一种解释。因为在前一种解释中，对象语句中的语词与元语言解释中的语词所指称的对象是一致的；但是在后一种解释中，对象语句中的语词指称的对象只有雪和白，但元语言中的解释还涉及 1+1=2。

同样地，为了排除“‘雪是白的’是真的，当且仅当雪是白的并且雪是白的”这种非解释性的意义理论，我们可以为宽容原则添加简单性原则。这种原则可以表述如下：

在两个等值的解释理论中，选择相对简单的解释理论是合乎理性的。

根据这条原则，“‘雪是白的’是真的，当且仅当雪是白的并且雪是白的”这种解释模式之所以能够被排除，因为它比“‘雪是白的’是真的，当且仅当雪是白的”这种解释更复杂。

① Donald Davidson, “Truth and Meaning”, in *Inquiries into Truth and Interpretation*, 2nd ed., Oxford: Clarendon Press, 2001, p. 27.

当然，严格来说，指称一致性原则和简单性原则不是唯一的选择。解释者可以选择其他原则，只要这些原则能够帮助他产生一个解释性的意义理论，那么这种原则就是可行的。因为在解释过程中，解释者有权将自己的解释规范指派给他所解释的说话者，在发现新的证据证明解释者的指派有问题之前，我们必须承认他的指派是有效的。正是在这种意义上，笔者认为，为合乎理性的解释者添加指称一致性原则和简单性原则是合理的，因为解释者在使用句子的真之条件解释句子的意义时，可以通过使用这些原则排除所有的 Ts－语句。

利用与上述思考方式相似的方法，我们可以回答三角测量所不能回答的问题，即为什么我们的大多数理论信念为真，以及达米特的质疑，即如何从知道句子的真之条件过渡到在经验领域中知道句子是否为真，以及如何解释语言中的初始概念。我们首先讨论前一个问题。三角测量之所以不能证明我们的大多数理论信念为真，因为大多数理论信念与外部世界之间没有直接的联系，但是这一点在合理性理论中不成问题。在合理性理论中，戴维森强调了学习的重要性，他说道：

> 思想需要一个历史。能思想的对象不但必须能学习，它还必须大量地学习。①

因为生物的个体能力是有限的，通过本能或直接经验获得的信息、知识对于个体的生存或生活而言是远远不够的，只有通过学习才能帮助它克服这种先天不足。我们并不想具体讨论合乎理性的生物是如何学习的，这是科学家的任务。但不能否认的是，学习作为合乎理性的生物的一项基本能力，需要遵守一定的规范，比如第二类三角测量模型。而且，学习的规范应被纳入合理性的规范之中；否则，学习将会丧失它在合理性理论中的基础地位。学习过程不但会涉及关于外部世界的信念，也会逐渐涉及理论信念，这是一个动态的渐进的过程。学习的规范将会保证我们的大多数信念为真，不能保证我们的大多数信念为真的学习规范将

---

① Donald Davidson，“Representation and Interpretation”，in *Problems of Rationality*，Oxford：Oxford University Press，2004，p. 88.

是自相矛盾的。如果这种解释是可行的，那么我们的大多数理论信念也必然为真，因为它们被包含在学习的大多数信念之中。这同时也可以帮助我们回应达米特的一个疑问，即真之条件意义理论如何解释语言中的初始概念。首先，解释者可以通过利用彻底解释所阐述的解释程序解释场合句中出现的初始概念。这一点，我们在前文中已经给出过详细解释。其次，合理性理论所要求的学习过程可以确保每一个合乎理性的解释者都能理解理论语词的意义，这是一个渐进的过程。这样，彻底解释理论所阐述的真之条件意义理论便可以解释语言中所有的初始概念。

关于达米特的另一个质疑，即有可能行动者在经验领域中无法判断一个句子是否是真的，这在戴维森的合理性理论中也应该不成问题。在经验领域中识别句子的真假涉及的是认识个体的判断力或认识能力，这是一个生物合乎理性的要求之一；而解释理论要求说话者和解释者都是合乎理性的个体，否则，解释无从进行。因此，笔者认为，在考虑解释理论要求解释者和说话者是合乎理性的情况下，如果一个解释者知道句子的真之条件，那么他必定能够清楚地知道在某个经验领域中，该句子是否为真。如果一个解释者知道一个句子的真之条件但却无法认清该句子在经验领域中是否为真，那么这只能证明这样的解释者不是合乎理性的，不是一名合格的解释者。

通过以上论述，我们已经证明，在彻底解释过程中，通过添加合理性规范，解释者可以保证他关于说话者言语的解释符合真之条件意义理论所阐述的意义模型，即通过句子的真之条件给出句子的意义。这不但可以证明戴维森的主张即利用真之概念解释意义的观点是有效的，也可以证明戴维森关于真之概念的两个基本认识即真是一个初始概念并且真之概念是一个实质概念是成立的。

关于戴维森真之理论的两个核心论点，可以多说一点。首先，从真与合理性之间的关系就可以看出真是一个初始概念，因为每一个合乎理性的生物都需要能至少部分地理解一个绝对的真之概念，这是生物合乎理性的必要条件。其次，真之概念之所以是一个实质概念，因为它可以为解释意义、信念、合理性等其他心理—语义概念提供解释基础，并且在其中起核心作用。

笔者认为，所有这些结论实际上都可以通过戴维森的 Td - 语句显示出来。Td－语句将说话者、时间、句子和真之概念联系起来。从说话者的角度来看，真是一个初始概念，因为合乎理性的说话者已经能理解什么是真，他可以利用这个初始概念解释其他的心理—语义概念。从说话者所说出的句子的角度来看，理解一个句子的意义在于给出它的真之条件，因此，真是一个实质概念。从时间的角度来看，真之理论是一个经验理论，形式化的真之理论需要应用于经验领域才能揭示真之概念的本质。从 Td－语句构成的整体来看，一个对象语言中的所有 Td－语句构成了关于该对象语言的真之理论。当然，Td－语句可以显示戴维森真之理论的主要思想，并不代表这种显示能证明这些结论，这是戴维森需要其真之条件意义理论和彻底解释理论的原因之一。但这不妨碍我们得出这样的结论，即在戴维森的真之理论中，真正重要的是他的 Td－语句。Td－语句构成了真之理论的核心，其他的约束性规范比如宽容原则、决策论等则是应用 Td－语句的补充条件。

第九章
罗蒂与戴维森

以上各章大体可以视为从戴维森思想“内部”谈论戴维森的真之理论，就戴维森的思想论戴维森。接下来，我们将从“外部”讨论戴维森的真之理论，讨论戴维森的真之理论与其他哲学家的真之理论之间的差异，讨论戴维森与其他哲学家之间的争论。这样做的好处有以下几点。

首先，讨论戴维森的真之理论与其他类型的真之理论之间的差异以及戴维森与其他哲学家之间的争论，有利于从整体上思考戴维森的思想，弥补细节上的不足。

其次，每位哲学家在阐述自己的思想时，往往有自己先在的立场，这种立场的不同通常会带来不同的认识；通过讨论戴维森与其他哲学家之间的争论，有利于我们跳出戴维森的视角，从不同角度审视戴维森真之理论的合理性。

最后，讨论戴维森的真之理论与其他类型的真之理论之间的差异以及戴维森与其他哲学家之间的争论，有利于我们从哲学史的角度评判戴维森真之理论的优劣，帮助我们确定戴维森真之理论在哲学史上所具有的地位。

我们首先讨论罗蒂与戴维森之间的争论。罗蒂是美国著名的哲学家，可能也是与戴维森争论最多的哲学家之一。罗蒂非常欣赏戴维森在批评经验主义第三个教条方面的工作，希望将戴维森的真之理论归为一种实用主义倾向的真之理论。罗蒂的工作引起了戴维森的不同意见，二人因此展开了多次交锋。

第一节　罗蒂对戴维森真之理论的解读

罗蒂最为重视的是戴维森对经验主义第三个教条的批评。虽然戴维森对概念框架相对主义的批评并没有直接回答真之本质的问题，但这份工作重新定义了语言与世界之间的关系。根据戴维森自己的说法，框架—内容的二元论主导并定义了当代哲学的许多问题，这些问题不仅与认识论有关，也与语言哲学和心智哲学有关。① 罗蒂同意戴维森的这个论点，但他对这一工作的定位与戴维森有所不同。罗蒂认为，戴维森通过揭示并拒斥框架—内容的二元论消解了由此二元论带来的很多传统的哲学问题，他的工作应隶属于美国的实用主义传统。

戴维森对框架—内容二元论的批评深刻地影响了戴维森真之理论的形成。毫无疑问，罗蒂看到了这一点。他在解读戴维森真之理论的过程中多次利用这一资源。罗蒂认为，戴维森的真之理论是一种实用主义的真之理论。② 在其 1986 年发表的论文《实用主义、戴维森与真》中，他试图通过以下四个论点将戴维森的真之理论纳入实用主义阵营之中：

1. “真”没有任何说明性（explanatory）用法。

2. 当我们理解信念与世界之间的因果关系后，我们就理解了信念与世界之间的所有关系；我们关于如何应用语词“关于”和“适合……（true of）”的知识是语言行为自然主义解释的产物。

3. 在信念与世界之间不存在“使……为真”的关系。

4. 实在论与反实在论之间的争论没有什么意义，因为这样的争论预先假设了“使信念为真”这种空洞且令人误解的观点。③

---

① 参见 Donald Davidson, *Subjective*, *Intersubjective*, *Objective*, Oxford: Clarendon Press, 2001, p. xiv。

② 参见 Richard Rorty, “Pragmatism, Davidson and Truth”, in *Truth and Interpretation*: *Perspectives on the Philosophy of Donald Davidson*, Ernest Lepore (ed.), Basil Blackwell, 1986。

③ Richard Rorty, “Pragmatism, Davidson and Truth”, in *Truth and Interpretation*: *Perspectives on the Philosophy of Donald Davidson*, Ernest Lepore (ed.), Basil Blackwell, 1986, p. 335.

以上四个论点是罗蒂对实用主义真之理论的概括，这与我们一般所理解的传统的真之实用论不太一样。传统的真之实用论通常认为，真是一种效用性；但罗蒂的这四个论点都是从否定方面理解真之概念。如果罗蒂对实用主义真之理论的这种理解是合理的，那么要想得出戴维森的真之理论属于实用主义真之理论这个结论，他必须证明戴维森支持这四个论点。

罗蒂的论证过程依赖于他对戴维森彻底解释理论的解读。除论点 3 以外，罗蒂对戴维森支持论点 1、论点 2 和论点 4 都展开了详细的讨论。罗蒂之所以不详细讨论论点 3，主要是因为，在他看来，戴维森已经在多个地方表达过此种观点。

罗蒂首先从论点 2 开始谈起，论点 2 讨论的是信念与世界之间的关系问题。罗蒂认为，戴维森在讨论如何克服怀疑论的质疑时，体现出了他对论点 2 的支持。在罗蒂看来，戴维森有两个论点可以证明怀疑论是行不通的。第一个论点是，指出信念与世界之间存在因果关系；第二个论点是，反驳框架—内容的二元论。

我们首先讨论第一个论点。根据罗蒂的说法，主张信念与世界之间存在因果关系，大体有两种方案。一种是克里普克式的因果关系论，一种是戴维森式的因果关系论。前者是积木式的，首先追溯语词与对象之间的因果关系，然后再确定句子的真假；后者是一种整体论式的，首先承认信念之间的融贯性，最大限度地承认信念是真的，然后再借助于指称概念确定语词和对象之间的关系。在戴维森的理论体系中，整体论是不得不选择的一个思路，因为在彻底解释过程中，解释者不得不承认说话者的大多数信念之间是融贯的，并且，信念在其本质上是真实的。否则，彻底解释无法开始。

在《真与知识的融贯论》一文中，戴维森为信念之间的融贯关系给出了详细的辩护，这个辩护依赖于戴维森和罗蒂都赞同的一个判断标准，即除了另一个信念之外，没有什么能视为持有一个信念的理由。虽然这个判断标准不能视为定义信念真假的判断标准，但它的确为信念系统的合理性提供了一个约束条件，即融贯。信念之间是否融贯在很大程度上决定了信念系统本身是否合理。信念之所以在其本质上是真实的，因为信念的内容是由外部世界决定的。戴维森在很多地方强调了这一点，尤其在他使用三角测量理论时，这一点体现得更为明显。戴维森认为，“正常地引起一个信念的情境决定了在哪种条件下它是真的”①。在戴维森的理论体系中，这种引起一个信念的关系是因果关系，因为在彻底解释过程中，解释者必须把一个信念的对象视为该信念的原因；并且，解释者必须按照信念对象事实上所是的那样对待它们。

承认信念之间的融贯性以及信念在其本质上是真实的，意味着承认说话者的大多数信念是真的，这构成了戴维森宽容原则的主要内容。对于宽容原则，戴维森明确指出：“宽容不是一种选择，而是具有一种切实可行的理论的条件……宽容是强加于我们的，不管我们是否愿意。”② 这也就是说，宽容原则是先验的，我们不得不承认说话者的大多数信念都是真的。罗蒂认为，戴维森的这种观点虽然不能说是拒绝了怀疑论的质疑，但在一定程度上告诫怀疑论者，普遍怀疑是不可能的，因为普遍怀疑无法真正开始。

关于第二个论点，罗蒂认为，通过反驳框架—内容二元论反驳怀疑论是戴维森最喜欢的一种方法。在戴维森的理论体系中，框架—内容二元论的两边分别指的是概念框架和未加解释的内容，它们之间的关系是非因果性的。罗蒂将这种成果应用到认识论中，并重新解释二元关系。在罗蒂的解释中，二元关系的两边分别是外部世界和内心的观念，被解释的内容或概念框架是第三者，它的作用是同时联结外部对象与内心的观念。罗蒂认为，正是因为第三者的存在，符合论和表征主义才有可能在传统哲学中占主导地位；如果放弃第三者，“符合”与“表征”便无用武之地；而戴维森对框架—内容这种二元论的批评为放弃第三者提供了理论基础。因为戴维森对框架—内容二元论的批评告诉我们，不需要区分什么是概念框架，什么是与概念框架相对的内容。当然，这并不意味着我们也因此失去了信念与外部世界，而只是在说，信念不必要准确地“符合”或“表征”世界。同样地，对于语言而言，也是如此，语言不再

① Donald Davidson, “Epistemology Externalized”, in *Subjective, Intersubjective, Objective*, Oxford: Clarendon Press, 2001, pp. 196 - 197.

② Donald Davidson, “On the Very Idea of a Conceptual Scheme”, in *Inquiries into Truth and Interpretation*, Oxford: Clarendon Press, 1984, p. 197.

代表一种概念框架，而只是行动者与外部世界因果作用的产物。罗蒂认为，一旦放弃了符合概念，怀疑论也就没有了存在的基础。戴维森拒绝框架—内容的二分，也就拒绝了怀疑论存在的可能性。

一般认为，信念与世界之间的关系只有两种：（1）因果关系；（2）符合或表征关系。戴维森的第一个论点相当于肯定了因果关系，第二个论点则否定了符合关系。因此，因果关系似乎是信念与世界之间关系的全部。正是在这种意义上，罗蒂认为，戴维森支持论点2。

论点1认为真没有说明性用法。罗蒂首先试图阐明的是，在何种意义上，他认为真没有说明性用法。罗蒂说道：

> 认为真之属性可以被当作一个说明的观点是一幅令人误解的图景的产物，这幅图景引起了这样的一个观点，即它的出现需要一个说明。为了明白这一点，需要注意，在这些例子如“他发现那个正确的房子，因为他关于房子位置的信念是真的”和“普里斯特列（Priestley）没能理解氧的本质，因为他关于燃烧本质的信念是错误的”的基础之上，认为“真”有说明性的用法将会是一个错误。引号之中的句子不是说明，而是说明的本票。要想这些本票兑换成现金，获得真正的说明，我们需要这样说，“他发现那个正确的房子，因为他相信房子位于……”或者“普里斯特列失败是因为他认为燃烧……”。①

罗蒂的这个论证意在表明一个真正的说明所依靠的是真假的具体内容，而不是真假本身，并且，通过真假本身的说明还需要进一步的说明。为了阐明这个观点，罗蒂给出了两个例子，即“他发现那个正确的房子，因为他关于房子位置的信念是真的”和“普里斯特列没能理解氧的本质，因为他关于燃烧本质的信念是错误的”。第一个例子与真相关，第二个例子与假相关。第一个例子试图用“他关于房子位置的信念是真的”说明为什么“他发现那个正确的房子”，这相当于用一个信念所具有的真之属

① Richard Rorty, “Pragmatism, Davidson and Truth”, in *Truth and Interpretation: Perspectives on the Philosophy of Donald Davidson*, Ernest Lepore (ed.), Basil Blackwell, 1986, p. 346.

性来说明该信念本身。罗蒂认为，这种方案是行不通的，因为当我们说明“他发现那个正确的房子”这个信念时，我们往往会借助于该信念所涉及的具体内容即“因为他相信房子位于……”，而不会说“因为该信念是真的”。这也就是说，说一个信念是真的，并不能起任何的说明作用；当我们说一个信念是真的时，我们还需要求助于其他的说明。第二个例子与第一个例子相似，只不过它是从一个信念是假的这个方面说明假这个概念也不具有说明属性。

从罗蒂的解释中，我们可以发现，罗蒂所说的说明性用法是从因果关系的角度思考的。只有当某物在因果关系中能引起被解释的对象，它才具有说明性的属性。在罗蒂的例子中，因为“他相信房子位于……”这个信念引起了他的行动，所以他才能“发现那个正确的房子”；因为“普里斯特列认为燃烧……”，才导致了“他没能理解氧的本质”。这一点可以用来解释为什么真不是一个说明性概念。因为，如果说某个事物是真的可以用来说明该事物，那么这个事物必须是由它所具有的真之属性所引起的，而这是不可能的。

根据论点2，如果我们理解了信念与世界之间的因果关系，我们就理解了二者之间的所有关系，在此过程中，真之概念并没有因果性地参与其中。罗蒂说道：

> 将论点2推至极限，并且将它从那个原子的假设中解放出来（克里普克关于指称的“建筑式”（building - block）理论立足其上），就会得到论点1。①

在这句话中，“将论点2推至极限”的意思是努力去掉论点2的假设，将其从条件式变成直言式，而“那个原子的假设”指的也就是论点2的假设，即“如果我们理解了信念与世界之间的因果关系”。因此，罗蒂这句话想要表达的是：因为因果关系是信念与世界之间关系的全部，所以真没有说明性的用法。当我们清楚了罗蒂所说的说明性用法只与因果

---

① Richard Rorty, “Pragmatism, Davidson and Truth”, in *Truth and Interpretation: Perspectives on the Philosophy of Donald Davidson*, Ernest Lepore (ed.), Basil Blackwell, 1986, pp. 341 - 342.

关系相关，认为真没有说明性的用法就是一个很自然的结论。因为一个信念的真之属性，并不处于某种因果关系之中。由于罗蒂认为戴维森支持论点 2，因而他自然而然地认为戴维森也支持论点 1。

论点 4 与实在论和反实在论之间的争论相关，而且是在否定的意义上指出了二者之间争论是无意义的。根据达米特的解释，当实在论和反实在论考虑什么使一个陈述为真时，可以被视为一种语义上的考虑。① 前者认为存在某种独立于我们的实在，这种实在决定了陈述的真假，不论我们是否知道这种实在。因此，实在论接受二值原则，即每个陈述被决定了或真或假。这虽然不是实在论的充分条件，却是实在论的必要条件。拒斥二值原则意味着拒斥实在论，这是反实在论的典型特征。反实在论主张从语言能力的角度理解语言的意义，真之概念与证实或辩护概念紧密联系在一起。一个陈述为真，当且仅当它被我们所证实。如果有些陈述不能被证实，那么它们就不具有真值。达米特认为在实在论与反实在论的冲突中，戴维森属于实在论一方，因为他主张用真之条件解释语句的意义，并支持二值原则。戴维森同意达米特的意见，在他提出“融贯产生符合”这个口号时，他也自认为自己是一个实在论者。但罗蒂认为，情况并非如此。他说道：

> 如果一个人追随戴维森，那么他将不会知道如何理解实在论和反实在论之间的问题。因为他将时刻感觉与实在相接触。根据这种观点，我们的语言——被认为是我们词语使用的推理关系网——不是某种“仅仅属人”的东西，这种东西可能隐藏某些“超出人类能力”的事物。它也不能欺骗我们，比如让我们在事实上与某物不相符的情况下认为我们自己与某物相符。相反，使用这些词语和与实在相接触一样可以直接获得（就像踢石头一样直接）。谬误来自认为词语与实在之间的关系必须是零碎的（就像个体的踢与个体的石头之间的关系一样），大约是分离的能力与分离的实在部分相接触的问题。②

---

① 参见 Michael Dummett，“Realism”，*Synthese*，Vol. 52，No. 1，Part Ⅱ，1982，pp. 55 – 112。

② Richard Rorty，“Pragmatism，Davidson and Truth”，in *Truth and Interpretation*：*Perspectives on the Philosophy of Donald Davidson*，Ernest Lepore（ed.），Basil Blackwell，1986，p. 351.

罗蒂的这个结论依然是从戴维森对框架—内容二元论的批评中得出来的。因为当我们放弃罗蒂所说的第三者后，语言与实在之间就变成了面对面的关系。一方面，我们直接面对的是实在；另一方面，我们所拥有的是作为一个整体的语言。在这种情况下，语言与实在之间的关系会产生两个结果：（1）语言不大可能会欺骗我们，因为它所表达的事物是我们直面的世界，中间并没有任何其他事物的参与；（2）理解某个语词不再是由单个句子决定的，而需要求助于出现该语词的所有句子。第一个结论相当于是对怀疑论的反驳，第二个结论则体现了戴维森为什么会支持整体论。在这两个结论中，第二个结论与罗蒂所讨论为什么戴维森不属于实在论和反实在论的问题直接相关。根据第二个结论，戴维森需要从整体论的视角理解真假。这样，戴维森不但会否定实在论的观点，也会否定反实在论的观点。因为实在论试图通过句子与实在相符确定句子是否为真，但单个句子无法决定它是否与实在的某个部分相符；反实在论试图通过区分行动者的能力来把握语言，但在整体论中，根本不存在这样分离的能力。因此，在实在论和反实在论的争论中，将戴维森置于实在论的一方是不合适的。

罗蒂进一步认为，实在论和反实论之间的区分只有在接受达米特的命题假设时才成立。[①] 达米特的命题假设可以这样表述：一个说 L 语言的说话者之所以能理解 L 中的句子在于他知道在如此这般的环境中该句子在 L 中为真。但问题在于，对于戴维森而言，分离出如此这般的环境是不可能的。他的整体论也不允许做出这样的区分。罗蒂认为，这一点意义重大，因为这意味着真之概念是超越证据的。[②] 这也就是说，真无法通过证据来证明。因为证据总是个别的，与知觉认识相关；但整体论并不考虑个体情况，真也无法通过知觉认识得到辩护。问题在于，实在论和反实在论都试图通过某种关系证明句子为真。或者换句话说，他们都预设了“使……为真”这种关系。如果坚持戴维森的整体论，抛弃“使……为真”

---

① 参见 Richard Rorty，“Pragmatism，Davidson and Truth”，in *Truth and Interpretation*：*Perspectives on the Philosophy of Donald Davidson*，Ernest Lepore（ed.），Basil Blackwell，1986，pp. 351 – 352。

② 参见 Ibid.，1986，p. 353。

这种关系，那么实在论与反实在论之间的争论就是无意义的。当然，有人可能会提出质疑，认为实在论和反实在论可能并没有蕴含这样的假设，但在罗蒂看来，如果实在论和反实在论仍然继续追求其形而上学的目的，承认框架—内容的二元对立，那么承认“……使句子为真”这种理解模式是其最优选择。[①] 如果罗蒂的这种理解是合理的，并且戴维森反对“……使句子为真”这种关系，那么戴维森肯定会反对实在论与反实在论。这也就是说，戴维森似乎会支持论点4。

综合以上的论述，可以发现，罗蒂的解读非常依赖三个推论：（1）戴维森认为符合关系对真之概念的解释是失败的；（2）戴维森认为信念与世界之间只存在因果关系；（3）说明性关系只与因果关系相关。我们将会看到，罗蒂的推论（2）和推论（3）都是有问题的。

第二节　对罗蒂解读的评议

罗蒂对戴维森的这种解读在学界引起了很多争论。这种争论既有来自戴维森本人的意见，也有来自其他学者的不同观点。我们首先讨论戴维森自己的观点。

在罗蒂的论文《实用主义、戴维森与真》发表一年后，戴维森写了一篇《补记》。这篇补记的主要内容是基于罗蒂的评论对他在《真与知识的融贯论》一文中所阐述的真之理论进行重新思考。戴维森首先总结了罗蒂在《实用主义、戴维森与真》一文中阐述的两个主要论点：（1）戴维森的真之理论拒斥融贯论和符合论，应该被归入实用主义传统；（2）戴维森不是在回答怀疑论，而是在宣告怀疑论迷失了方向。戴维森本人同意罗蒂的这两个论点。但需要注意的是，戴维森同意他的真之理论可以归入实用主义的传统并不意味着他所说的实用主义是罗蒂意义上的实用主义。这二者之间似乎是有区别的。根据他的回忆，戴维森说道：

> 在1983年美国哲学协会太平洋区小组会议上，我们曾经有过讨

---

① 参见 Richard Rorty，“Pragmatism，Davidson and Truth”，in *Truth and Interpretation：Perspectives on the Philosophy of Donald Davidson*，Ernest Lepore（ed.），Basil Blackwell，1986，p. 353。

> 论。我同意如果他（罗蒂）放弃真之实用主义，我将不再称我的立场是融贯论或者符合论。他完成了属于他的那部分事情；现在他明确拒斥了詹姆士和皮尔士关于真的看法。我也很乐意做这笔交易中我要做的事情。[①]

从这段论述中，我们可以非常清楚地看到戴维森认为罗蒂实际上已经放弃真之实用主义了。如果戴维森的这个观点是合理的，那么罗蒂所列举的实用主义的四个论点就不能被视为戴维森所说的实用主义的基本论点。戴维森所说的实用主义指的是延续詹姆士和皮尔士等人的观点所体现的实用主义精神。在某种意义上，戴维森利用塔尔斯基的真之理论来阐述他的真之观点，的确体现出这种实用精神。罗蒂自己的意见似乎也可以证明这种想法。因为罗蒂认为，戴维森和詹姆士的观点在很多地方一致，但他自己则在詹姆士式的观点和真之极小论的观点之间徘徊不定。[②] 这也就是说，戴维森与罗蒂之间很可能存在重大区别。学界关于罗蒂对戴维森观点解读的批评在很大程度上也可以证明这一点。

就目前来说，学界普遍认为，罗蒂对戴维森真之理论观点的解读误解了戴维森。在这些质疑中，最多而且可能最重要的质疑是，罗蒂对戴维森的解读忽略了戴维森真之理论中具有的某种实在论倾向，这种实在论倾向使得戴维森对真之概念的理解呈现出一种积极的态度。弗雷德（Dorothea Frede）和巴格拉米安（Maria Baghramian）是这种观点的典型代表。[③] 在笔者看来，这种质疑在总体上是成立的，但他们给出的一些论据可能存在问题。这些有问题的论据主要集中在他们对戴维森所谓的“符合论”的解释之上。以巴格拉米安对罗蒂的批评为例，我们可以清楚地看到这一点。

---

① Donald Davidson, “Afterthoughts”, in *Subjective*, *Intersubjective*, *Objective*, Oxford: Clarendon Press, 2001, p. 154.

② 参见 Richard Rorty, “Is Truth a Goal of Enquiry? Davidson vs. Wright”, *The Philosophical Quarterly*, Vol. 45, No. 180, 1995, pp. 281 – 300。

③ 参见 Dorothea Frede, “Beyond Realism and Anti – Realism: Rorty on Heidegger and Davidosn”, *The Review of Metaphysics*, Vol. 40, No. 4, 1987, pp. 733 – 757; Maria Baghramian, “Rorty, Davidson and Truth”, *Ratio*, Vol. 3, No. 2, 1990, pp. 101 – 116。

罗蒂认为，戴维森反对任何形式的符合论；而巴格拉米安则试图指出，“戴维森实际上支持至少一种版本的真之符合论”[①]。根据巴格拉米安的说法，戴维森版本的符合论“将句子中的语词与世界的部分连接起来，并且这种连接是通过塔尔斯基式的满足关系而不是一种图画或映射关系获得的”。[②] 在某种意义上，巴格拉米安的这种说法是成立的，因为戴维森在其1969年的论文《对事实为真》中，的确提出了这种形式的符合论，它的确是以塔尔斯基所阐述的“满足”关系为基础的。[③] 问题在于，利用戴维森支持这种特殊形式的符合论是否真的可以质疑罗蒂对戴维森的解读呢？我认为，这一论据很可能并不充分。

戴维森所支持的符合论，是以对象为基础的（object - based）符合论，这种符合论与传统的符合论即以事实为基础的（fact - based）符合论不同。巴格拉米安概括了这两种理论之间至少存在三点不同：（1）戴维森不喜欢谈论事实；（2）戴维森是根据满足关系而不是图画或映射关系解释符合概念；（3）陈述为真是因为使用的语词使其为真，我们所感兴趣的是语词与世界之间的关系。[④] 事实上，罗蒂在解读戴维森的真之理论时，非常清楚这一点。但罗蒂并不认为，这种以对象为基础的符合论为信念与世界之间添加了一种新的关系。罗蒂给出的理由大概有两点。

首先，罗蒂认为，以对象为基础的符合论澄清的是语词与对象之间的关系，但这种关系不是解释的基础，而是解释的副产品。[⑤] 在戴维森的理论体系中，罗蒂的这个评价是正确的。因为彻底解释的解释对象是以句子为单位的，单个语词只有置于句子之中才有意义。也就是说，在解释过程中，解释者首先考虑的是一个句子的真假，对象与语词之间的关系需要在考虑如何解释句子意义的情况下才有意义。

其次，罗蒂认为，以对象为基础的符合论与我们一般所认为的符合

---

① Maria Baghramian, “Rorty, Davidson and Truth”, *Ratio*, Vol. 3, No. 2, p. 106.

② Ibid., p. 111.

③ Donald Davidson, “True to the Facts”, in *Inquiries into Truth and Interpretation*, 2nd ed., Oxford: Clarendon Press, 2001, pp. 37 – 54.

④ 参见 Maria Baghramian, “Rorty, Davidson and Truth”, *Ratio*, Vol. 3, No. 2, 1990, pp. 110 – 111。

⑤ 参见 Richard Rorty, “Pragmatism, Davidson and Truth”, in *Truth and Interpretation: Perspectives on the Philosophy of Donald Davidson*, Ernest Lepore (ed.), Basil Blackwell, 1986, p. 343。

论无关，后者通过“关于……为真”来描述，并且在一个真之理论中得到阐释。[①] 在罗蒂这里，以“关于……为真”来描述的符合论指的是以事实为基础的符合论，考虑到戴维森后来思想的转变，罗蒂的这个评价是成立的。因为满足关系表达的是对象与语词之间的关系，严格来说，它不属于真之理论的范畴之中。戴维森本人在他的《补记》中也提到了这一点：

> 我曾认为，在为一种语言刻画真时，将语词置于与对象的关系中是必要的这个事实足以多少能把握符合论的观点；但是现在在我看来，这是一个错误。这个错误在某种程度上只是用词不当，但术语的不适会滋生概念上的混淆。[②]

从这段话中，我们可以看出，戴维森并不认为他的以对象为基础的符合论是一种真正的符合论。在笔者看来，这种以对象为基础的符合论，应该属于一种指称理论。因为处理语词与对象之间关系的理论是指称理论；而且，戴维森在很多时候都是将满足概念和指称概念放在一起讨论的。虽然将指称理论视为符合论只是“用词不当”，但它的确容易造成“概念上的混淆”。罗蒂看到了这一点，但巴格拉米安没有注意到二者之间的差别。

虽然巴格拉米安等人在这一点上的尝试是失败的，即试图通过戴维森早期所支持的以对象为基础的符合论为戴维森指派一种特殊形式的符合论并不符合戴维森的本意，但我认为，他们的目标是合理的。因为戴维森虽然不是一种严格意义上的实在论者，但他的确具有某种实在论的倾向。戴维森的相关论述有很多，比如说，戴维森曾明确指出：

> 一个言语为真仅仅依赖于两种事情，即所说语词的含义以及世

① 参见 Richard Rorty, “Pragmatism, Davidson and Truth”, in *Truth and Interpretation: Perspectives on the Philosophy of Donald Davidson*, Ernest Lepore (ed.), Basil Blackwell, 1986, p. 343。

② Donald Davidson, “Afterthoughts”, in *Subjective, Intersubjective, Objective*, Oxford: Clarendon Press, 2001, p. 154.

> 界的组织方式……两个解释者，尽管所处文化背景不同、所用语言不同和所持观点不同（这种不同任你选择），可能对一个言语是否为真有不同的意见，但这只有在他们对事物在他们共有的世界中的所是方式或言语的含义有不同看法时才可能如此。①

巴格拉米安认为，在这段话中，戴维森明显地体现出某种实在论立场。在宽松的意义上，笔者认为巴格拉米安的观点是合理的。因为戴维森在此表明：首先，世界以及世界中的事物不依赖于我们，不论我们的“文化背景”“所用语言”有何不同；其次，解释者对句子的理解需要依赖于事物的所是方式，事物所是方式的改变会影响解释者对句子真假的判断。这些内容与实在论的某些观点比如实在是不依赖于我们的存在一致。罗蒂在一定程度上也承认这一点。比如罗蒂认为，戴维森的这段话表明，在语词的意义与世界所是的方式之间，没有第三者与真相关。② 但在更多的时候，罗蒂倾向于从否定的角度理解戴维森的这个论断，主张戴维森的目的是在摆脱实在论的观点，即真是与实在相符。罗蒂的这种解读与他的观点即“少即是多”（less is more）是一致的。他总是倾向于一种治疗性的方案，而不是一个构建性的解释。但戴维森并非如此。

罗蒂曾经将戴维森的一段话视为戴维森反对符合论的证据：“这里存在的一切证据恰恰是使我们的句子或理论为真的东西。然而，没有任何东西，没有任何一样东西，使语句和理论为真：能使一个句子为真的不是经验，不是表层刺激，不是世界。”③ 但正如巴格拉米安所言，罗蒂的这种解释很奇怪。因为戴维森原本在这里是在讨论哪些事物使句子为真，哪些不能使句子为真。从完整的引用可以看出这一点：

> 正是经验呈现为某种进程、我的皮肤感到温暖或被刺破、宇宙

① Donald Davidson, “A Coherence Theory of Truth and Knowledge”, in *Subjective, Intersubjective, Objective*, Oxford: Clarendon Press, 2001, p. 139.

② 参见 Richard Rorty, “Pragmatism, Davidson and Truth”, in *Truth and Interpretation: Perspectives on the Philosophy of Donald Davidson*, Ernest Lepore (ed.), Basil Blackwell, 1986, p. 344。

③ Donald Davidson, “On the Very Idea of a Conceptual Scheme”, in *Inquiries into Truth and Interpretation*, 2nd ed., Oxford: Clarendon Press, 2001, p. 194.

是有限的这些事实使句子和理论为真（如果我们愿意采取这种说话方式的话）。但可以在无须提到事实的情况下把这一点表述得更好。①

这也就是说，戴维森在摆脱以事实为基础的符合论的解释方案之后，仍然承认“使……为真”这种关系，比如“经验中的某种进程”使句子为真。这表明，在信念与世界之间存在某种“使……为真”这种关系。笔者认为，这种关系即是用塔尔斯基的约定T所展现出来的关系，即x是真的，当且仅当p。虽然这种关系不是对真之本质的解释；但必须承认的是，它在判断信念以及句子真假时仍然起重要作用。信念与世界之间的因果关系并不是信念与世界之间关系的全部。因此，罗蒂认为戴维森支持论点2、论点3以及论点4可能都是有问题的。

至于论点1，真没有说明性用法，在戴维森反对符合论的意义上，这一点是无疑的。但除此之外，很难相信戴维森会认为，真没有任何说明性用法。一个基本事实是，戴维森经常谈到真与意义、真与信念，以及真与语言之间的关系，并且试图以真之概念为核心来说明意义、信念与语言的某些结构性特征。② 在这一过程中，认为真之概论没有说明性作用是站不住脚的。罗蒂试图将真的说明性用法限制在因果解释之中，但这种尝试很可能也是行不通的。在罗蒂的例子中，他发现那个正确的房子，是因为他相信那个房子位于某地，这在很大程度上可以被视为证明了这一结论，即对信念的说明与其内容相关。但这不能说明真毫无用处。因为如果这个信念是假的，他将很有可能无法发现那个正确的房子。这也就是说，拥有一个信念与拥有一个真的信念在说明效果上完全不同。因此，真至少具有某种说明性功能。

以上论证表明，罗蒂对戴维森真之理论的解读可能是有问题的。如果罗蒂对实用主义真之理论的解释是有效的，那么戴维森的真之理论很难被归结为属于罗蒂所认可的实用主义阵营之中。

---

① Donald Davidson, “On the Very Idea of a Conceptual Scheme”, in *Inquiries into Truth and Interpretation*, 2nd ed., Oxford: Clarendon Press, 2001.

② 参见 Donald Davidson, “The Structure and Content of Truth”, *The Journal of Philosophy*, Vol. 87, No. 6, 1990, pp. 279 –328。

第三节 罗蒂论真

上一节的论证表明，如果认为戴维森的真之理论属于实用主义传统，那么罗蒂本人的真之理论就无法被视为一种实用主义的真之理论。戴维森与罗蒂之间有着明显的差异。这种差异，通过梳理罗蒂对真之概念的看法可以清楚地展现出来。

根据兰伯格（Bjorn Ramberg）的概括，罗蒂长期致力于打破分析哲学对两个假设的控制：第一个假设是康德式的知识观，即知识必须根据世界以及主体能力之间的关系来理解；第二个假设是柏拉图式的信念，即认为关于某个事情，一定有某个特定形式的描述，并且任何真的陈述都必须用这种形式来表达。[①] 这两个假设共同构成了罗蒂所说的“表征主义”的核心。在批评表征主义的过程中，罗蒂借鉴了很多思想资源，比如他经常提到的三个重要的历史人物维特根斯坦、海德格尔和杜威。但是在利用这些思想资源后，罗蒂得出的结论却是消极的。他指出，我们应该“摆脱这种观念，即认为哲学应当以发现探索的一个永恒框架为中心。特别是，我们应该使自己摆脱这一观点，即哲学能够解释科学不能解释的东西”。[②] 罗蒂对真之概念的理解也是在这种思路下进行的。在否认真之符合论的可能性之后，罗蒂说道：

> 我们的目的最好被视为停止把真看作一个深奥的问题，一个哲学感兴趣的话题，或者把“真”看作一个需要“分析”的术语。“真之本质”是一个无益的话题，在这方面类似于“人的本质”和“上帝的本质”，不同于“正电子的本质”和“俄狄浦斯情结的本质”。[③]

---

① 参见 Bjorn Ramberg，“Post – ontological Philosophy of Mind：Rorty Versus Davidson”，in *Rorty and His Critics*，Robert Brandom（ed.），Malden，Mass.：Blackwell Press，2000。

② Richard Rorty，*Philosophy and the Mirror of Nature*，Princeton：Princeton University Press，1979，p. 380.

③ Richard Rorty，*Contingency*，*Irony*，*and Solidarity*，Cambridge：Cambridge University Press，1989，p. 8.

这也就是说，罗蒂并不认为追问“什么是真”或者“什么是真的本质”这种问题很重要，他主张放弃这种追问。理由很简单，它对我们而言，“无益”。从罗蒂的言论中，可以看出，罗蒂所说的“有益与否”与功利性相关，自然科学对正电子的追问与社会科学对俄狄浦斯情结的追问都与人类实际利益相关，而对真之概念、人的本质和上帝的本质的追问很明显缺少这种属性。

虽然罗蒂认为真之问题不重要，但这并不意味着不存在真。真是语言实体即句子的一个属性，罗蒂承认这一点，只是它不像世界一样在那里（be out there），与人无关。事实上，真与人相关。因为没有人类也就没有人类语言，也就没有句子。

就真这个概念而言，罗蒂谈到了它的三种不同用法：支持性用法，谨慎性用法和去引号用法。[①] 真的支持性用法意指真这个谓词具有表达支持、肯定的功能。比如说，在“爱因斯坦的观点是真的”这个句子中，真之谓词表达的即是支持性用法，用以支持爱因斯坦的论断。斯特劳森（P. F. Strawson）强调了真的这一用法。真的去引号用法可以通过塔尔斯基的T-语句表现出来，它强调的是：在具有“‘s’是真的，当且仅当p”这种形式的句子中，真之谓词的作用是去除等式左边的引号。不少紧缩论学者如蒯因、菲尔德（Hartry Field）等人支持这种用法。至于真的谨慎性用法，虽然很少有学者使用这种表述方式，但罗蒂的意图并不特殊。他只不过是为了区分真与辩护。在他看来，在某些情况下，我们的信念得到了很好的辩护，但却有可能不是真的。因为辩护总是与某些特定因素相关，比如证据的可获得性、获得证据的代价、接受的观众等，而真似乎并非如此。知识论中的盖梯尔问题可以清楚地展现这一点。

在真的这三种用法中，第三种用法即区分真与辩护可能最为关键。它为我们理解罗蒂对真之概念的看法提供了一个很好的切入点。因为在很多时候，罗蒂又倾向于将真与辩护等同起来。罗蒂的相关论述有很多。比如他曾指出：

---

① 参见 Richard Rorty，“Pragmatism，Davidson and Truth”，in *Truth and Interpretation：Perspectives on the Philosophy of Donald Davidson*，Ernest Lepore（ed.），Basil Blackwell，1986，pp. 334－335。

> 我无法绕开辩护而将注意力集中在真上。当问题是关于，我现在应该相信什么（而不是我或某他人为什么像我们一样行动）时，对真的评估和对辩护的评估是同一种活动。①

这两句话表明，罗蒂的基本想法是，判断一个信念是否为真和为该信念辩护是一回事，二者之间并没有本质区别。虽然如玛珀斯（Jeff Malpas）所言，“对罗蒂而言，将真与辩护同化并不奇怪”②，但罗蒂毕竟承认真有谨慎性用法。这表明，罗蒂似乎在辩护与真之间摇摆不定。一种可能的解释是：在理论上，罗蒂认为真与辩护是有区别的；但在具体经验领域中，比如在判断一个句子是否为真的情况下，他又倾向于将真与辩护视为同一个东西。

在笔者看来，罗蒂区分真的三种不同用法，与他对真之问题的整体态度是一致的。因为既然追问真之本质并非一个重要的哲学问题，那么简单地厘清真之谓词的用法即可。虽然在概念上，真与辩护可能有所不同，但在经验中，二者并没有为我们的行动造成重大差别。因此，将二者视为一回事也并无不可。值得一提的是，罗蒂对待真的这种轻视态度，有时显得更为极端。比如他曾简单地将真视为“用来防卫所有外来者的东西”，是“相信它会有益的东西”。

第四节　戴维森真之理论的优势

可以简单地总结罗蒂真之观点的两个核心论点：（1）真之问题不是一个重要的哲学问题；（2）在经验领域中，真与辩护无异。戴维森对罗蒂的这两个论点提出了不同的看法。我们首先讨论第二个论点。在我看来，通过讨论戴维森对罗蒂第二个论点的批评，我们可以反过来理解追

---

① Richard Rorty, “Is Truth a Goal of Enquiry? Davidson vs. Wright”, *The Philosophical Quarterly*, Vol. 45, No. 180, 1995, p. 281.

② Jeff Malpas, “Mapping the Structure of Truth: Davidson Contra Rorty”, in *Truth and its Nature (if any)*, Jaroslav Peregrin (ed.), Springer Netherlands, 1999, p. 117.

问真之问题为什么会是一个重要的哲学议题，并进一步支持戴维森的真之理论。

针对罗蒂所说的真与辩护关系，戴维森说道：

> 罗蒂知道在我们的信念得到辩护和我们的信念是真的之间存在不同……当罗蒂谈到真之概念的“谨慎性用法”时，我认为他的意思是，提醒人们得到辩护并不必然是真的，这通常是有用的。那么，很明显，这种区别对实践没有任何意义吗？如果这无关紧要，为什么要提醒别人注意区别呢？①

戴维森这段话想表达的内容可以归结为，罗蒂对真与辩护之间关系的认识并不融贯。这一点实际上很容易理解。因为罗蒂一方面支持真之谓词的谨慎性用法，另一方面又认为真与辩护无异，但这两个论点之间并不一致。即便通过区分理论与实践，罗蒂也不能缓解二者之间的冲突。因为如果在理论上认为二者之间存在差别，那么在实践中，我们也应该坚持这种区分。否则，理论上的区分就是无意义的。正是在这种意义上，戴维森非常反对罗蒂接受詹姆士的观点。因为詹姆士认为，一旦你理解了所有关于辩护的内容，那么你就理解了所有关于真的内容。而戴维森认为，即便你理解了所有有关辩护的内容之后，仍然会有某些与真相关的内容是你所不理解的。

罗蒂之所以认为真与辩护在经验领域无异，一个很大的原因在于他延续了塞拉斯（W. Sellars）对理由的逻辑空间和自然的逻辑空间的划分，并且在否认符合论之后，认为真与辩护问题只存在于理由的逻辑空间之中，而与世界无关。戴维森与罗蒂不同。戴维森认为，首先，即便真与辩护只存在于理由的逻辑空间之中，也不意味着二者之间没有任何不同；其次，对真之问题的讨论离不开世界的参与。

相比较罗蒂的观点而言，戴维森的观点似乎更合理些。理由大概有

① Donald Davidson, “Is Truth a Goal of Inquiry? Discussion with Rorty”, in *Donald Davidson: Truth Meaning and Knowledge*, Urszula M. Zeglen (ed.), London and New York: Routledge, 1999, p. 16.

以下几点。首先，罗蒂的不同观点之间存在不融贯的地方，而戴维森的真之理论没有这种明显的问题。从理论自洽这个要求来看，戴维森区分真与辩护无疑是一个优点。其次，区分真与辩护符合我们的直觉。通常情况下，我们认为，辩护是一个经验问题，通过提供某个证据为断定某个信念提供理由或支持；而真之概念往往被当作一种先验概念，虽然它可以应用于经验领域之中，但在很多时候，它仍然具有先验因素，比如谈到一个句子的真之条件。再次，辩护总是受时间等因素的限制，一个暂时得到辩护的信念在另一种情况下可能又无法得到辩护；而真往往与时间无关，我们一般认为，一个命题是真的，无论在何时何地它都是真的。最后，真与辩护之间的不同还体现在推理活动之上。在推理过程中，我们使用的是真这个概念，而不是辩护概念。比如说，给出一个演绎推理，如果前提为真，那么根据演绎规则，结论也必然为真。

在以上四点理由中，理由二和理由三可能是很多学者已经熟知的，这也是学者们通常用来区分真与辩护的根据。在我看来，理由四更值得我们注意。原因在于，推理活动是一种属于理由逻辑空间之内的活动。这种活动的存在意味着即便在理由逻辑空间之内，真与辩护之间也存在区别。真之概念一定有某些内容是辩护概念无法解释的。不但如此，甚至有学者认为，对辩护概念的理解依赖于真。因为对辩护概念的探索会让我们发现，信念与断定这些概念必定会参与到对辩护的解释之中，而断定与信念都涉及真。①

以上论证表明，真与辩护不同，理解辩护概念不等于理解真之概念。真之概念似乎超出了理由逻辑空间的限制，因而与世界产生了关联。“使……为真”这种关系仍然在判断信念或句子的真值时起作用。当然，严格来说，这并没肯定真之问题一定是一个重要的哲学议题。但是当我们破除了罗蒂的消极态度之后，留下来的即是罗蒂对真之概念的某些积极的、不成系统的认识，比如真与人相关，与人的语言相关等。而戴维森的真之理论恰恰在这方面做出了杰出贡献。戴维森通过对真之结构的分析，揭示出真在理解意义、命题态度以及主体行为方面的核心作用。

---

① 参见 Jeff Malpas, “Mapping the Structure of Truth: Davidson Contra Rorty”, in *Truth and its Nature* (*if any*), Jaroslav Peregrin (ed.), Springer Netherlands, 1999, p. 120。

这无疑是戴维森真之理论的另一个优势。

至此，我们可以总结出戴维森与罗蒂的联系与区别。罗蒂和戴维森都认为，真之符合论是不成立的，在信念与世界之间不存在对照或映射之类的关系。但是在这个否定性的结论之后，他们之间的共识基本就结束了。因为罗蒂在否定符合论之后，就认为真之问题不再是一个重要问题；但在戴维森看来，拒斥符合论并不意味着传统哲学问题的终结，哲学仍然需要向我们展示我们如何能了解和谈论并非由我们自己制造的客观的公共世界，了解真与人类行为之间的关联。相比较罗蒂的观点而言，戴维森的观点似乎更合理些。

第十章

普特南、达米特与戴维森

戴维森在很长一段时间内被学术界认为是一种实在论者，戴维森本人甚至也一度认为自己的真之理论是一种实在论。20 世纪 80 年代后期，这一局面有所松动。戴维森逐渐认识到，自己的真之理论并不属于实在论。在此基础上，他对实在论和反实在论展开了猛烈的抨击。在阐述戴维森对实在论与反实在论批评之前，我们有必要了解什么是实在论和反实在论。

什么是实在论和反实在论？学界并没有形成一个统一意见，以至于斯图尔特·布罗克（Stuart Brock）和爱德文·马雷什（Edwin Mares）曾指出，可能实在论文本中最令人注意的特征是，在基本术语“实在论”和“反实在论”是什么意思这个问题上缺少共识。① 因此，我们有必要首先界定“实在论”和“反实在论”这两个术语。

一般而言，实在论在其各个讨论领域都坚持两个论题：存在论题和独立论题。存在论题认为各领域讨论的对象存在，这些对象不但包括桌子、椅子等实体，也包括像方、圆、红等客体属性。独立论题则认为这些存在的对象是客观的，独立于我们思考或描述它们的方式。克里斯宾·赖特（Crispin Wright）将这两个论题合并为实在论的一个典型特征，即世界是独立于我们的客观存在，且不依赖于我们思考或描述它的方式；在此基础上，赖特提出了实在论的另一个典型特征，它可以表述为，我

① 参见 Stuart Brock and Edwin Mares, *Realism and Anti－Realism*, Chesham：Acumen, 2007, p. 2。

们可以获得关于外部世界的知识。[1] 第一个特征被赖特称为实在论的谦虚特征，第二个特征则被他称为实在论的傲慢特征。实在论的谦虚特征允许人类面对外部世界，甚至可以承认人类所形成的世界图景是最好的，但否认这个世界图景能决定世界的存在及其特征，而且同时暗示着世界上可以存在很多内容不被人类意识所认知。与之不同的是，实在论的傲慢特征认为存在一个优秀的标准测量我们思想与外部世界之间是否适合，而且认为我们最终能获得这样的知识。

其次，实在论都支持某种形式的符合论。就像希拉里·普特南（Hilary Putnam）所指出的那样，不论实在论说什么，他们都相信一种形式的符合论。[2] 对此，威廉·阿尔斯通（William P. Alston）曾给出过这样的解释：

> 如果所陈述的是草是绿的（grass is green），那么草正是绿的（grass' s being green）即是该陈述之真的必要且充分条件。没有其他的东西与它的真值相关。这是实在论思考真的方式，真之制造者是某种与真之载体面对面的客观的东西。它与真之载体所陈述的主题相关，而不是与真之载体的某种“内在的”或“本质的”特征相关，比如它的认识地位，它在命题系统中的位置，或者它所持有的信心……真与潜在的真之载体和超出它之外的实在之间的关系相关。[3]

在这段话的前半部分，阿尔斯通刻画了实在论思考真的一般方式，即通过客观的真之制造者确定一个陈述是否是真的。虽然阿尔斯通并没有详细阐述真之载体和超出它之外的实在之间到底是什么样的关系，但根据他的阐述，这种关系应是一种符合关系。否则，草正是绿的也不可能是“草是绿的”这个陈述的充要条件。在这段话的后半部分，阿尔斯

---

① 参见 Crispin Wright, *Truth and Objectivity*, Cambridge, MA: Harvard University Press, 1992, pp. 1 – 2.

② 参见 Hilary Putnam, "What is 'Realism'?", *Proceedings of the Aristotelian Society*, *New Series*, Vol. 76, 1975, p. 177。

③ William P. Alston, "Realism and the Tasks of Epistemology", in *Realism/Antirealism and Epistemology*, Christopher B. Kulp (ed.), Lanham: Rowman and Littlefield, 1997, p. 54.

通描述了真之制造者所具有的一些属性，比如与陈述的主题相关，而与真之载体无关。阿尔斯通描述的这些属性所体现的恰恰是符合论对真的理解，因为只有符合论才认为真之制造者与真之载体所陈述的主题相关，强调真之制造者与真之载体的某些内在特征相关的是真之融贯论。

除此之外，实在论的另一个特征是支持二值原则。这个观点主要是由达米特提出的。达米特认为，实在论将是否存在某种与陈述相符的事实作为判断陈述真假的依据，因此它必然支持二值原则。但达米特有时认为是否支持二值原则不是核心问题，因为：

> 假设被给予的集合中的陈述被与之相关的实在决定或者为真或者为假，对于拥有一个实在论的观点而言，是不够的，一个人还必须拥有某种关于方式的概念。在这种方式下，它们被如此决定。①

达米特所说的决定陈述真假的这种方式指的是经典的二值语义学。经典的二值语义学要求指称概念作为语义理论中不可或缺的一个概念。这在实在论的背景下是很容易理解的。因为实在论支持符合论，而无论在何种形式的符合论中，指称关系都是至关重要的。指称关系描述的是单称词项与对象域之中的对象之间的关系。虽然有些时候，一个陈述中并没有单称词项而只有普遍词项，但这种陈述基于普遍量化或存在量化的真值仍取决于它的示例的真值。也就是说，只包含普遍词项的陈述的真值最终仍依赖于只包含单称词项的陈述的真值。

首先，反实在论者大多不同意实在论所支持的基本原则。虽然多数反实在论者和实在论者一样，认为世界是独立于我们的外部存在，但他们认为，我们对世界的认识依赖于我们思考和描述它们的方式。这也就是说，他们认为，我们关于外部世界的知识不像实在论所主张的那样，是如此确定的，知识依赖于证实的可能性。其次，反实在论者反对以符合论的方式理解真。在他们看来，实在论通过符合论理解真是站在上帝的视角下理解真，并没有考虑到个人的认识能力。反实在论认为，我们应立足于个人的认识能力来理解真。因此，反实在论者往往倾向于认为，

① Michael Dummett, "Realism", *Synthese*, Vol. 52, No. 1, Part Ⅱ, 1982, p. 56.

一个陈述是真的，当且仅当它在原则上是可证实的。基于这种理解思路，反实在论并不认为真是完全客观的，这与符合论对真的解释完全不同。最后，反实在论反对二值原则，也不支持经典的二值语义学。因为基于认识能力来理解句子，必然会涉及三值或多值。也就是说，在真假之外，反实在论者认为还存在既不真也不假的情况。因为有些句子表达的内容超出了我们的认识能力，我们无法判断它到底是真还是假。除此之外，指称概念在反实在论那里也不是一个特别重要的概念。他们习惯于从语言使用的角度考虑语词与对象之间的关系问题。

需要注意的是，上述所列举的实在论与反实在论的典型特征并不一定适用于所有的实在论和反实在论。这主要是因为实在论和反实在论所涉及的范围过于广泛，有的学者可能在某个领域中支持实在论，但在其他领域中又支持反实在论。因此，真正重要的是在某个具体领域中讨论实在论和反实在论之间的争论。我们的旨趣是实在论和反实在论所阐述的真之理论。由于戴维森谈论最多的是普特南的实在论和达米特的反实在论，因此，在接下来的论述中，我们将主要以普特南的实在论和达米特的反实在论为例讨论戴维森对实在论与反实在论的批评。

第一节　普特南的实在论

虽然普特南一直以实在论者自居，但他的思想却是以多变著称。总的来看，他的思想历程可以分为三个阶段，大致分别以 1976 年和 1994 年为界。在 1976 年以前，他支持形而上学实在论，有时也称之为科学实在论；1976 年后，他发起了对形而上学实在论的攻击，转向了内在实在论。1994 年后，普特南又转向了自然实在论，也有人称之为实用主义的实在论，或者常识性的实在论。由于戴维森对普特南的批评大多集中在形而上学实在论和内在实在论之上，我们也仅考虑普特南这两个时间段内的相关思想。

形而上学实在论，根据普特南自己的总结，有三个主要论题：（1）独立性主题，即世界由独立于心灵的对象组成；（2）唯一性主题，即关于世界所是的方式，只存在一个真的且完整的描述；（3）真之主题，即真涉及某种形式的符合论。① 在这三个主题中，前两个主题表达的是实在论的一般特征。对于我们而言，我们需要关注的是第三个论题，即普特南所认可的形而上学实在论到底支持何种形式的符合论。因为这关系到普特南对真之概念的认识。但是在回答这个问题之前，我们有必要简单讨论一下普特南为何会支持形而上学的实在论。这决定了普特南对形而上学实在论的理解。

普特南一生所关注的一个核心问题是，我们在判断科学实践客观正确时，会涉及哪些东西。② 在他看来，科学知识有一个典型特征，即科学知识具有汇聚性（convergence）。也就是说，科学中的后期理论能够推导出前期理论中的很多结论，并且能够解释前期理论所能解释和预测的现象。在他看来，虽然这一特征并不意味着后期理论中的理论规律一定比前期理论的中理论规律更接近于真，但在现实生活中，后期理论中的理论规律的确比前期理论的中理论规律更接近于真。

普特南接受理查德·博伊德（Richard Boyd）提出的关于成熟科学的两条原则：（1）成熟科学中的语词典型地指称；（2）属于成熟科学中的理论规律典型地接近于真。③ 在这两条原则之外，普特南指出了第三条原则，即同样的语词可以指称同样的事物，即使它出现在不同的理论之中。这三条原则被普特南称为解释科学成功唯一科学的解释的一部分。普特南认为，科学家之所以如其所是的采取行为，因为他们相信这些原则；他们的策略之所以能成功也是因为这些原则是真的。当然，普特南承认，如果科学知识没有汇聚性，那么这些原则都是错误的，指称关系和真之关系都会坍塌。问题在于，如果科学知识没有汇聚性，科学中的后期理论不能推导出前期理论所获得的结论，不能解释前期理论所能解释和预测的现象，那么科学的成功将会是一个奇迹。而在 1976 年之前，普特南

① Hilary Putnam, *Realism with a Human Face*, James Conant (ed.), Cambridge, MA: Harvard University Press, 1992, p. 30.

② 参见 Axel Mueller and Arthur Fine, "Realism, Beyond Miracles", in *Hilary Putnam*, Yemima Ben – Menahem (ed.), New York: Cambridge University Press, 2005, p. 83。正是基于这点考虑，米勒（Axel Mueller）和法恩（Arthur Fine）认为普特南前后期思想的相同点比其不同点要更多。

③ Hilary Putnam, *Meaning and the Moral Science*, London: Routledge and Kegan Paul, 1978, p. 20.

认为，形而上学实在论是不会将科学成功解释成奇迹的唯一可选择的哲学理论。①

普特南相信科学的汇聚性特征，他将支持实在论与接受真之符合概念相等同。真之符合论在普特南的意义上并不是真之定义。在他看来，真之定义只有一种方式，即塔尔斯基的方式。和戴维森一样，他从塔尔斯基的真之理论中寻找符合论的本质特征。在许多地方，他都表达了这一观点。比如在《什么是"实在论"》一文中，他曾说道：

> 一个塔尔斯基式的真之定义至少在这种程度上是"实在论"：满足（真是其中的一个特例）……是语词与事物之间的关系——或者更准确地说，是公式和有限的事物序列之间的关系。（"满足"是塔尔斯基使用的技术语词，我称之为指称……）这显然与符合论观点的本质部分相一致。②

在他的"洛克讲座"中，他说道：

> 如果逻辑联结词以实在论的方式（就像人们所说的，"经典的"方式）被理解，那么一个塔尔斯基类型的真之定义在这种意义上至少是"实在论"：满足（真是它的一个特殊案例）是语词和事物之间的一种关系——更准确地说，是表达式和事物有限序列之间的关系。③

从这些表述中，我们可以非常清楚地看到，普特南将语词与事物之间的关系称为指称关系，并且认为在塔尔斯基的真之定义中，这种关系构成了符合论观点的本质部分。当然，为了保证塔尔斯基的真之定义被

---

① 参见 Hilary Putnam，"What is Mathematical Truth?"，in *Philosophical Papers I*：*Mathematics*，*Matter and Method*，Cambridge：Cambridge University Press，1975，p. 73。

② Hilary Putnam，"What is 'Realism'"，*Proceedings of the Aristotelian Society*，*New Series*，Vol. 76，1975，p. 190.

③ Hilary Putnam，*Meaning and the Moral Science*，London：Routledge and Kegan Paul，1978，p. 30.

理解为一种符合论，普特南为塔尔斯基的真之定义添加了一个约束条件，即它的逻辑联结词必须用“实在论的方式”来解释。普特南之所以添加这一约束条件，主要是因为，反实在论者也接受塔尔斯基的真之定义，只不过他们是以直觉主义的方式来解释其中的逻辑联结词的。

一般来说，指称关系考虑的是语词与世界之中的对象之间的关系。虽然指称理论本身并没有定义“指称”，但它的确给出了一种实质关系，并且试图解释语词和对象之间为何会有这种关系。这种关系在普特南的真之符合论中是至关重要的，因为在真之符合论中，语词所指称的对象必须是由这些语词构成的句子所符合的事态或事实的组成部分。一个句子是真的，可以根据指称关系来解释，比如说，“雪是白的”这个句子是真的，当且仅当，“雪”指称雪，“是白的”指称白色东西的集合，并且雪是白色东西这一集合的一个成员。

如果不考虑普特南真之符合论其他方面的论点，比如将真之概念与对语言的理解区分开，将符合论建立在试图解释科学何以成功的经验理论之上，① 那么我们应该承认的是，普特南的观点和戴维森早期所支持的真之符合论的观点是一致的，二者都是基于语词与对象之间关系而支持符合论。不同之处仅在于，普特南认为真只不过是满足关系的一个特例，即一个公式是真的，当且仅当它没有变元并且空的序列满足它；而戴维森则认为一个句子是真的，当且仅当所有的序列都满足它。

在 1976 年美国哲学协会东部分会上，普特南明确提出放弃形而上学实在论，转向他所说的内在实在论。这种转变不是因为普特南的科学观发生了改变或者因为他放弃了博伊德所提出的两条原则。普特南仍然坚持科学的汇聚性特征，博伊德的两条原则在普特南转向内在实在论后仍得以保留。迈克尔·德维特（Michael Devitt）的阐释可以很好地阐明这一点。在他看来，实在论是一个经验假设，它试图解释科学行为和科学的成功，科学的汇聚性特征只是科学行为的一种；而博伊德的两条原则可以与任何的真之理论和指称理论相匹配，它们本身并不蕴含形而上学的实在论；更重要的是，接受科学的汇聚性特征并不等同于接受博伊德

---

① 参见 F. Stoutland, “Putnam on Truth”, in *The Practice of Language*, M. Gustafsson and L. Hertzberg (ed.), Dordrecht: Springer, 2002。

的两条原则，更不等同于接受形而上学的实在论。[①] 这也就是说，从科学的汇聚性特征和博伊德的两个原则中推导出形而上学的实在论只是普特南早期一厢情愿的想法，它们之间实际上并无必然联系。

普特南之所以反对形而上学的实在论，主要是因为形而上学实在论会导致这样的一个结果，即真被认为是彻底非认识的。[②] 这个结论是由形而上学实在论的三个主要论题所决定的。在这三个论题中，人类认识实际上没有任何位置，真是由陈述所表达的内容和外部世界之间的关系决定的。这种关系是客观的，与人类能否认识无关。这样，真将是不可通达的。普特南不能接受这样的结论，因为这个结论意味着我们可能与外部世界没有任何真实的联系。

反对形而上学实在论的论证有很多种，普特南讨论最多的有三个。它们分别是：达米特的语言习得论证，普特南的模型理论论证和钵中之脑论证。由于本节我们的讨论主题是普特南，因此我们将主要讨论后两个论证。

形而上学的实在论要求独立于心灵的外部对象和语词之间存在一种确定的指称关系，这种指称关系决定了一个陈述是否为真。但是普特南的模型理论试图证明，情况并非如此。普特南的模型理论是基于集合论给出的，它的核心观点可以这样表述：对于一个理论 T 的任意一个模型 M，我们总是可以构造出另一个模型 M′，通过在 M 论域中的个体与 M′论域中的个体之间建立起一一对应的关系使得 M′同样满足 T 所要求的操作和理论上的约束条件。[③] 换句话说，对于任何一个理论 T，我们总是可以找到无限多不同的模型，它们可以同时满足 T 的所有约束条件。将这个结论应用到形而上学的实在论上，可以得到这样的推论，即对于一个句子 S，存在无限多的解释使得 S 为真。

举个例子来说，假设 S 是这样的一个句子：猫在垫子上。根据形而

---

① 参见 Michael Devitt，“Realism and the Renegade Putnam：A Critical Study of Meaning and the Moral Sciences”，*Nous*，Vol. 17，No. 2，1983，pp. 291 – 301。

② 参见 Hilary Putnam，“Realism and Reason”，in *Meaning and the Moral Science*，London：Routledge and Kegan Paul，1978，p. 125。

③ 参见 Hilary Putnam，“Models and Reality”，*The Journal of Symbolic Logic*，Vol. 45，No. 3，1980，pp. 464 – 482。

上学实在论的观点，S 是否为真是确定的，因为根据对 S 的解释，外部世界是否如 S 所说的那样是确定的。但是现在，我们可以对 S 做出这样的解释："猫"指称"数字 4"，"垫子"指称"数字 3"，"在……之上"指称关系"大于"。这种解释同样可以使 S 为真。这也就是说，语言的整体使用（操作和理论上的约束）并不能确定唯一的预期解释。[①] 因此，如果形而上学实在论的真之理论是有效的，那么形而上学实在论的支持者无法决定哪一种解释是句子 S 的预期解释。

在一定程度上，普特南的模型理论论证可以被视为蒯因不确定性论题的一个变种。但与蒯因不同的是，普特南并不接受这样的不确定性。也就是说，普特南实际上是利用形而上学实在论会导致不确定性论题这一结论来反对形而上学实在论的。普特南预想到有人可能会用语词与对象之间的因果关系来限制这种不确定性，但他并不认为这一做法是可行的。对此，他说道：

> 一个指称因果理论在此不起（也不会起）任何作用：因为"原因"如何能够唯一地指称，在形而上学实在论这幅图景中，就像"猫"如何能一样，是一个谜。[②]

这也就是说，因果关系并不能确保指称的确定性。因果关系能够用来说明一个语词的指称如何被固定下来，比如通过追踪使用的历史链条，但它并不定义指称。就像"猫"这个语词指称猫一样，我们可以用因果理论说明"猫"指称猫，但却无法保证"猫"只能指称猫。因为在另一个模型中，有可能"猫"并不指称猫，而是指称其他事物。普特南认为，因果理论相当于只是在模型理论上添加了一个理论，它本身并不影响模型理论论证，并不能解决"语词如何能够获得确定的指称"这一问题，

---

① 参见 Jose Medina, "What is 'True' in Internal Realism?", *Enrahonar*, No. 25, 1996, p. 74。

② Hilary Putnam, *Meaning and the Moral Science*, London: Routledge and Kegan Paul, 1978, p. 126.

除非“‘原因’这个语词已经与形而上学的胶水黏合了一种明确的关系”。[①]

钵中之脑论证可以视为模型理论论证的一个补充，因为它可以揭示模型理论论证所不能揭示的东西。根据安东尼·布鲁克勒（Anthony Brueckner）的阐述，语言的使用和关于世界的非语言事实（如世界和语言使用之间的因果关系）的确可以确定语言的预期解释。[②] 这意味着仅凭模型论证反驳形而上学的实在论可能是不够的。因为一旦解释者可以确定语言的预期解释，那么模型论的结论就会受到限制。但即便如此，钵中之脑论证也会告诉我们，语义学和认识论中的一些结论与形而上学实在论是无法相融的。钵中之脑论证的一个至关重要的前提是指称的因果理论：如果人们与某些事物（比方说树）根本没有因果相互作用，或者与可以用来描绘它们的东西根本没有因果联系，那就不可能去指称它们。[③] 基于这个前提，普特南认为钵中之脑——它的经验是超级计算机通过脉冲刺激的结果并且与外部世界没有因果关联系——并不能真实地指称外部对象，即使这个大脑产生了关于外部世界的印象并且能够说出相关的语词或句子。因为它所指称的是计算机制造的环境，并非真实的外部世界。因此，普特南认为，当我处于真实的环境之中，如果我说出“我是钵中之脑”这个句子，那么这个句子是假的；而如果我的确是钵中之脑，当我说出“我是钵中之脑”这个句子时，这个句子也是假的，因为钵中之脑并不指称真实的环境。这样，普特南就可以得出这个结论，即我们不可能是钵中之脑。

虽然普特南认为这个论证可以反驳形而上学的实在论，但他并没有阐明二者之间到底存在什么样的关联。因瓦根（Peter van Inwagen）对这个论证的解释很有启发意义。他的重构如下：（1）如果真是彻底非认识的，那么假设我们对几乎所有事情都出错是可理解的；（2）我们对几乎

① Hilary Putnam, “Models and Reality”, *The Journal of Symbolic Logic*, Vol. 45, No. 3, 1980, p. 477.

② Anthony L. Brueckner, “Putnam’s Model – theoretic Argument Against Metaphysical Realism”, *Analysis*, Vol. 44, No. 3, 1984, p. 137.

③ 希拉里·普特南：《理性、真理与历史》，童世骏、李光程译，上海译文出版社 2005 年版，第 18 页。

所有事情都出错是不可理解的；结论，真不是彻底非认识的。[①] 在这个重构的论证过程中，前提（1）是形而上学实在论的一个推论；前提（2）是钵中之脑论证的一个推论，因为钵中之脑这一思想实验在很大程度上相当于普遍怀疑。因瓦根对钵中之脑思想论证的重构表明，普遍怀疑是不可能的。这反过来可以证明，真绝对不是非认识的。进一步的推论表明，形而上学实在论对真之概念的解释的确存在问题。因为形而上学实在论将真之概念解释成一种与人类认识无关、超验的概念，而只与外部世界相关。

由于模型理论论证和钵中之脑论证，普特南从形而上学实在论转向了他所说的"内在实在论"。内在实在论是这样一种观点，它认为，在关于构成世界的对象是什么这个问题上，只有在某个理论或某种描述之内提出，才有意义。[②] 具体到真之概念上，它大概有两个主要论点。

首先，真之概念是一个理论内部的概念（intra－theoretic notion）。模型理论论证和钵中之脑思想论证都可以推导出这一结论。模型理论论证告诉我们，对于任何一个理论而言，都有无限多的解释使其为真，因此，真不是一个超越于理论的概念（extra－theoretic notion），而是一个依赖于理论的概念。[③] 钵中之脑思想论证则告诉我们，如果钵中之脑有所指称，那么它所指称的只能限制在超级计算机的刺激之中，不能超出计算机的刺激指称现实世界中的事物。

其次，真之概念是一个认识的概念。普特南之所以支持这一观点，在很大程度上是因为受到蒯因和达米特的影响。在形而上学实在论阶段，普特南面临着一个非常严重的问题，即一方面，我们只能根据语言的使用程序理解语言，但另一方面，解释语言的可能模型独立于任何语言描述。换句话说，对语言的理解和对语言的解释在形而上学实在论中是分

---

① 参见 Peter van Inwagen, "On Always Being Wrong", in *Midwest Studies in Philosophy*, *Volume XII*: *Realism and Antirealism*, Peter A. French, Theodore E. Uehling, Jr., and Howard K. Wettstein (eds.), Minneapolis: University of Minnesota Press, 1988, pp. 95－112。

② 参见希拉里·普特南《理性、真理与历史》，童世骏、李光程译，上海译文出版社 2005 年版，第 55 页。

③ 参见 Hilary Putnam, "Models and Reality", *The Journal of Symbolic Logic*, Vol. 45, No. 3, 1980, p. 471。

离的，二者之间并无任何关联。在这样一个分离中，前者对应于“使用”概念，后者对应于“指称”概念。为了缓解这种对立局面，普特南的方法是，保留通过使用理解语言这一论点的同时，试图改变对指称概念的解释，并进而改变对真之概念的解释，使其与对语言的理解保持一致。具体做法是，将真之概念从一个非认识的概念转变为一个认识的概念，一个与人的认识相关的概念，并因而与我们的使用相关。

从普特南对真之概念的重新认识中，我们将会发现，普特南很明显地借鉴了达米特对真之概念的理解。比如，他认为：

> “真”是某种（理想化的）合理的可接受性……而不是我们的信念同不依赖于心灵或不依赖于话语的“事态”之间的可接受性。①

在这里，普特南将“真”理解为合理的可接受性；在其他地方，他有时也将其理解为“得到证实”或“得到辩护”。这些理解与达米特的理解非常相似。不过需要注意的是，普特南在这些理解的基础上都添加了“理想化的”这个限制条件。普特南之所以这样做，主要是因为，在我们的认知状态中，“是真的”与“是合理可接受的”并不完全相等。这一点实际上是非常好理解的。比如，他曾解释道：

> 真不能直接成为合理的可接受性，有一个根本的理由；真应当是一个陈述不可或缺的一种性质，而得到辩护则是一陈述可以失去的性质。②

也就是说，真与合理的可接受性并不相同。合理的可接受性，可以被理解为得到辩护，但真无法等同于辩护。因为得到辩护是一个临时性的概念，它受环境影响，随时可以丢失；但是真不一样，一个句子是真的，它永远是真的。所以，普特南需要利用“理想化的”这个条件以弥

---

① 希拉里·普特南：《理性、真理与历史》，童世骏、李光程译，上海译文出版社2005年版，第55—56页。

② 同上书，第62页。

补二者之间的差距。形而上学实在论主张真是超越于理想的可接受性，这对于内在实在论者而言，是不可接受的，因为这意味着一个理想的理论仍然有可能是错的，但一个理想的理论就其本身而言对于所有的模型都是真的。因此，普特南认为，真即是理想化的辩护：

> 在我看来，一个陈述是真的，如果在认识上理想的条件下得到辩护。①

当然，普特南承认，有很多句子，我们不能获得理想的认知条件。在这种情况下，他主张我们应尝试在高的精确度上接近于理想条件。

第二节 达米特的反实在论

达米特一直被视为反实在论的代表人物。在上一节中，我们曾提到过他使用语言习得论证反驳实在论。除这个论证之外，达米特还曾提出了另一个相似的论证，被称为“语言表现论证”。

根据亚历山大·米勒（Alexander Miller）的阐释，语言习得论证可以简要地概括为：由于在句子的使用中，我们所接受的训练是应对那些情境，即当它们实现时，我们能获得对它们的认知，如果我们对句子的理解是通过把握它们潜在的超出人类认知的（recognition - transcendent）真之条件，那么我们如何能获得这种理解呢?② 类似地，米勒将语言表现论证概括为：我们在使用句子时所应对的情境也是那些情境，即当它们实现时，我们能够获得对它们的认知，如果我们对句子的理解是通过把握它们潜在的超出人类认知的真之条件，我们如何在使用这些句子时表现出这种理解呢?③

---

① Hilary Putnam, “Reference and Truth”, in *Philosophical Papers II: Realism and Reason*, Cambridge: Cambridge University Press, 1983, p. 84.

② 参见 Alexander Miller, “What is the Acquisition Argument?”, in *Epistemology of language*, Alex Barber (ed.), Oxford: Oxford University Press, 2003, pp. 459 - 460。

③ 参见 Alexander Miller, “What is the Manifestation Argument?”, *Pacific Philosophical Quarterly*, Vol. 83, 2002, p. 353。

从这两个论证中，我们可以非常清楚地发现，达米特是从理解语言的角度出发来反驳实在论的。对于达米特而言，实在论之所以是错误的，是因为它的理解模式超出了人类的认知能力。就像普特南所说的，形而上学实在论从一开始就假设了上帝的视角，但这一视角并不适合我们人类。在达米特看来，我们只有基于人类实践，才能理解什么是实在，什么是真，什么是意义。

阐述人类如何理解语言是意义理论的任务，达米特因此将意义问题视为语言哲学甚至整个哲学的首要问题。他不同意戴维森从一开始就假设我们每个人对真都有一种先天的理解，因为这意味着由此形成的意义理论不能全面地展示我们如何理解对象语言，对真之概念的理解已经被戴维森排除在理解语言意义的内容之外。在他看来，弗雷格也有类似的问题，弗雷格将真假视为断定句的指称，却并没有解释真假的特征，虽然他承认真假在弗雷格那里属于我们的习惯用法。①

达米特建议将真假与游戏中的赢输进行比较，他说道：

> 选手为赢而战是概念“赢得游戏”的一部分……类似地，我们以制造真的陈述为目标是真之概念的一部分。②

在同一篇论文中，达米特还指出：

> 游戏中赢的构成要素在决定玩此游戏的实质时总是起相同的作用；类似地，决定陈述之真的东西在决定该陈述的含义时总是起相同的作用。③

当然，真之概念要比赢之概念复杂得多。比如说，对于赢而言，主

---

① 参见 Michael Dummett，“Truth”，in *Truth and Other Enigmas*，London：Duckworth，1978，pp. 1 - 24。

② Michael Dummett，“Truth”，in Truth and Other Enigmas，London：Duckworth，1978，p. 2. 通过将真与赢进行类比，达米特实际上赋予了真以价值属性，这意味着他反对真之紧缩论，因为真之紧缩论否认真有任何价值属性。

③ Michael Dummett，“Truth”，in *Truth and Other Enigmas*，London：Duckworth，1978，p. 8.

题确定的游戏有相应的游戏方式可以被视为正确的；但对于真而言，没有任何相应的方式，其中的主题能够被视为正确的。事实上，达米特并不否认这一点。他之所以将这两个概念进行类比，目的在于说明：就像赢之概念一样，如果你不知道这到底是个什么游戏，你就不可能知道在这个游戏中怎么去赢；同样地，对于真之概念而言，如果你不知道一个陈述的意义，那么你就不可能知道在何种情况下，该陈述为真。

基于真之概念与赢之概念的类比，达米特得出这样一个结论，即真之概念与意义概念是紧密联系在一起的。要想解释其中的任何一个概念，必须同时解释另一个概念。换句话说，这两个概念必须在同一个理论中得到解释。正是基于这种考虑，达米特认为，传统的真之理论比如说符合论和融贯论，都是有问题的。因为它们对真之概念的解释并没有考虑意义概念，而是先假设句子的意义，然后再去寻找什么使此句子为真。① 这并不符合真与意义之间的真实关系。

从维特根斯坦的意义使用论中，达米特寻找到了同时解释真和意义的突破口。意义使用论认为，一个语词或句子的意义在于它在语言交流中的使用。一般来说，哲学家们都同意这个观点。这似乎是一个自明之理。问题在于，只有这一点是不够的。因为如果不对“使用”做进一步的解释，我们实际上仍然不知道句子或语词的意义到底是什么。

达米特从维特根斯坦的文本中总结出“使用”的三个基本特征：(1) 为一个言语辩护是被接受的东西；(2) 包括说话者通过说出某事承认某些内容以及什么是另一言语的合适回应；(3) 语言中的语词有某种给定的形式。② 根据使用的这三个特征，关于数学陈述意义的直觉主义理论被达米特认为是意义理论最合适的候选者。直觉理论认为，一个数学陈述的意义并不是根据它的真之条件来解释的；相反，它是根据该陈述的证据所需要的东西来解释的。直觉主义者由此而得出的一个推论是，如果使用一个陈述能制造一个推理，并且该推理是另一个陈述的证据，

---

① 参见 Michael Dummett，“Language and Truth”，in *The Seas of Language*，Oxford：Clarendon Press，p. 118。

② 参见 Michael Dummett，*Truth and The Past*，New York：Columbia University Press，2004，pp. 23 - 24。

那么我们就可以认为这个数学陈述为真。

严格说来，直觉主义意义理论只满足使用的第一个特征，达米特承认这一点。但他同时认为，这不应该成为反对直觉主义意义理论的理由。达米特的理由大概有以下两点。首先，维特根斯坦本人也并非总是同时讨论使用的三个特征；更多的时候，维特根斯坦只是在谈论其中的一个或两个特征。其次，如果我们能够发现使用的这三个特征之间的关系是融贯的，那么语言的使用者也总是能从一个特征中推导出其他两个特征。在这两点理由中，第一个理由基本上陈述的是一个事实，第二个理由则比较有说服力。因为如果使用的这三个特征之间是融贯的，那么满足使用的第一个特征的确也可以满足其他的两个特征。更重要的是，在这三个特征之中，第一个特征实际上是最为关键的。因为大多数意义理论都能同时满足后两个特征，它们只在第一个特征上表现得有所差异。

需要强调的一点是，达米特运用数学领域中的直觉主义解释日常语言的意义问题，并不会因为日常语言与数学语言之间的差异造成他的意义理论的失败。因为达米特是从分析日常语言的实践情况出发选择了直觉主义，而不是因为直觉主义在数学领域中的成功才选择用它来解释日常语言的意义。只有在后一种情况下，我们才有理由质疑达米特的选择。

达米特从语言实践的角度理解什么是句子的意义，但根据达米特的阐释，真似乎最多只是意义理论完成之后的一个推论。因为直觉主义意义理论的中心概念是证据，或者说是辩护，这与真并没有直接关系。但如果对意义理论阐释的确没有涉及真之概念，那么真与意义之间的关系似乎并没有那么紧密，这与达米特本人的观点即真与意义紧密相连似乎相矛盾。达米特注意到了这个问题。他大概给出了以下两点理由以解释他的意义理论不会独立于对真之概念的解释。

首先，基于意义理论全面性的考虑，达米特认为，他的意义理论需要同时解释真之概念。在达米特看来，一个全面的意义理论应考虑所有句子的意义，演绎推理也属于其中。演绎推理是一个保真推理，从真的前提根据演绎规则可以推导出真的结论。对这些句子意义的解释涉及真之概念。因此，一个意义理论需要同时解释真之概念。否则，它将无法解释演绎推理中句子的意义。

其次，通过分析断定句，达米特认为，对断定句的解释也涉及真之概念。断定句中的断定成分是语言实践的基础，断定句所断定的内容可以被判断为正确与否。如果断定句所断定的内容是正确的，那么该断定句就是真的。从这个层面上说，制造断定的实践是真之概念的起源，解释断定句的同时也需要解释真之概念。

事实上，达米特的这两个理由是相通的。因为如果我们能断定前提，那么根据演绎规则，我们同样可以断定结论，也就可以知道结论的真假。我们认为，在这两个理由中，第二点理由应该是根本性的理由。因为演绎推理毕竟是语言实践中的小部分，虽然它是必不可少的一部分；相比较而言，断定才是根本，因为断定在语言实践中无处不在。

达米特将他的这种意义理论称为辩护主义的意义理论，他同时也将真之概念与辩护联系起来。他说道：

> 基于这样的一个理论，意义是根据辩护被解释的，即同意的内容被看成为陈述的一种或其他形式的断定辩护。但是由于我们的真之概念与我们的意义模型相符合，适合于此种形式意义理论的真之概念也必须根据辩护来解释。①

在这段话中，达米特所表达的观点是很清楚的，即主张通过辩护来解释真。但实际上，如何用辩护概念解释真是一个很困难的问题。一个常见的答案认为辩护等同于真，即认为一个陈述是真的，当且仅当它得到辩护。实用主义者往往支持这种观点。但达米特很难同意这种观点，他的理论体系不允许出现这种情况。因为如果认为辩护等同于真，那么这相当于用辩护取代真，而这是达米特所不能接受的。为了显示二者之间的区别，达米特在辩护概念之前添加了“可能”这个概念。也就是说，如果语言的使用者为句子找到一个辩护是可能的，那么他就可以认为它是真的。这相当于弱化了句子为真的标准，因为判断一个句子是否是真的，不再要求语言的使用者必须证明它是真的。如果语言的使用者不能为一个句子找到辩护，那么该句子既不真也不假；只有当语言的使用者

① Michael Dummett, *Truth and The Past*, New York: Columbia University Press, 2004, p. 114.

可以找到一个能证明该句子是错误的证据时，他才能认为这个句子是假的。

第三节　戴维森论指称的不确定性

在讨论普特南的形而上学实在论时，我们曾得出这样的结论，即普特南的形而上学实在论的真之理论是一个以对象和语词之间的关系为基础的符合论，其中的关键概念是指称。戴维森在一段时间内也曾支持这种观点，在1987年之后，他便否认了这种看法。因为，以对象和语词之间的关系为基础的符合论并不是真正的符合论，而应该属于指称理论。当然，戴维森的这种观点可能不足以反驳普特南的形而上学实在论，因为如果有人坚持认为以指称关系为核心的符合论是符合论，戴维森也只能如他自己所说的，这种理解容易造成概念上的混淆。但笔者认为，戴维森关于真与指称之间关系的论述可以为反驳普特南形而上学实在论的真之理论提供理论依据，只不过他本人并没有使用这个论据。①

普特南的形而上学实在论认为真是指称关系的特例，语词与外部世界之间只存在唯一的一种指称关系，并且这种唯一的指称关系决定了一个陈述是否为真。戴维森告诉我们，情况并非如此。在戴维森的理论体系中，大概有两个论点可以反驳形而上学实在论。第一个论点我们在第四章已经讨论过，即真之理论不需要指称概念。我们在此想谈的是第二个论点，即指称是不确定的。

戴维森对指称不确定性的解释，来源于蒯因的指称不确定性论题。指称不确定性论题是蒯因彻底翻译思想试验的结果，而不是它的方法。在《语词和对象》一书的第二章，蒯因详细地阐述了他的思想试验。② 在这个思想试验中，翻译者的任务是翻译说话者即土著人说出的句子，而他能够利用的线索只能来源于他和说话者共享的外部环境以及说话者的反应，因为只有这些线索是公共可观察的。

---

①　戴维森之所以没有使用这个论据，主要还是因为他不想承认以对象和语词之间的关系为基础的符合论是真正的符合论。

②　参见 W. V. O. Quine, *Word and Object*, Cambridge: MIT Press, 1960, chapter 2。

当一个兔子跳出来，说话者说出了他的第一个句子“Gavagai”。翻译者可能会将这个句子的意义标记为“兔子”，但对于说话者而言，他所理解的“Gavagai”有可能指的是兔子不可分的部分，也有可能指的是兔子的某个生长阶段。它们的刺激意义是相同的，翻译者没有办法排除它们。翻译者之所以将“Gavagai”翻译成“兔子”，只不过是假定了说话者与我们相似，用一个单称词项表示兔子，而不是兔子不可分的部分或者兔子的生长阶段。问题在于，这个假设本身却是无法证明的。因此，翻译本身是不确定的。

戴维森承认指称的不可辨认特征，他同样认为语言的语义特征是公共可观察的，但他的理由与蒯因不同。在他看来，指称的不可辨认特征依赖于一个关于宇宙排列（a permutation of the universe）的观点。[①] 这个观点的核心是存在许多一一对应的关系，可以将每个对象映射到其他对象。

假设 φ 是这样的一个排列，如果存在一种令人满足的指称框架 x，那么 φ（x）也是一种令人满意的指称框架。[②] 因为 φ（x）和 x 一样，由它产生的解释也会满足所有相关的证据。当然，φ（x）并不是任意的，根据威廉姆斯（J. Robert G. Williams）的阐述，φ（x）是被合适定义的，受 T-语句右侧句子的约束，它不能导致原语句为真，而 φ（x）作用下的新句子为假。[③] 戴维森承认，φ（x）作用下的 T-语句满足所有证据可能只是一个假设，但重要的是，蒯因也同意这个假设，并且我们也无法排除这个假设。为了说明这一点，戴维森在不同地方分别举了很多不同的例子。为方便起见，我们只讨论威尔特和他的影子这个例子。

威尔特和他的影子这个例子可以简单地表述如下：在 x 的作用下，“威尔特”指称威尔特，谓词“很高”指称很高的事物；而在 φ（x）的作用下，“威尔特”特称威尔特的影子，谓词“很高”指称很高的事物的

① 参见 Donald Davidson，“The Inscrutability of Reference”，in *Inquiries into Truth and Interpretation*，2nd ed.，Oxford：Clarendon Press，2001，p. 229。

② 需要注意的是，当戴维森说指称框架时，他不是在本体论意义上使用这个语词的，而是在认识论的意义上使用这个语词。因此，指称框架对于戴维森而言只有描述意义。

③ 参见 J. Robert G. Williams，“Reference”，*A Companion to Donald Davidson*，Ernie Lepore and Kirk Ludwing（ed.），NY：Wiley-Blackwell，2013，p. 272。

影子。很明显，这两个句子形成的T－语句是相互关联的。我们可以说，“威尔特很高”是真的，当且仅当威尔特很高；也可以说威尔特很高，当且仅当威尔特的影子是很高的事物的影子。这两个句子的真之条件是等值的。考虑到这两个句子满足所有的证据，并且没有其他的证据能帮助我们到底应选择哪个理论或哪种排列方式。因此，戴维森认为，指称是不确定的。

雷森（Ben H. Letson）反对以戴维森的方式理解指称的不确定性。在他看来，指称的不确定性会威胁到说话者的能力，甚至于合理地确信他们能相互交流。[①] 但奇怪的是，雷森却支持蒯因的指称不确定性论题。问题在于，蒯因的指称不确性论题实际上要比戴维森更为激进，因为戴维森的指称不确定性观点并没有上升到概念框架的维度，而蒯因的指称不确定性观点则蕴含着概念框架本身是不确的。因此，支持蒯因的指称不确定性观点，却反对戴维森的观点很可能是站不住脚的。不过在讨论雷森对戴维森的批评之前，需要注意的是，只要认可指称是不确定的，不论是戴维森的观点还是蒯因的观点，甚至是普特南在讨论模型理论论证时所得出的结论，都能证明普特南形而上学实在论的真之理论是失败的。

雷森反驳戴维森的观点很简单，他说道：

> （反驳戴维森的）理由很简单。威尔特和威尔特的影子是两种不同的事物，并且有各种各样的理由表明我可能希望指称的是其中的一个而不是另一个。[②]

这也就是说，戴维森的指称不确定论题允许我们谈论两种不同的事物，比如威尔特和威尔特的影子，但问题在于，合理的交流很可能要求我们只谈论其中的一个事物。雷森给出的这个理由表明他可能没有认识到，在戴维森的理论体系中，正是同一个事实（假如我们可以谈论事实）

---

① 参见 Ben H. Letson, *Davidson's Theory of Truth and Its Implications for Rorty's Pragmatism*, New York: Peter Lang, 1997, p. 57。

② Ben H. Letson, *Davidson's Theory of Truth and Its Implications for Rorty's Pragmatism*, New York: Peter Lang, 1997。

使不同的指称体系能同时适用于我们的交流。虽然在我们的语言体系中，威尔特和威乐特的影子是不同的事物，但就像我们可以用“寸”为单位表述以“厘米”为单位表述的事物一样，我们也可以用“威尔特的影子是很高事物的影子”这个句子表述“威尔特很高”这个句子所表述的内容。换句话说，戴维森的指称不确定性论题并不否认语词所表达的内容在事实层面上是相同的，指称的不确定性只在语言描述的层面上体现出来。

雷森应该不会满足于我们的回答。在他看来，足够多的 T－语句并不能满足交流的需要，要想理解一门语言，必须知道该语言中各个专名和谓词的指称。雷森举了一个例子用来说明此问题。这个例子可以概括如下：如果由于指称的不确定性，有人将“猫”理解为“猫后背上的跳蚤”，并进而认为“‘猫在垫子上’是真的，当且仅当，跳蚤在垫子上”，那么他就没有理解这种语言。[①] 雷森似乎想要剖析句子的结构，但从彻底解释的角度来看，解释者首先解释的是句子，而至于如何进一步从句子中区分出专名和谓词，这是一个经验的问题，它需要解释者从外部环境和说话者那里获得更多的证据。而且雷森似乎没有正确地理解戴维森关于宇宙排列的论点。因为一个排列不仅作用于专名，还会作用于谓词。因此，如果有一个排列将“猫”映射为“猫后背上的跳蚤”，那么它也会相应地将“在垫子上”映射为另一个谓词，并且，由此形成的新句子的真之条件与句子“猫在垫子上”的真之条件在逻辑上是等值的。

莱波雷和路德维希反对戴维森的指称不确定性论点与雷森的理由略有不同，他们认为当我们将戴维森关于宇宙排列的论点应用到自然语言时，可能会因为自然语言中存在索引词和指示词的情况而产生悖论。[②] 应该承认，在具体到某个自然语言时，戴维森的指称不确定性论题的确可能会出现这种情况，因为这些语词是根据具体语境指称对象的，排列关系可能对它们无效。但需要注意的是，戴维森是在彻底解释的角度下得

---

① 参见 Ben H. Letson, *Davidson' s Theory of Truth and Its Implications for Rorty' s Pragmatism*, New York：Peter Lang，1997，pp. 59－60。

② 参见 Ernie Lepore and Kirk Ludwig, *Donald Davidson：Meaning，Truth，Language，and Reality*, Oxford：Oxford University Press，2005，p. 379。

出这个论点的，这要求解释者事先并无任何关于说话者的知识，而只能通过公共可观察的证据推断出说话者的语句。在这种情况下，索引词与指示词并不会成为障碍。因为对于解释者而言，他首先考虑的是句子，而不是语词；对于说话者而言，他甚至不能打算根据唯一的指称使用他的语词，因为他知道没有任何方式能使他的语词将这个指称传达给他人。[①] 如果能想象一种不需要索引词和指示词的语言，或者联想到不同的语言使用不同的索引词和指示词，戴维森的解释可能会更加清楚。

笔者认为，如果我们同意蒯因和戴维森的共同论点，即可观察的证据是判断句子意义的唯一证据，那么指称的不可确定性似乎是一个必然的结论。指称的因果性解释并不会改变这一点。戴维森曾这样说道：

> 对指称和因果性（或任何其他东西）之间关系的限制总是可以通过将语词与对象匹配的其他方式等价地获得。[②]

这也就说，指称关系并不是唯一的。因此，即使不考虑戴维森第一个论点，即指称概念对于真之理论而言并不重要，我们也可以得出这样的结论，即戴维森可以通过利用指称不确定性论题，有效地反驳普特南形而上学实在论的真之理论。因为如果语词与对象之间的指称关系是不确定的，那么想要通过指称关系确定某个句子是否为真是不可能的。在这一点上，我们可以得出这样的结论，即戴维森和内在实在论时期的普特南观点一致。

第四节　戴维森论真与认识

在戴维森眼中，普特南的内在实在论和达米特的反实在论在对待真的问题上是相似的。仅从普特南和达米特各自对真的表述中，我们就可

① 参见 Donald Davidson，“The Inscrutability of Reference”，in *Inquiries into Truth and Interpretation*，2nd ed.，Oxford：Clarendon Press，2001，p. 235。

② Donald Davidson，“The Inscrutability of Reference”，in *Inquiries into Truth and Interpretation*，2nd ed.，Oxford：Clarendon Press，2001，p. 237.

以发现这一点。普特南认为，一个陈述是真的，如果它在认识理想的条件下得到辩护；达米特认为，一个陈述是真的，如果为它找到一个辩护是可能的。普特南和达米特之所以具有这种相似的论点，不仅因为他们都反对形而上学实在论的真之论点，更重要的是，他们都认同真的认识论地位。或者更准确地说，他们都认为真是一个认识的概念。当然，戴维森承认二者之间是有区别的。[①] 比如说，普特南不像达米特那样确信真与辩护之间的关系，这导致他不敢轻易地放弃经典的二值逻辑，转而和达米特一样支持直觉主义逻辑，因此，他仍然称自己的理论为实在论，而不是反实在论。另外，普特南还在辩护之前加了一个约束条件，即该辩护必须是一个理想的辩护，而达米特在解释真时并没有这个约束条件。但需要清楚的是，这些区别并不能掩盖二者在真之论题上的相似性。

戴维森认为，将真刻画为一个认识概念是对真之概念的主观描述，普特南的内在实在论和达米特的反实在论都属于这种描述。[②] 与之相反，符合论将真刻画为一个非认识的概念，戴维森认为这是对真之概念的客观描述。戴维森早期之所以会认为真是客观的，其中的一个重要原因是，他认为真的主观描述是错误的。在放弃他的符合论之后，戴维森仍然相信这种认识。

普特南之所以在辩护之前加上“理想的”这个约束条件是希望借助这个条件弥补辩护与真之间的差异。但问题在于，普特南并没有详细地解释这个条件。戴维森说道：

> 人们怀疑，如果某个人在其中能得到辩护地断定某种东西的条件可以讲清楚，那么很明显，要么这些条件允许错误的可能性，要么这些条件是如此的理想，以至于不需要利用与人类能力之间的联系。[③]

① 参见 Donald Davidson，“Epistemology and Truth”，in *Subjective*，*Intersubjective*，*Objective*，Oxford：Clarendon Press，2001，p. 187。

② 除了普特南的内在实在论和达米特的反实在论外，对真之概念的主观描述还包括真之融贯论和实用论。

③ 参见 Donald Davidson，“Epistemology and Truth”，in *Subjective*，*Intersubjective*，*Objective*，Oxford：Clarendon Press，2001，p. 187。

换句话说，我们至多只能知道什么情况下，一个辩护不是一个理想的辩护；但对于什么情况下，一个辩护是一个理想的辩护却一无所知。人类的认识总是会受到各种各样现实情况的影响，总是有局限性，似乎只有形而上学实在论的上帝视角才是真正的理想条件。因此，普特南要么返回到上帝的视角，从而隔断真与人类的认识能力之间的联系，以支持他的理想条件；要么承认人类认识的局限性，认为我们实际上无法获得理想的条件，因而所有认识都不是理想的，都有可能出错。但这两种选择对普特南而言，都是不能接受的。

达米特也有同样的问题。虽然达米特没有强调一个辩护必须是理想的，但戴维森认为如果细读达米特的文本，我们会发现达米特实际上也会支持普特南在辩护前加上“理想的”这个约束条件；否则，真对于达米特而言，是一个可以失去的属性。[①] 因为一个句子得到辩护并不一定意味着它是真的。达米特承认，当句子主题是关于科学理论的不稳定性时，这种情况是可能的，比如关于光子的论述。但有意思的是，普特南不同意达米特的这个观点。普特南指出，即使是关于桌子、椅子这些事物时，一个句子得到辩护并不意味着它是真的。他说道：

> 如果“下一个房间有一个桌子”在实验环境C中被证实，那么，不论证实主义者如何描述环境C，我们能够很容易地讲出一个与物理理论相一致的故事，这个物理故事谈论我们如何可能获得这些经验，即使下一个房间里没有桌子。[②]

在这个例子中，普特南利用了指示词指称的不确定性来反驳达米特的论点。在这种情况下，即使是句子的主题是关于普通事物，在它得到辩护的情况下，这个句子仍然有可能是假的。因为我们可以陈述不同的

① 参见 Donald Davidson, “Epistemology and Truth”, in *Subjective*, *Intersubjective*, *Objective*, Oxford: Clarendon Press, 2001, p. 187。

② Hilary Putnam, “Reply to Dummett's Comment”, in *Meaning and Use*, Avishai Margalit (ed.), Dordrecht: Reidel, 1979, p. 226.

经验，它们都满足该句子的辩护条件。达米特虽然承认真不能被丢失，但在戴维森眼中，他没能解释真在被视为依赖于人类认识能力的情况下，如何是一个确定的属性。

除此之外，戴维森认为，普特南的内在实在论和达米特的反实在论还面临着另一个非常严重的问题，即他们的立场很容易导致怀疑论。理由大概有两点。

首先，戴维森说道：

> 主观的理论是令人怀疑的，就像唯心论或许多版本的经验论是令人怀疑的一样；它们是令人怀疑的，不是因为它们使得实在变成不可知的，而是因为它们把实在还原为远远不及我们相信它存在的东西。①

戴维森并没有对这一点理由做进一步的解释，但他的意思还是比较清楚的。普特南的内在实在论和达米特的反实在论通过认识确定实在的真假，这很容易导致这样的论点，即实在依赖于个人的认识。这和唯心论或某些版本的经验论的观点一样，实在不是真正的实在，它依赖于心灵的发现。因此，我们很可能无法相信它们是真正的存在，而不是心灵的创造。

其次，普特南和达米特的立场容易导致怀疑论的另一个原因在于，将真之概念理解为一个认识概念，很可能会导致我们永远无法知道自己什么时候能够认识到真。这一点实际上也是很容易理解的。在普特南那里，我们无法知道什么样的条件是一种理想条件；在达米特那里，我们有可能只是获得了辩护，而不是获得真。这也就是说，由于将真之概念理解为一种认识概念，将会导致我们永远无法知道什么情况下，我们能够得到一种真的认识，获得我们关于世界的知识。因为我们只是一种有限的存在者。

通过以上论述，我们可以非常清楚地看到，戴维森反对将真之概念

① Donald Davidson, "Epistemology and Truth", in *Subjective*, *Intersubjective*, *Objective*, Oxford: Clarendon Press, 2001, p. 178.

视为一个认识的概念。戴维森甚至为普特南支持内在实在论和达米特支持反实在论找出了一个原因。那就是，他们都依赖于一个典型的直觉，即形而上学实在论是不可理解的。在这一点上，很多学者都持有相同的观点。在笔者看来，形而上学实在论的不可理解性来源于这样的一个推论，即如果认为实在是独立于心灵的存在，那么人们将没有办法解释他们的信念如何与这些实在相互联系，因为他们没有任何方法可以通达独立于心灵之外的存在。因此，反对形而上学实在论的学者往往倾向于将真与人类认识能力联系起来，使得真变为可认识的。这种想法是合理的，但由之而来的结果却很难被接受，因为这会使得真变成一个很容易失去的属性。

通过反驳符合论，戴维森已经表明了他反对将真视为一个非认识的概念，因此，在戴维森也反对将真视为一个认识的概念之后，这似乎意味着他没有任何其他出路。但情况并非如此。戴维森说：

> 我看不到任何理由认为实在论和反实在论——根据真的彻底非认识的或彻底认识的特点解释——是给予真之理论或意义理论实质内容的唯一方式。①

也就是说，在实在论和反实在论之外，戴维森认为还存在解释真的第三条道路。这条道路即是通过阐述真与意义、信念等心理—语义概念之间的关系揭示真之概念的本质。戴维森首先假设真与这些语义概念之间的紧密关系，然而借助 T－语句所阐述的证据证明一个陈述或信念为真。这种证据之所以是真的，因为 T－语句所阐述的条件事实引起说话者认为那个句子为真，并且说话者认为它表达了他的信念。当然，戴维森承认说话者有可能出错，但就信念的本质而言，大多数信念都是真的。从这个角度来看，真既不是彻底非认识的，因为它与意义、信念之间关系紧密；同时，它又不是彻底认识的，因为一个信念仍然是由外部环境通过因果关系引起的。或者换一种说法，真是认识的，但不是立足于内

① Donald Davidson, "Epistemology and Truth", in *Subjective, Intersubjective, Objective*, Oxford: Clarendon Press, 2001, p. 188.

在实在论或反实在论意义之上的，因为戴维森没有将真完全捆绑在人类的认识能力之上；同时，真又是非认识的，但不是在形而上学实在论的意义之上的，因为戴维森并不认为对一个陈述为真的认识完全与人类无关。戴维森并不否认，说话者最确信的、接受范围最广的信念都有可能最终被证明是错误的，但说话者所持有真的态度和说话者所相信的东西决定了说话者所说出的句子的意义。虽然它们不一定使该句子是真的，但它们一起蕴含了“该句子是真的”这样的一个假设。

笔者认为，戴维森的这种思路具有非常重要的理论意义。从哲学史的角度来看，实在论与反实在论之间的对立在相当长的一段时间内是哲学界讨论的主题之一，并且至今仍然是哲学界流行的话题之一。在很多时候，哲学家们要么选择支持实在论，要么选择支持反实在论。即便他们的立场有强弱之分，在细节上也有所变动，但他们始终无法摆脱这一困境，即陷入实在论和反实在论的窠臼之中。戴维森对真之理论的思考即他的真之初始论，同时否认了对立双方，发现了另一种理解真之概念的可能性，这为我们理解真之概念提供了一条全新的理解思路。毫无疑问，这种理解思路有助于我们破解传统的真之理论可能存在的问题，进一步理解什么是真，发现真之概念的本质特征。

第十一章
紧缩论与戴维森

真之紧缩论包含一系列的理论。虽然这些理论形态各异，但它们的实质精神是一致的，即它们都认为真并不是一个属性，没有内在的本质。或者更准确地说，真不是一个真实的或实质意义上的属性。这一观点与戴维森的观点即真是一个实质概念直接相冲突。当然，通过证明真是一个初始概念在一定程度上也能反驳所有的紧缩论，因为紧缩论者不可能同意真是一个初始概念。但如果紧缩论的观点是对的，那么不但戴维森的真之理论需要修改，他的整个理论体系都面临着坍塌的危险。由于紧缩论与戴维森的初始论之间存在内在的张力，因此，从理论上说，审视紧缩论是戴维森必须要做的工作。在戴维森的文本中，他谈论最多的紧缩论者是拉姆塞、蒯因和霍维奇，而至于紧缩论其他代表人物的理论，他或者只是在一些不起眼的地方有所提及，或者根本没有涉及。本章，我们紧跟着戴维森的文本，主要讨论戴维森对拉姆塞、蒯因和霍维奇的评论。

第一节　紧缩论的先驱与拉姆塞的冗余论

根据达米特的观点，真之紧缩论来源于弗雷格。[①] 弗雷格曾指出：

---

① 参见 Michael Dummett, *Truth and other Enigmas*, London: Duckworth, 1978, p. 4。

> “我闻到紫罗兰香味”这个句子和“我闻到紫罗兰香味，这是真的”这个句子确实有相同的内容。因此，我在这个思想上加上真这个性质，这似乎对这个思想没有添加任何东西。①

从表面上看，这种观点似乎不符合直觉。因为从未知句子真假的认知状态过渡到确定句子为真的认知状态似乎已经表明真是一种可以指派的性质。但实际上，这种理解混淆了内容与断定。弗雷格根据把握断定句的三种不同活动区分出：（1）思维——对思想的把握；（2）判断——对一个思想的真的肯定；（3）断定——对判断的表达。根据这种区分，真存在于断定句的表达之中。也就是说，断定句的形式就可以表达出对真的肯定。失去断定力，真也就不会被表达出来。因此，真正重要的是考察一个句子是否包含一个断定，是否使用了“真”这个概念对于一个句子而言可能并不那么重要。

弗雷格的这一观点与紧缩论相似，但一般而言，学界并不将弗雷格看作一个紧缩论者。因为在弗雷格的理论体系中，还存在另一个维度，即通过真之条件解释句子的含义。虽然弗雷格认为必须通过句子的含义理解句子的意谓，从思想出发，判断句子的真值，但弗雷格的论述模式实际上蕴含着从理解句子的意谓过渡到理解句子的含义这种可能性。达米特也主张这一点，在他看来：

> 对于他（弗雷格）而言，我们把握一个句子的含义在于我们理解在什么情况下它是真的。②

如果这种理解模式是对的，事实上有很多学者都同意这种理解模式，那么将弗雷格视为紧缩论者的确是不恰当的。因为使用真之条件理解意义意味着真并不是紧缩的，反而具备更多的解释功能，而这恰恰是紧缩论者所反对的观点。但无论如何，将弗雷格视为紧缩论的先驱无疑是恰当的。

---

① 《弗雷格哲学论著选辑》，王路编译，王炳文校，商务印书馆 2013 年版，第 133 页。

② Michael Dummett, *Frege: Philosophy of Language*, London: Duckworth, 1973, p. 514.

真正被视为紧缩论的开创者是拉姆塞。拉姆塞的观点与弗雷格相似，但更为激进。拉姆塞说道：

> “这是真的即恺撒是被谋杀的”（It is true that Caesar was murdered）并不比恺撒是被谋杀的意味更多的内容，而“这是假的即恺撒是被谋杀的”（It is false that Caesar was murdered）意味着恺撒不是被谋杀的。①

如果我们将“恺撒是被谋杀的”标记为（1），将“这是真的即恺撒是被谋杀的”标记为（2），那么（2）中的真之谓词在拉姆塞眼中实际上是冗余的。在他看来，真是冗余的这一特征表明，即使没有真之谓词，我们也可以表述英语中所有涉及真之谓词的命题。诚然，拉姆塞同意对于有些命题来说，消除它的真之谓词并不那么容易，比如（3）他所说的都是真的。但是拉姆塞认为，通过借助命题变元 p，我们可以发现这类命题想表达的意思不过是：对于所有的 p，如果他说出了 p，那么 p 是真的。因此，拉姆塞认为，这类命题本质上与上述命题之间没有区别，使用真之谓词只是强调的使用或格式上的理由。②

有一种反对意见认为，拉姆塞使用命题变元是非法的，因为量化命题是不合语法的，甚至是神秘的。拉姆塞回应了这种反对意见。他说道：

> 我们必须增加“是真的”以给予此句子一个谓词，忘掉 p 已经包含了一个谓词。通过暂时假设一种问题之中的命题形式，比如关系形式 aRb，这一点可能会更加清楚。因此“他总是对的”能够通过“对于所有 a，R，b，如果他断定 aRb，那么 aRb”来表达，其中“是真的”将会变成一个明显多余的添加物。③

① Frank P. Ramsey, “Facts and Propositions”, *Proceeding of the Aristotelian Society*, *Supplementary Volumes*, Vol. 7, 1927, p. 157.

② Frank P. Ramsey, “Facts and Propositions”, *Proceeding of the Aristotelian Society*, *Supplementary Volumes*, Vol. 7, 1927.

③ Ibid, p. 158.

从拉姆塞的这个解释中，我们可以看出，拉姆塞是通过阐明说话者所说句子表达的内容来解释为何可以量化命题的。如果 p 只包含一些简单的形式，比如 Fa 和 aRb，并且这些句子中没有包含“真”这个概念，那么我们可以理解拉姆塞的做法，因为他的方法的确可以处理这些情况。但事实上，p 还可以具有其他的形式，比如条件式、间接引语式等，不同时处理这些形式的句子，拉姆塞的做法将没有多少说服力。而且，拉姆塞的做法似乎不能处理 p 中包含“真”这个谓词的情况。比如说，如果 p 中包含有像“这朵花是真的”这样的句子，那么拉姆塞的方法将无法消除这个句子中的真之谓词。因为一旦这个句子中的真之谓词被消除了，那么它将不再是一个真正的句子。

戴维森认为，拉姆塞之所以是错误的，因为他混淆了真之概念的两种不同用法：作为联结词的用法和作为谓词的用法。[①] 从语法的角度来看，我们可以非常清楚地发现戴维森给出这种评论的理由。首先，根据语法规则，（2）中的真之短语可以被视为一个联结词；而（3）中的真应该被视为一个谓词。拉姆塞的做法是将真之概念的真值函数联结词的分析方式应用于作为一个谓词的真之概念之上。这对于戴维森而言，是不可接受的。当然，拉姆塞可以说，（2）中的真之短语不是一个联结词，而是一个谓词，但这样一来，真很难被说成是冗余的。其次，戴维森认为，如果我们接受塔尔斯基的分析方式，那么当我们说“p 是真的”，p 和“是真的”应分属两种不同的语言。前者属于对象语言，而“是真的”则属于元语言。也就是说，（2）所谈论的对象是作为一个陈述的（1），而（1）的谈论对象则是恺撒，二者之间并不相同。综合以上两个理由，如果戴维森的观点是合理的，那么拉姆塞的冗余论，很可能是不成立的。

第二节　蒯因是一个“去引号论”者吗？

去引号论者认为真之谓词的作用是在句法层面上去除引号。他们之所以能得出这个结论，主要是受塔尔斯基工作的启发。在他们看来，塔

---

① 参见 Donald Davidson，“The Structure and Content of Truth”，*The Journal of Philosophy*，Vol. 87，No. 6，1990，pp. 282 – 283。

尔斯基的 T－语句即“s 是真的，当且仅当 p”表明真之概念的作用只不过是引号运算的反方向。[①] 也就是说，引号的作用是将句子变成类似于名词之类的东西，而真的作用是反过来将这种类似于名词之类的东西还原成句子。举个例子来说，“雪是白的”是真的，当且仅当雪是白的。在这个句子中，等式左侧中的“雪是白的”有一个引号，它们的整体是一个名称；而右侧中的“雪是白的”没有引号，它是一个句子；真之谓词的作用只不过是在句法层面上将左侧的引号去掉。

很多学者都认为，蒯因是一个去引号论者，甚至蒯因本人也有这种观点。比如他曾说道：

> 指派真只是去引号。真是去引号。[②]

但是需要注意的是，蒯因对塔尔斯基 T－语句的解读与塔尔斯基自身对 T－语句的解释有所区别。在塔尔斯基那里，T－语句的左侧可以是一个句子的名称，也可以是它的结构性描述。也就是说，T－语句的左侧不一定需要引号。但是在蒯因这里，T－语句的左侧必须出现引号，这一点对于蒯因而言至关重要。它是蒯因能够得出真的作用是去引号这个结论的关键。从这个方面说，蒯因的去引号解释模式只是 T－语句解释的一个特例。因此，我们建议将蒯因的 T－语句称作为 Tq－语句：

> （Tq）“s”是真的，当且仅当 p，其中“s”是句子的名称，p 是句子自身。

和冗余论一样，蒯因认为，对于一个句子而言，为其指派一个真之谓词是多余的。但是需要注意的是，这并不意味着蒯因和拉姆塞一样认为真之谓词是冗余的。因为蒯因同样强调在某些概括过程中，真是不可

① 参见 Bradley P. Armour－Garb and JC Beall，“Deflationism：The Basics”，in *Deflationary Truth*，Bradley P. Armour－Garb and JC Beall（ed.），Chicago：Open Court，2005，p. 7。

② W. V. O. Quine，*Pursuit of Truth*，reversed version，Cambridge：Harvard University Press，1992，p. 80.

或缺的。在他看来，当我们从句子“苏格拉底是有死的”概括到句子“所有人都是有死的”，这一概括过程没有问题，但是如果我们想从句子“如果时光飞逝，那么时光飞逝”过渡到它的一般形式，那么真是不可或缺的。蒯因之所以得出这种结论乃是基于以下这种认识：相比较作为对象的苏格拉底而言，“时光飞逝”所代表的是一个句子，在这种情况下，语法所允许的概括至多只能具备以下形式，即∀s（s是真的，当且仅当s），但是这种构造没有任何意义，因为“s”在这里只是一个名称，这意味着这个等式的右侧不是一个完整的句子。要想在句子上进行普遍概括并且由之形成的概括符合语法的要求，我们需要将句子变为名称或描述，并以“所有具备如果p那么p的形式的句子为真”这种形式进行概括。蒯因将这一过程称为语义上升的过程，即通过利用真之谓词从对象层面上升到句子层面。[①] 但需要注意的是，在语义上升的过程中，我们的关注点仍然是世界，[②] 这是蒯因与罗蒂明显不同的地方。

一方面，在严格的意义上，蒯因并不认为去引号是真的定义。因为一个严格的定义意味着被定义项是可以消除的。但是真之谓词在蒯因的理论体系是中不能被消除的。另一方面，在宽松的意义上，蒯因认为去引号的解释的确定义了真。因为在他看来，去引号论的解释告诉我们什么是一个句子为真，而且它的解释仅仅依靠句子本身。[③] 然而，如果我们将蒯因的这种宽松意义上的解释推广到外国语言，那么我们就会发现，去引号解释无法仅仅依赖于句子本身。因为这种情况下，我们并不知道T－语句左侧引号中的句子。比如说，假如我们不懂英语，那么构建Tq语句这样的一个示例，即“Snow is white”是真的，当且仅当雪是白的，仅凭真的去引号功能是无法完成的。因为我们并不知道“Snow is white”

① 参见 W. V. O. Quine, *Pursuit of Truth*, reversed version, Cambridge: Harvard University Press, 1992, p. 81。

② 有些学者，比如博·穆（Bo Mou），认为蒯因的真之理论中包含着符合论的维度，因为蒯因多次强调着真由现实决定，强调我们的关注焦点是对象、世界。笔者认为，这一解读可能过于简单。认为句子之真由现实决定并不意味着蒯因支持符合论，符合论的关键在于需要一个符合对象，但是蒯因从来没有给出过一个符合对象。参见 Bo Mou, “Tarski, Quine, and ‘Disquotation’ Schema (T)”, *The Southern Journal of Philosophy*, Vol. 38, No. 1, 2000, pp. 119－144。

③ 参见 W. V. O. Quine, *Pursuit of Truth*, reversed version, Cambridge: Harvard University Press, 1992, p. 82。

到底是什么意思，也就无法确定 p 的内容。因此，蒯因对真的解释必须限制在真的内在（immanent）使用之上，它只能局限在“家中”，仅仅针对母语中的句子。与之相反，将真应用于“国外”，亦即真的超越（transcendent）使用，是真之谓词的另一种使用方式，它可以应用于外国语言。

针对真之谓词的这两种用法，一方面，蒯因认为，真的去引号用法当然受限于语言，它的意义只有当它使用于我们熟悉的对象时，才是清楚的。他说道：

> 只有当我们返回到一个现存的理论之中，至少在假设上是可接受，我们才能够并且确实可以明显地说这个或那个句子为真。我们可以有意义地使用“真”的地方是在一个给予的理论中被表达并且从理论之中可以观察的句子。①

虽然蒯因此处强调的是真之谓词的应用必须局限于特定的理论之中，并不是语言；但是根据戴维森的解释，在蒯因的著作中，理论与语言之间区分并不明显。② 如果戴维森的解释是合理的，那么当蒯因强调整真之概念必须限制在理论之内时，这意味着真的去引号解释不能超出我们熟悉的语言。

另一方面，蒯因并不否认真之谓词可以应用于外国语言。在他看来，在这种情况下使用真之谓词，需要一个翻译手册。这个翻译手册是在彻底翻译的思想试验中完成的，它没有正确或错误之分，只有好与坏之分。蒯因的这个策略与戴维森相反，但与塔尔斯基一致，即先翻译，后指派真。在翻译中，对象语言和目标语言都是以提及的方式出现的，而不是以使用的方式出现的。蒯因的关注点在对象语言身上，但是在彻底翻译的思想实验中，除了公共可观察的证据之外，没有别的约束条件。这意

① W. V. O. Quine, *Word and Object*, Cambridge: MIT Press, 1960, p. 24.

② 戴维森认为，蒯因不区分理论和语言是他反对区分分析与综合的一个自然结果。参见 Donald Davidson, “What's Quine's View of Truth?”, in *Truth, Language, and History*, Oxford: Clarendon Press, 2005, p. 81。

味着两个基于证据的等价翻译，其中的一个可能被指派为真，而另一个却被指派为假，但是它们都是可接受的。因此，蒯因认为，翻译是不确定的。当一个人说出某个句子 s，根据某个翻译手册，我们可以将其翻译成 p。因此，在宽松的意义上，我们可以获得这样的一个 Tq 语句的示例，即“s”是真的，当且仅当 p。但是由于翻译手册本身是不确定的，我们实际上有无限多等价的可接受的翻译，因此，即便我们能得到这样的 Tq－语句，p 实际上仍然无法确定在什么情况下“s”为真，我们甚至无法确定 p 对“s”的解释是否为真。正是因为这个原因，阿历克西斯·伯吉斯和约翰·伯吉斯认为，普通说话者所运用的真之谓词是一个理论的外推，即外推到他人未被翻译的言语之上；这样，从一开始被当作一个内在去引号运算符的真之谓词的观点在蒯因的意义上实际上不再是紧缩论。[①] 换句话说，超出母语的真之谓词是去引号论无法解释的。

戴维森认为，蒯因的这种真之理论很难被认为是一种紧缩论。他的理由大概有两点。首先，根据紧缩论者的观点，如果蒯因的真之理论被视为紧缩论，那么真只能有去引号的功能，但戴维森指出，“去引号解释无法告诉我们如何构建起一个塔尔斯基式的真之定义，并且因此无法解释一个真之谓词的许多合法使用”。基于戴维森的立场，这一点毫无疑问是成立的。蒯因在一些场合下也支持这种看法，比如他所说的真之谓词的超越的使用。这也就是说，去引号用法不是真之谓词的全部使用。蒯因支持这一点，所以，戴维森认为，蒯因的真之理论很难被视为紧缩论。

其次，紧缩论认为真之概念与其他概论之间相互独立，但戴维森认为，在蒯因的理论体系中，这一点是无法成立的。戴维森在蒯因的文本中找到很多内容支持这一点。比如说，蒯因曾说过，“就意义而言……一个语词可以说是在很大程度上是由语境被决定的真假所决定的”[②]；“塔尔斯基的真之理论是意义理论的结构”[③] 等。戴维森认为，蒯因的这些表述

---

① 参见 Alexis G. Burgess and John P. Burgess, *Truth*, Princeton: Princeton University Press, 2011, p. 43。

② W. V. Quine, “Truth by Convention”, in *The Ways of Paradox and other essays*, New York: Random House, 1966, p. 83.

③ W. V. Quine, *Theories and Things*, Cambridge, Mass: Harvard University Press, 1981, p. 38.

表明，在蒯因的理论体系中，真与意义之间存在紧密关系。真之概念并不是独立的，因而并非一种真正的紧缩论。

如果以紧缩论的标准来看，戴维森对蒯因的评论应该来说是合理的。蒯因的确在很多情况下，都表达了去引号无法解释真之概念的所有功能以及真与意义之间不是完全没有关系这些论点。那么问题在于，蒯因为什么又在很多场合下直言，真即是去引号呢？对蒯因背景的分析似乎可以说明这一点。

蒯因是一个逻辑学家，对哲学问题的分析也总是以逻辑为根据的。这无疑是蒯因的一个优势。逻辑学家们对问题的关注大体只有两个方面：一是句法，一是语义。从句法的角度业看，把真之概念视为去引号，似乎是没有什么问题的。因为真在句法层面上的确只具有去引号的功能。然而，根据弗雷格的分析，一个句子或语词实际上还包括含义因素，这往往是哲学家考虑的问题。在含义层面上，用去引号无法解释真之概念的所有功能。蒯因虽然在很多时候认为，意义这个概念比较混乱，甚至有时否认“意义”，但从哲学角度来看，意义问题是无法避免的。这很可能导致在蒯因在谈到语词或句子的意义时，不得不承认，真与意义之间有着天然的关联性。也就是说，从逻辑的角度来看，蒯因倾向于认为真之概念是紧缩论概念，但是从哲学的角度来看，真又是一个非紧缩式的概念。这种视角上的不同导致蒯因在考虑真之概念时，显得较为犹豫不决。

第三节 霍维奇的极小论

霍维奇是戴维森文本中提到最多的紧缩论学者之一。甚至在很多时候，戴维森是以霍维奇的观点为例来讨论真之紧缩论的。霍维奇将他的真之理论称作一种“真之极小论”。真之极小论也被认为是紧缩论的一个典型理论形态。

和去引号论者一样，霍维奇认为真是普遍概括规则所需要的工具；不同的是，他将命题当作真之载体，而不是蒯因所说的句子。[①] 霍维奇认

① 将命题当作真之载体并不意味着真不能被应用于句子、信念、言语等实体之上。霍维奇认为他之所以一开始选择命题作为真之载体，只是为了保证对自然语言简单性和一致性的要求。

为真是一个属性，是命题的属性。当然，这种属性只是逻辑意义上的属性，并不是一个实质属性。由于命题是句子所表达的东西，等同于弗雷格所说的含义，并且不同语言中的句子可以表达同一个命题，因此使用命题当作真之载体在一定程度上有助于霍维奇避开去引号论者将真之概念应用于外国语言所遇到的那种困难。

和大多数紧缩论者一样，极小论并不试图定义真。但是，霍维奇认为框架 E 可以确定真之谓词的意义。框架 E 具有以下形式：

（E）命题 p 是真的，当且仅当 p；

在框架 E 中，“命题 p”是一个名词短语，p 占有的位置可以被任一变元填充，真之谓词的作用则是帮助框架 E 的左侧形成一个句子。这种构架类似于在经典逻辑中利用 T－引进或 T－消除规则从前提推导出结论。霍维奇之所以认为框架 E 可以确定真之谓词的意义，因为他认为真之概念的作用是将陈述“p”转变为与它等值的句子“命题 p 是真的”。换个方向来看，如果能够理解框架 E 所有的示例，这也就意味可以理解真之谓词的作用，也就能够理解真之谓词的意义。霍维奇说道：

> 为了使真之谓词实现它的功能，我们必须承认：（MT）命题夸克的确存在是真的，当且仅当夸克的确存在；命题说谎是不好的是真的，当且仅当说谎是不好的……除此之外，真不需要更多的假设。①

当然，如果严格按照霍维奇的这个思路，那么确定真之谓词的意义应该是所有框架 E 的示例的合取，这样我们永远不能理解真的意义，因为框架 E 的示例是无限的，而且有些示例仍然无法现实地被表达出来。但是霍维奇认为，我们关于“是真的”的理解——我们关于它的意义的知识——在于这样的一个事实，即我们使用它的基本规律是接受框架 E

① Paul Horwich, *Truth*, 2nd ed., Oxford: Blackwell, 1990, p. 5. 其中，（MT）是极小论（the Minimal Theory）的缩写。

的示例的倾向性，并不是在现实意义上接受所有这些示例，而且框架 E 的示例都是根据框架 E 被构造出来的。[①] 因此，霍维奇认为，通过框架 E，我们可以确定真的意义。

在某种程度上，似乎可以认为，霍维奇混淆了两种不同的理论：关于真之概念的理论和关于真自身的理论。阿默-加布（Bradley P. Armour-Garb）和比尔（JC Beall）认为，前者旨在为语词和思想的事实提供解释，后者旨在为这些语词和思想所关于的东西的事实提供解释。[②] 换句话说，前者为我们使用真之概念提供一个解释，后者为关于真的事实提供一个解释。霍维奇承认这两者是有区别的，但是他认为，框架 E 是它们的一个汇聚点。框架 E 的所有示例可以说明真自身，而我们接受这些示例的倾向说明了真之概念。

以上论述基本上概括了霍维奇极小论的主要内容。从这些论述中，我们可以发现，霍维奇对极小论的正面论述比较少。事实上，在更多的时候，霍维奇都是在回应其他学者对极小论的批评，以捍卫极小论的合法性，而不是发展自己对真之极小论的认识。霍维奇的这种做法在很大程度上是可以理解的。因为极小论的基本态度就是将真之概念的功能极小化，而不是扩张。不过需要注意的是，虽然在很多情况下，霍维奇回应其他学者的批评很有说服力，但在我看来，至少在以下几个问题上，霍维奇可能需要做进一步的澄清。

首先，霍维奇强调框架 E 不仅在解释真之概念上处于基础地位，在逻辑上也处于基础地位，但根据阿历克西斯·伯吉斯和约翰·伯吉斯的观点，这样的真之概念有可能会导致我们不能推导出某些一般规则。[③] 比如说，假如存在这样的一个命题"对于任一西红柿，如果这是真的即它已经熟了并且水分充足"；那么从这个命题中，我们可以得出这样的推理：对于任一西红柿，称它为汤姆，并且假设它是真的即它已经熟了并且水分充足。从汤姆已经熟了并且水分充足是真的的前提中，可以推论

---

① 参见 Paul Horwich, *Truth*, 2nd ed., Oxford: Blackwell, 1990, p. 35。

② 参见 Bradley P. Armour-Garb and JC Beall, "Deflationism: The Basics", in *Deflationary Truth*, Bradley P. Armour-Garb and JC Beall (ed.), Chicago: Open Court, 2005, p. 7。

③ 参见 Alexis G. Burgess and John P. Burgess, *Truth*, Princeton: Princeton University Press, 2011, p. 45。

出汤姆已经熟了并且水分充足，因此汤姆已经熟了，因此这是真的即汤姆已经熟了，即所给出的西红柿已经熟了。阿历克西斯·伯吉斯和约翰·伯吉斯认为在这个推理中，T－引进和T－消除规则已经发生了改变。根据经典逻辑，T－引进和T－消除规则的应用对象是命题，但是在这里，根据框架E的推理，它们同样可以应用于不是命题的东西，比如“汤姆已经熟了”。①

其次，霍维奇的另一困难在于，由于真之谓词的意义是由框架E的示例给出的，因此，要想理解真的意义，我们必须首先理解示例的意义。这意味着我们需要事先理解p所代表的各式各样的命题，真是在了解这些命题之后才为我们所知的。换句话说，在霍维奇的极小论这里，对真之概念的解释是在意义概念得到解释之后才是可能的。这样一来，极小论所理解的真之谓词似乎就不能定义那些我们所不理解的语言，因为我们不能在这些语言中表述框架E的示例。② 因此，和去引号论一样，极小论对真之谓词的理解必须限定在我们所理解的语言之中。

第四节 戴维森对紧缩论的批评以及真之先验性

紧缩论都接受塔尔斯基的T－语句。阿默－加布和比尔认为，这是紧缩论的一个共同点。③ 不同的是，它们各自对T－语句的解读并不相同。当然，支持T－语句并不足以刻画紧缩论，因为有些非紧缩论者也支持T－语句，比如戴维森。不同的是，紧缩论者认为T－语句的示例不但在

---

① 参见 Alexis G. Burgess and John P. Burgess, *Truth*, Princeton: Princeton University Press, 2011, pp. 45－46。在这个例子中，“汤姆”并不指称任何西红柿，因此“汤姆已经熟了”并不表达任何命题，它只是为了保证命题的完整，阿历克西斯·伯吉斯和约翰·伯吉斯将称其为占位符（placeholders）。

② 参见 Richard Kirkham, *Theories of Truth: A Critical Introduction*, Cambridge, MA: MIT Press, 1995, p. 328。

③ 虽然拉姆塞的冗余论出现在塔尔斯基的T－语句之前，但“真是冗余的”这个结论仍然可以从T－语句中推导出来。阿默－加布和比尔指出，在塔尔斯基的T－语句出现之后，大多数哲学家都认为T－语句是真之概念的核心。参见 Bradley P. Armour－Garb and JC Beall, “Deflationism: The Basics”, in *Deflationary Truth*, Bradley P. Armour－Garb and JC Beall (ed.), Chicago: Open Court, 2005, p. 2。

概念上是基础的，在解释上也是基础的，拉姆塞如此，蒯因、霍维奇等人也是如此。他们都认为 T－语句的示例是解释真之概念的基石，任何对真之概念的解释都不应超出 T－语句或 T－语句的示例；他们都主张对真之概念的概念性分析或实质性分析是不可能的。这是学界将它们统称为“紧缩论”的原因所在。

在这些不同类型的紧缩论中，它们都有一个共性，即它们在处理如何解释其他语言或解释者所不理解的语言中的真之谓词时，都面临着困难。如果我们的这种考虑是合理的，那么紧缩论的这种共性实际上表明，紧缩论对真之概念的解释只能限定在某种特定的语言之中。紧缩论的这种理解与戴维森的观点完全不同。因为戴维森主张真之概念是一个初始概念，每一个理性的人都会拥有对这种概念的理解，这种理解不会受语言的限制。为了批评紧缩论的观点，戴维森曾说过：

> 如果真的确是“内在的”，不但在这种意义上，即一个句子的真是相对于我们认为它所属于的那个语言的意义之上；也在另一种意义之上，即当我们在英语中说，比如，“‘Schnee ist weiss’在德文中是真的”，与当我们说“‘Snow is white’在英文中是真的”相比，我们正在使用一种不同的概念。一个不同的真之概念？不：这毫无意义。①

在这段话中，真是“内在的”，意味着将关于真的理解限定在某个特定的语言之中。加里·凯普（Gary Kemp）认为，戴维森在这里构造了一个两难困境：或者认为两种情况下的真之概念是一样的，或者认为它们不同；如果认为它们是相同的，那么这和戴维森的观点一样，即真之概念是普遍的；如果认为它们是不同的，那么这种观点没有任何意义。② 事实上，紧缩论者不得不选择前者。但问题在于，他们并没有告诉我们如

① Donald Davidson, “The Folly of Trying to Define Truth”, in *Truth, Language, and History*, Oxford: Clarendon Press, 2005, p. 30.

② 参见 Gary Kemp, *Quine Versus Davidson: Truth, Reference and Meaning*, Oxford: Oxford University Press, 2012, p. 114。

何将真之谓词应用于其他语言或者我们不熟悉的语言。紧缩论的解释只在某些特定情况下是有效的，但是从解释者的角度来看，所有不同类型的紧缩论，都没有告诉我们T－语句是什么意思，如何构造出这样的T－语句，也没有告诉我们T－语句为何是值得辩护的。戴维森和紧缩论的区别在于，紧缩论者只是希望根据T－语句说明其他事物，但戴维森还希望阐明为何T－语句是值得辩护的。而为了完成这一任务，戴维森需要一个超越语言限制的真之概念。因此，他认为真是先验的。

在一定程度上，蒯因支持戴维森的这种观点，即真是一个先验概念。他说道：

> 去引号解释导致真生动地是先验的。因为，通过说谎者悖论，它证明了一个语言的真之谓词不能在语言中完全被表达出来……还存在另一种非常熟悉的考虑，不可避免地……赋予真一个先验的地位，即它的用法规定在科学进步的过程中，当前一条原则被取代并且被否定，我们不是说它过去曾经是真的，但是现在是假的；而是说，我们过去认为它是真的，但是它从来不是。①

蒯因在这里提出了证明真是一个先验概念的两点理由：一是语义悖论；二是真在科学上的应用。语义悖论之所以能证明真是一个先验概念，因为它表明基于T－语句的真之去引号解释无法穷尽真之概念的内涵。否则，悖论不会产生。科学领域中真之概念的应用表明真是一个追求的目标，去引号论也无法解释这一点。戴维森不同意将真当作科学追求的目标，但是他同意语义悖论能够证明真是一个先验概念。当然，需要阐明的是，戴维森的关注点并不在语义悖论身上。在他看来，即使不考虑语义悖论，我们仍然必须坚持真是一个先验概念。他说道：

> 当我将它应用在自己的句子上时，去引号论可以毫不费力地起作用；但是我是否能以同样直接的方式得到辩护地将其应用到其他

---

① W. V. O. Quine, “Where do We Disagree?”, in *The Philosophy of Donald Davidson*, Lewis Edwin Hahn (ed.), Illinois: Open Court Publishing Company, 1999, p. 77.

> 人身上，这总是一个经验的问题……在我们不为自己说话，而是专心致力于理解其他人的情况下，无论有什么东西进入，它总是直接地与应用真之谓词相关。如果真有一个本质，去引号论当然无法穷尽它。①

戴维森在这段话中表达的观点是很明确的。在他看来，如果真应用在说话者自己所说的句子上，那么去引号论是成立的；但只要真之谓词被应用于其他人的言语之上，那么它的内容就无法被去引号论所穷尽。在这一点上，戴维森比蒯因走得更远。蒯因认为只有涉及外国语言或我们不懂的语言时，我们才需要翻译或解释；但戴维森认为只要涉及他人的言语，不论他所说的语言与我们的语言是否一致，我们都需要翻译或解释。戴维森之所以得出这种结论，是因为他是站在解释者的立场上思考问题的。从解释者的角度来看，在交流发生之前，解释者没有关于他人的任何知识。因此，只要交流发生，解释都是必要的。如果承认这一点，那么解释中涉及的事情总是与真之谓词的应用相关，因为解释者需要将真之谓词应用在其他言语之上，需要知道在什么情况下一种言语是真的。从这个层面上看，真的内容是去引号论者无法完全把握的。

戴维森对霍维奇的批评也遵循着这样的思路。戴维森认为，他不能明白霍维奇的框架 E。② 当然，这种不理解并不是因为戴维森真的不能理解，而是因为他认为霍维奇无法合乎语义规则地解释框架 E。霍维奇构造出框架 E 的目的是说明真之概念，但仅凭框架 E 的示例是无法完成这一任务的。因为框架 E 的示例是无限的，霍维奇需要在此基础上进行量化。

一般而言，我们只有两种量化方式：替代量化和对象量化。但前者是不可能的，因为替代量化本身是以真之概念为基础的。不借助真之概念，替代量化不可能完成，但霍维奇构造框架 E 的目的恰恰是解释真。因此，对象量化是唯一的选择。但戴维森认为，对象量化实际上也是不

---

① Donald Davidson, "Reply to W. V. Quine", in *The Philosophy of Donald Davidson*, Lewis Edwin Hahn (ed.), Illinois: Open Court Publishing Company, 1999, p. 85.

② 参见 Donald Davidson, "The Folly of Trying to Define Truth", *The Journal of Philosophy*, Vol. 93, No. 6, 1996, p. 273。

可能的。在框架 E 中，对象量化的目标只可能是命题，为了保证这样的量化是可能的，我们必须将框架 E 左侧普通的句子当作单称词项以指称命题。这样导致的一个问题是：我们应如何理解框架 E 左侧的部分“命题 p”。换句话说，我们应如何使用句子“p”的语义特征指称“命题 p”。戴维森认为，霍维奇并没有解释这一点。基于他对极小论的理解，戴维森提出两种可能的解决方案。

第一种方案将“命题 p”当作它所表达的命题的非结构性名称。命题的非结构性名称是一个简单名称。将“命题 p”当作简单名称符合语法对句子的要求，但是戴维森认为，它会导致一个严重的后果，即我们的语言将会包括无限多的基本词汇。[①] 因为我们可以在任何一个句子前添加“命题”二字以构成一个简单名称，由于句子的数量是无限的，因此形成的简单名称也将是无限的。戴维森认为，这不符合语言的基本要求。

戴维森的这种批评可能没有多少说服力，他似乎混淆了语言中的基本词汇与简单名称之间的区别。一般而言，我们都认为语言中的基本词汇是有限的，这一点没有任何争议。否则的话，没有人能真正地学会一门语言。但简单名称可以是无限的，因为我们可以有很多不同的方法构造简单名称，比如加引号。为一个句子添加一个引号相当于将这个句子改写为该句子的名称。戴维森应该会同意这种做法，这从他支持塔尔斯基的 T－语句中就可以看出来。由于句子的数量是无限的，因此通过加引号的方式，我们获得的简单名称也可以是无限的。[②] 但是，这并不意味着我们应该采取第一种方案。因为将“命题 p”当作一个简单名称并不符合我们对命题的一般理解，而且霍维奇本人也不是在这种意义上理解“命题 p”的。

戴维森提出的第二种方案建议将框架 E 理解成框架 E′：

（E′）句子“p”所表达的命题是真的，当且仅当 p。

---

① 参见 Donald Davidson，“The Folly of Trying to Define Truth”，*The Journal of Philosophy*，Vol. 93，No. 6，1996，p. 274。

② 这一论点的形成完全受益于与王路教授的讨论，在此表示感谢。

应该说，框架 E′表达出了我们理解框架 E 的一般方式。但这种方案实际上是行不通的，因为“p”是一个句子，它属于某个特定语言，受语言的限制。戴维森认为，霍维奇必须规避这一点。[1] 因为句子所表达的命题是超出语言限制的。对此，路德维希曾给出过这样的一种解释：

> 在某种程度上，根据（T）解释极小论立场的关键点在于它把握了这一点，即真并不是一个受任何特定语言约束的概念。命题是超出语言的。它们可以用不同的语言表述，而且有些可能不会被任何现实的人类语言所表述。真之概念的这方面特征不能在接受（T″）示例的倾向中被把握。[2]

路德维希此处所说的（T）指的是霍维奇的框架 E，而他所说的（T″）则是戴维森所说的框架 E′。根据路德维希的论述，极小论的优势在于，它能够把握真的先验特征，因为框架 E 使用了命题概念；问题在于，框架 E 的解释即框架 E′却无法完成这个目的。因为在框架 E′中，“p”是一个句子，它受语言的约束。霍维奇似乎没有理解戴维森的意思，他在回应戴维森的批评时说道：

> 戴维森关于紧缩论的第二点批评呈现于此的是，像“命题狗在叫”这样的表述被解释成单称词项是难以理解的。然而，这种反直觉的论断完全是理论驱使的：它来源于戴维森无力为这样陈述的指称如何能被它们部分的指称所决定寻找一种解释（他的真之理论计划所需要的那样解释）。[3]

严格来说，霍维奇的这种回应并没有把握到戴维森批评的关键点。霍维奇认为戴维森无法利用组合原则解释陈述的指称，因而无法理解

---

① Donald Davidson, “The Folly of Trying to Define truth”, *The Journal of Philosophy*, Vol. 93, No. 6, 1996, p. 274.

② Kirk Ludwig, “Davidson' s Objection to Horwich' s Minimalism about Truth”, *The Journal of Philosophy*, Vol. 101, No. 8, 2004, p. 430.

③ Paul Horwich, *Truth*, 2nd ed., Oxford: Blackwell, 1990, p. 133.

"命题 p"这样的短语，并认为戴维森的评价是反直觉的。但事实上，戴维森并不认为"命题 p"是不能理解的，他只是在说，我们无法找到一种合适的方式说明该表述的语义特征，同时又能满足霍维奇的目的。在框架 E 中，"p"出现了两次，一次出现在"命题"一词之后，另一次则作为一个普通的句子出现在框架 E 的右侧。按照理论一致性的要求，正常情况下，我们应该将出现在"命题"一词之后的"p"也视为一个句子。但即便霍维奇可以在此基础上将"命题 p"解释成单称词项，这也无法解释真的先验特征。因为"p"所指代的句子总是属于某个特定的语言，由之形成的真之解释也将受语言的限制。

在笔者看来，如果紧缩论者认为紧缩论只处理适用于某个特定语言的真之谓词，那么戴维森会同意紧缩论的解释。塔尔斯基的真之定义实际上已经告诉了我们这一点。但问题在于，真之理论是一个经验理论，它可以应用于其他语言，不论这种语言是否包含真之谓词。即使在菲尔德的意义上，紧缩论者认为他们所需要的只是方法论上的紧缩论，这也是不行的。因为在语言实践中，我们所倾向表达的是"命题式的阅读"。[①] 也就是说，我们所表达的内容实际上都是超出语言限制的，弗雷格在含义与指称之间所做的区分完美地阐释了这一点。真之谓词的应用也是如此。即使我们不站在戴维森所说的解释者的立场，结论也不会发生变化。因此，紧缩论所面临的问题实际上是一个老问题，这个问题塔尔斯基早就已经承认了，即我们只能为一个特定的语言定义它的真之谓词。要想超出这一界限为一个普遍的真之概念定义，我们是无能为力的。但真是一个先验概念；因此，紧缩论试图通过 T－语句阐明它的意义是不可能的。不论是冗余论、去引号论，还是极小论，它们都不可能充分地解释真这个先验概念。在戴维森看来，通过揭示真与其他概念之间的关系来阐明真的本质才是更为合理的解决方案。

---

① 参见 Richard G. Heck Jr.，"Truth and Disquotation"，*Synthese*，Vol. 142，No. 3，2004，p. 326。

第十二章 戴维森真之初始论的历史地位

到了该总结的时候了。一般认为，戴维森是以其真之条件意义理论而闻名于世的，这种评价毫无疑问是合理的。但是从这种评价中，我们也应该看到，在戴维森的真之条件意义理论中，甚至是他的整个理论体系中，真之概念一直占据了非常核心的地位。本书在相当程度上，可以说是完成了对戴维森真之理论的一个详细梳理，并且在众多涉及争议的地方尽可能地为戴维森的真之理论辩护。真是一个初始概念以及真是一个实质概念，这两个核心论点最大限度地体现了戴维森真之实始论的特色，也决定了戴维森的真之理论在众多不同类型的真之理论中拥有自己特定的位置。

第一节 戴维森真之初始论的历史地位

考察戴维森真之初始论的理论地位大概有两种不同的方案：或者是从历时的角度来看，或者是从共时的角度来考察。就本书而言，共时的角度似乎是一个更为合理的选择。因为本书并没有从史的角度论述真之理论的历史脉络；当然，这也并非本书的目的。从共时的角度考察戴维森的真之初始论在真之理论的不同理论形态中所具有的地位，可能会面临如何选择研究视角的问题。因为不同的研究视角可能会导致不同的结论。在导论部分我们提到，林奇在他编撰《真之本质》这本论文集时提出了两个问题，即真之概念是否有任何潜在的本质，以及如果有，这种本质到底是什么样的本质？在笔者看来，这两个问题非常具有启发性，理由大概有以下两点。

首先，追问“真之本质”是我们追问“什么是真”这个问题最常见的追问方式。一个真之理论必然要追问“什么是真”这个问题。而苏格拉底与柏拉图等人的观点似乎告诉我们，当我们追问“什么是”这个问题时，最常见的追问方式是追问它的本质。比如说，当我们追问“什么是正义”时，我们讨论的不是某一时刻某种行为的正义，而是普遍的正义，或者说正义的本质。同样地，对于真之概念而言，我们讨论的也是不是某一时刻某个句子是真的，而是真之概念的本质性特征。

其次，追问“真之本质”是我们追问“什么是真”这个问题最重要的追问方式。根据亚里士多德的范畴理论，我们可以知道，虽然在回答“什么是”这个问题时，我们可以回答它的数量、性质、关系、位置、时间等，但最重要的还是需要追问它的本体，因为本体是“是”的中心意义。进一步，亚里士多德认为，本体的主要意义也就是本质。因此，回答“什么是”的最重要内容是回答“什么是它的本质”。当我们追问“什么是真”时，追问真的本质也因而是最重要的追问方式。

以“真是否有任何潜在的本质”这一问题为判断标准，我们可以将现存的真之理论区分为两种，即真之膨胀论（inflationism）和紧缩论。真之膨胀论认为，真之概念至少有一种实质性属性，这和紧缩论相互对立。戴维森的真之初始论很明显属于膨胀论。但是和真之多元论这种形式的膨胀论不太一样的是，前者认为真的本质属性不会超过一种，而后者则倾向于认为真的本质是多元的。当然，严格来说，认为真之本质属性不会超过一种，这样的理论仍然有很多，比如实用论、证实或辩护主义、符合论、融贯论等。戴维森的真之初始论与这些理论相区别的地方在于，它不认为真与人的认识完全无关，这使其与符合论、同一论相区别；同时又不认为真之概念完全依赖于人的认识而与世界无关，这又使其与实用论、融贯论、证实或辩护主义相区别。真之初始论的这一独特性质必定因其对真之概念的认识在众多真之理论中占据一席之地。

虽然戴维森的真之初始论肯定了真之概念具有实质属性，但是在某种意义上，这种理论与紧缩论有相似之处，因为这种理论认为，我们对真之概念本身不能做出进一步的说明。正是在这种意义上，戴维森认为，可以将其真之理论视为寂静主义的真之理论。但是需要注意的是，我们一再强调，戴维森并不反对我们讨论真。真之概念仍然有很多内容值得我们述说，只不过这种述说是通过澄清真与其他概念之间的关系来展示真之概念的本质的。这种理解思路一方面体现出真之概念的先验特征，因为真之概念是所有其他概念的基础；另一方面又体现出真之概念的经验属性，因为真之概念必须应用于经验之中才能展现出它的核心地位。值得强调的是，后一点尤其值得我们重视。在很大程度上，可以认为，这是戴维森认为真之理论是一个经验理论的核心理由。

毫无疑问，戴维森这种方法论在哲学史上具有重要地位。首先，戴维森的真之理论并不阻止对真之结构进行形式化研究，这为逻辑学家们从逻辑角度刻画真之概念留有空间。其次，戴维森的真之初始论相当于拒绝了在哲学上独立研究真之本质的任何可能性；同时，它又为研究真之本质提供了一条新的研究进路。戴维森之后的哲学家将不得不考虑这样的问题，即对真之概念的阐释能否独立于对意义的研究、对合理性的研究、对语言的分析、对信念与世界之间关系的讨论等。而且，我们似乎可以得出这样的结论，正是因为以上戴维森对真之概念的种种认识，戴维森之后的哲学家在研究真之理论时，才不会轻而易举地跳过真与其他概念之间的关系，尤其是真与意义之间的关系。

第二节　戴维森真之初始论进一步发展的可能进路

假如我们承认戴维森真之初始论的核心论点，即真是一个初始概念且真是一个实质概念，并且认可戴维森的方法论原则，即通过讨论真与其他概念之间的关系展示真之概念的本质，那么发展戴维森真之初始论的可能进路只有一条，即研究真与其他概念之间的关系。当然，这并不意味着延着戴维森的思路研究真之概念的工作会变得很少。事实上，如果考虑到与真之概念关系紧密的概念众多，我们就可以发现，这项工作并不轻松。

戴维森本人已经为我们展示了如何揭示真之概念的本质。虽然他的工作在这一方面非常典型，但并不全面。当然，这并非是对戴维森本人的一个批评，而只是说，戴维森给我们留下了很多工作值得我们沿着他的思路进一步探索。为了方便起见，笔者仅列举以下几个方面的工作。

首先，戴维森认为真与意义之间存在着天然的联系，并主张利用句子的真之条件给出句子的意义，但是在自然语言中，句子类型繁多，如何能贯彻这一主张值得我们深入讨论。戴维森已然讨论了如何利用句子的真之条件给出陈述句、间接语句、表达隐喻的句子等这些句子的意义，但很显然的是，这些工作是不够的。一方面，戴维森对这些句子的解释在学界仍然存在争议，并没有形成定论；另一方面，自然语言中还存在很多其他类型的句子，比如带量词的句子、非断定的句子等，戴维森很少讨论这些句子，但它们仍然值得讨论。在笔者看来，莱波雷和路德维希在2007年合作出版的著作《唐纳德·戴维森的真之理论语义学》是这一方向上的代表性成果。① 虽然这并不意味着莱波雷和路德维希通过此著作成功地完成了利用真之条件给出自然语言中所有句子的意义这一工作，因为他们对某些类型句子的解释仍然在学界存在争议，但这本著作毫无疑问可以被视为一个非常有益的尝试。

其次，戴维森对真与信念之间关系的讨论涉及信念与世界之间的关系问题。戴维森承认世界与信念之间存在因果关系；通过对经验论第三个教条的批评，他在很大程度上驳斥了传统的表征主义，同时拒绝了普遍怀疑的可能性。戴维森的这些观点在相当程度上促进了实用主义对信念与世界之间关系的理解。如何沿着戴维森的这条思路继续考虑真、信念及其与世界之间的关系，仍然是一个值得深入思考的问题。在学术界，麦克道威尔通常被认为是新戴维森主义者，在很大程度上，他的代表作《心灵与世界》可以被认为是受戴维森这一主题影响下的一大力作。②

最后，在讨论真与解释之间的关系问题时，戴维森继承了蒯因的彻底翻译理论，提出彻底解释理论。毫无疑问的是，戴维森的彻底解释理论超出了彻底翻译这一理论情形，甚至与欧陆哲学中的诠释学传统尤其是伽达默尔（Hans - Georg Gadamer）的诠释学有某种相似之处，比如说，戴维森和伽达默尔都承认整体论，都认为心灵与语言之间存在依赖关系，

① 参见 Ernest Lepore and Kirk Ludwig, *Donald Davidson's Truth - Theoretic Semantics*, Oxford: Oxford University Press, 2007。

② 参见 John McDowell, *Mind and World*, Cambridge, Mass: Harvard University Press, 1994。

都强调解释的重要性等。戴维森本人甚至在几篇论文中直接谈到了伽达默尔的相关思想。[①] 这种相似性一方面可以从侧面印证彻底解释理论中有许多重要思想理论资源值得重视，比如彻底解释理论所阐述的意义与信念之间的循环结构、真之概念和宽容原则在解释中的重要作用、如何理解语言等；另一方面甚至为分析哲学和欧陆哲学之间构建起了某种关联，使得二者看起来不再是截然对立的两种不同的哲学理论形态。从这个方面来看，戴维森彻底解释理论中的相关问题值得进一步探索，它与诠释学之间的关联也值得我们重视。

当然，以上几个方面的工作并没有覆盖发展戴维森真之初始论的全部内容。但是详细列举这些内容可能也并非必要。因为根据戴维森自己的说法，他的关注点是一个统一理论，即关于行动者本身的一个统一理论。这个统一理论不但包括言语行为，也包括非言语行为，而真之概念在这个统一理论中起核心作用。这意味着，对戴维森真之初始论的发展很可能是全局性的，需要从不同角度来考察。很明显，这与戴维森所坚持的整体论理念完全一致。

---

① 参见 Donald Davidson，“Dialectic and Dialogue”，in *Truth*，*Language*，*and History*，Oxford：Clarendon Press，2005；“Gadamer and Plato' s Philebus”，in *Truth*，*Language*，*and History*，Oxford：Clarendon Press，2005。

参考文献

1. 唐纳德·戴维森:《对真理与解释的探究》,牟博、江怡译,中国人民大学出版社 2007 年版。
2. 弗雷格:《算术基础》,王路译,商务印书馆 2001 年版。
3. 《弗雷格哲学论著选辑》,王路编译,商务印书馆 2013 年版。
4. 康德:《纯粹理性批判》,邓晓芒译,人民出版社 2004 年版。
5. 蒯因:《经验论的两个教条》,载《从逻辑的观点看》,陈启伟、江天骥等译,中国人民大学出版社 2007 年版。
6. 伯特兰·罗素:《我们关于外间世界的知识》,陈启伟译,上海译文出版社 2006 年版。
7. 希拉里·普特南:《理性、真理与历史》,童世骏、李光程译,上海译文出版社 2005 年版。
8. 王路:《弗雷格关于意义与意谓的理论》,《哲学研究》1993 年第 8 期。
9. 叶闯:《理解的条件:戴维森的解释理论》,商务印书馆 2006 年版。
10. Alston, W. P., "Realism and the Tasks of Epistemology", in *Realism/Antirealism and Epistemology*, Christopher B. Kulp (ed.), Lanham: Rowman and Littlefield, 1997.
11. Amoretti, M. C., "Triangulation between Externalism and Internalism", in *Triangulation: From an Epistemological Point of View*, Maria Amoretti and Gerhard Preyer (ed.), Heusenstamm: Ontos, 2011.
12. Aquinas, T., *Truth*, Q. 1, in *Thomas Aquinas Selected Writings*, edited and translated by Ralph McInerny, London: Penguin Classics, 1998.
13. Aristotle, *Metaphysics*, in *The Complete Works of Aristotle*, Janathan Barnes (ed.), Princeton: Princeton University Press 1991.

14. Armour – Garb, B. P. and Beall, JC. , "Deflationism: The Basics", in *Deflationary Truth*, Bradley P. Armour – Garb and JC Beall (ed.), Chicago: Open Court, 2005.

15. Baghramian, M. , "Rorty, Davidson and Truth", *Ratio*, Vol. 3, No. 2, 1990.

16. Barwise, J. and Perry, J. , "Semantic Innocence and Uncompromising Situations", in *Midwest Studies in Philosophy, Volume* Ⅵ: *The Foundations of Analytic Philosophy*, P. A. French, T. E. Uehling, Jr. and H. K. Wettstein (ed.), Minneapolis: University of Minnesota Press, 1981.

17. Barwise, J. and Perry, J. , *Situations and Attitudes*, Cambridge, The MIT Press, 1983.

18. Bennett, J. , "Critical Notice", *Mind*, New Series, Vol. 94, No. 376, 1985.

19. Bennett, J. , *Events and Their Names*, New York: Hackett, 1988.

20. Brock, S. and Mares, E. , *Realism and Anti – Realism*, Chesham: Acumen, 2007.

21. Brueckner, A. L. , "Putnam' s Model – theoretic Argument Against Metaphysical Realism", *Analysis*, Vol. 44, No. 3, 1984.

22. Burgess, A. G. and Burgess, J. P. , *Truth*, Princeton: Princeton University Press, 2011.

23. Church, A. , "Carnap' s Introduction to Semantics", *The Philosophical Review*, Vol. 52, No. 3, 1943.

24. Church, A. , *Introduction to Mathematical Logic*, Princeton: Princeton University Press, 1956.

25. Cummins, R. and Gottlieb, D. , "On an Argument for Truth – functionality", *American Philosophical Quarterly*, Vol. 9, No. 3, 1972.

26. Dalmiya, V. , "Coherence, Truth, and the 'Omniscient Interpreter'", *Philosophical Quarterly*, Vol. 40, No. 158, 1990.

27. Davidson, D. "A New Basis for Decision Theory", *Theory and Decision*, Vol. 18, 1985.

28. Davidson, D. , "The Structure and Content of Truth", *The Journal of Phi-*

losophy, Vol. 87, No. 6, 1990.

29. Davidson, D., "The Folly of Trying to Define Truth", *The Journal of Philosophy*, Vol. 93, No. 6, 1996.

30. Davidson, D., "Reply to Jerry Fodor and Ernest Lepore", in *Reflecting Davidson: Donald Davidson Responding to an International Forum of Philosophers*, Ralf Stoecker (ed.), Berlin: De Gruyter, 1993.

31. Davidson, D., "Reply to Richard Schantz", in *Reflecting Davidson: Donald Davidson Responding to an International Forum of Philosophers*, Ralf Stoecker (ed.), Berlin: De Gruyter, 1993.

32. Davidson, D., "Is Truth a Goal of Inquiry? Discussion with Rorty", in *Donald Davidson: Truth Meaning and Knowledge*, Urszula M. Zeglen (ed.), London and New York: Routledge, 1999.

33. Davidson, D., "Reply to W. V. Quine", in *The Philosophy of Donald Davidson*, Lewis Edwin Hahn (ed.), Illinois: Open Court Publishing Company, 1999.

34. Davidson, D., "Reply to Stephen Neale", in *The Philosophy of Donald Davidson*, Lewis Edwin Hahn (ed.), Illinois: Open Court Publishing Company, 1999.

35. Davidson, D., "Reply to Deborah Hansen Soles", in *The Philosophy of Donald Davidson*, Lewis Edwin Hahn (ed.), Illinois: Open Court Publishing Company, 1999.

36. Davidson, D., "Interpretation: Hard in Theory, Easy in Practice", in *Interpretations and Causes: New Perspectives on Donald Davidson's Philosophy*, Mario De Caro (ed.), Dordrecht: Kluwer, 1999.

37. Davidson, D., "Reply to Kirk Ludwig", in *Donald Davidson: Truth Meaning and Knowledge*, Urszula M. Zeglen (ed.), London and New York: Routledge, 1999.

38. Davidson, D., "Theories of Meaning and Learnable Languages", in *Inquiries into Truth and Interpretation*, 2nd ed., Oxford: Clarendon Press, 2001.

39. Davidson, D., "Truth and Meaning", in *Inquiries into Truth and Interpre-

tation, 2nd ed., Oxford: Clarendon Press, 2001.

40. Davidson, D., "True to the Facts", in *Inquiries into Truth and Interpretation*, 2nd ed., Oxford: Clarendon Press, 2001.

41. Davidson, D., "Semantics for Natural Languages", in *Inquiries into Truth and Interpretation*, 2nd ed., Oxford: Clarendon Press, 2001.

42. Davidson, D., "On Saying That", in *Inquiries into Truth and Interpretation*, 2nd ed., Oxford: Clarendon Press, 2001.

43. Davidson, D., "In Defence of Convention T", in *Inquiries into Truth and Interpretation*, 2nd ed., Oxford: Clarendon Press, 2001.

44. Davidson, D., "Moods and Performances", in *Inquiries into Truth and Interpretation*, 2nd ed., Oxford: Clarendon Press, 2001.

45. Davidson, "Reality without Reference", in *Inquiries into Truth and Interpretation*, 2nd ed., Oxford: Clarendon Press, 2001.

46. Davidson, D., "On the Very Idea of a Conceptual Scheme", in *Inquiries into Truth and Interpretation*, 2nd ed., Oxford: Clarendon Press, 2001.

47. Davidson, D., "The Method of Truth in Metaphysics", in *Inquiries into Truth and Interpretation*, 2nd ed., Oxford: Clarendon Press, 2001.

48. Davidson, D., "The Inscrutability of Reference", in *Inquiries into Truth and Interpretation*, 2nd ed., Oxford: Clarendon Press, 2001.

49. Davidson, D., "Epistemology and Truth", in *Subjective*, *Intersubjective*, *Objective*, Oxford: Clarendon Press, 2001.

50. Davidson, D., "Radical Interpretation", in *Inquiries into Truth and Interpretation*, 2nd ed., Oxford: Clarendon Press, 2001.

51. Davidson, D., "Thought and Talk", in *Inquiries into Truth and Interpretation*, 2nd ed., Oxford: Clarendon Press, 2001.

52. Davidson, D., "Reply to Foster", in *Inquiries into Truth and Interpretation*, 2nd ed., Oxford: Clarendon Press, 2001.

53. Davidson, D., "Belief and the Basis of Meaning", in *Inquiries into Truth and Interpretation*, 2nd ed., Oxford: Clarendon Press, 2001.

54. Davidson, D., "Criticism, Comment and Defence", in *Essays on Actions and Events*, 2nd ed., Oxford: Clarendon Press, 2001.

55. Davidson, D., "The Logical form of Action Sentences", in *Essays on Actions and Events*, 2nd ed., Oxford: Clarendon Press, 2001.

56. Davidson, D., "A Coherence Theory of Truth and Knowledge", in *Subjective*, *Intersubjective*, *Objective*, Oxford: Clarendon Press, 2001.

57. Davidson, D., "Afterthoughts", in *Subjective*, *Intersubjective*, *Objective*, Oxford: Clarendon Press, 2001.

58. Davidson, D., "Rational Animals", in *Subjective*, *Intersubjective*, *Objective*, Oxford: Clarendon Press, 2001.

59. Davidson, D., "The Emergence of Thought", in *Subjective*, *Intersubjective*, *Objective*, Oxford: Clarendon Press, 2001.

60. Davidson, D., "Knowing one's Own Mind", in *Subjective*, *Intersubjective*, *Objective*, Oxford: Clarendon Press, 2001.

61. Davidson, D., "Three Varieties of Knowledge", in *Subjective*, *Intersubjective*, *Objective*, Oxford: Clarendon Press, 2001.

62. Davidson, D., "Epistemology Externalized", in *Subjective*, *Intersubjective*, *Objective*, Oxford: Clarendon Press, 2001.

63. Davidson, D., "The Second Person", in *Subjective*, *Intersubjective*, *Objective*, Oxford: Clarendon Press, 2001.

64. Davidson, D., "Empirical Content", in *Subjective*, *Intersubjective*, *Objective*, Oxford: Clarendon Press, 2001.

65. Davidson, D., "Externalism", in *Interpreting Davidson*, Peter Kotatko, Peter Pagin and Gabriel Segal (ed.), Stanford: CSLI, 2001.

66. Davidson, D., "Comments on Karlovy Vary Papers", in *Interpreting Davidson*, Peter Kotatko, Peter Pagin and Gabriel Segal (ed.), Stanford: CSLI, 2001.

67. Davidson, D., "A Unified Theory of Thought, Meaning, and Action", in *Problems of Rationality*, Oxford: Oxford University Press, 2004.

68. Davidson, D., "Deception and Divisioin", in *Problems of Rationality*, Oxford: Oxford University Press, 2004.

69. Davidson, D., "Representation and interpretation", in *Problems of Rationality*, Oxford: Oxford University Press, 2004.

70. Davidson, D. , "The Problem of Objectivity", in *Problems of Rationality*, Oxford: Oxford University Press, 2004.

71. Davidson, D. , "The Objectivity of Values", in *Problems of Rationality*, Oxford: Oxford University Press, 2004.

72. Davidson, D. , "Incoherence and Irrationality", in*Problems of Rationality*, Oxford: Oxford University Press, 2004.

73. Davidson, D. , "Pursuit of the Concept of Truth", in *Truth, Language, and History*, Oxford: Clarendon Press, 2005.

74. Davidson, D. , "What' s Quine' s View of Truth?", in *Truth, Language, and History*, Oxford: Clarendon Press, 2005.

75. Davidson, D. , "Seeing Through Language", in *Truth, Language, and History*, Oxford: Clarendon Press, 2005.

76. Davidson, D. , "Dialectic and Dialogue", in *Truth, Language, and History*, Oxford: Clarendon Press, 2005.

77. Davidson, D. , "Gadamer and Plato's Philebus", in *Truth, Language, and History*, Oxford: Clarendon Press, 2005.

78. Davidson, D. , *Truth and Predication*, Cambridge, Mass: Harvard University Press, 2005.

79. Devitt, M. , "Realism and the Renegade Putnam: A Critical Study of Meaning and the Moral Sciences", *Nous*, Vol. 17, No. 2, 1983.

80. Donnellan, K. , "Reference and Definite Descriptions", *The Philosophical Review*, Vol. 75, No. 3, 1966.

81. Dummett, M. , *Frege: Philosophy of Language*, London: Duckworth, 1973.

82. Dummett, M. , "Realism", *Synthese*, Vol. 52, No. 1, Part Ⅱ, 1982.

83. Dummett, M. , "Truth", in *Truth and other Enigmas*, London: Duckworth, 1978.

84. Dummett, M. , "What is a Theory of Meaning? (Ⅰ)", in *The Seas of Language*, Oxford: Clarendon Press, 1993.

85. Dummett, M. , "What is a Theory of Meaning? (Ⅱ)", in *The Seas of Language*, Oxford: Clarendon Press, 1993.

86. Dummett, M. , "Language and Truth", in *The Seas of Language*, Oxford: Clarendon Press, 1993.

87. Dummett, M. , *Truth and The Past*, New York: Columbia University Press, 2004.

88. Egidi, R. , "'Cred' io ch' ei credette ch' io credesse…: What Basis for Belief?'", in *Interpretations and Causes: New Perspectives on Donald Davidson's Philosophy*, Mario De Caro (ed.), Dordrecht: Kluwer, 1999.

89. Evnine, S. , *Donald Davidson*, Stanford: Stanford University Press, 1991.

90. Field, H. , "Tarski' s Theory of Truth", *The Journal of Philosophy*, Vol. 69, No. 13, 1972.

91. Fodor, J. , and Lepore, E. , *Holism: A Shopper's Guide*, Oxford: Blackwell, 1992.

92. Fodor, J. , "Language, Thought and Compositionality", *Mind and Language*, Vol. 16, No. 1, 2001.

93. Foley, R. and Fumerton, R. , "Davidson's Theism", *Philosophical Studies* 48, 1985.

94. Foster, J. A. , "Meaning and Truth Theory", in *Truth and Meaning: Essays in Semantics*, Gareth Evans and John McDowell (ed.), Oxford: Clarendon Press, 1976.

95. Frede, D. , "Beyond Realism and Anti – Realism: Rorty on Heidegger and Davidosn", *The Review of Metaphysics*, Vol. 40, No. 4, 1987.

96. Frege, G. , *The Basic Laws of Arithmetic*, translated by M. Furth, Berkeley and Los Angeles: University of California Press, 1964.

97. Frege, G. , "On Sense and Reference", in *Philosophical Writings of Gottlob Frege*, P. T. Geach and M. Black (ed. And trans.), Oxford: Blackwell, 3th ed. , 1980.

98. Gödel, K. , "Russell's Mathematical Logic", in *The Philosophy of Bertrand Russell*, Paul Schilpp (ed.), Evanston & Chicago: Northwestern University Press. Reprinted in *Philosophy of Mathematics*, selected readings, 2nd ed. , Paul Benacerraf and Hilary Putnam (ed.), New York:

Cambridge University Press, 1983.

99. Groenendijk, J. and Stokhof, M., "Why Compositionality?", in *Reference and Quantification: The Partee Effect*, Greg Carlson and Jeff Pelletier (ed.), Stanford CA: CSLI, 2005.

100. Hacker, P. M. S., "On Davidson' s Idea of a Conceptual Scheme", *The Philosophical Quarterly*, Vol. 46, No. 184, 1996.

101. Heck Jr, R. G., "Truth and Disquotation", *Synthese*, Vol. 142, No. 3, 2004.

102. Hegel, G., *Science of Logic*, A. V. Miller (Trans.), New York: Humanities Press, 1969.

103. Henderson, D., "Conceptual Schemes", in *A Companion to Donald Davidson*, Ernie Lepore and Kirk Ludwig (ed.), NY: Wiley – Blackwell, 2013.

104. Horisk, C., "Truth, Meaning, and Circularity", *Philosophical Studies*, Vol. 137, No. 2, 2008.

105. Horwich, P., *Truth*, 2nd ed., Oxford: Blackwell, 1990.

106. Inwagen, P. V., "On Always Being Wrong", in *Midwest Studies in Philosophy*, *Volume* XII: *Realism and Antirealism*, Peter A. French, Theodore E. Uehling, Jr., and Howard K. Wettstein (eds.), Minneapolis: University of Minnesota Press, 1988.

107. Jeffrey, R., *The Logic of Decision*, 2nd ed., Chicago: University of Chicago Press, 1983.

108. Joseph, M., *Donald Davidson*, Montreal: McGill – Queen's University Press, 2004.

109. Kemp, G., *Quine versus Davidson: Truth, Reference and Meaning*, Oxford: Oxford University Press, 2012.

110. Kirkham, R., *Theories of Truth: A Critical Introduction*, Cambridge, MA: MIT Press, 1995.

111. Kirk Ludwig, *Donald Davidson*, New York: Cambridge University Press, 2003.

112. Künne, W., *Conceptions of Truth*, Oxford: Clarendon Press, 2003.

113. Kuhn, T. S. , "Reflections on My Critics", in *Criticism and the Growth of Knowledge*, Imre Lakatos and Alan Musgrave (ed.), New York: Cambridge University Press, 1970.

114. Lepore, E. and Ludwig, K. , *Donald Davidson: Meaning, Truth, Language, and Reality*, Oxford: Oxford University Press, 2005.

115. Lepore, E. and Ludwig, K. , *Donald Davidson' s Truth – Theoretic Semantics*, Oxford: Oxford University Press, 2007.

116. Lepore, E. and Ludwig, K. , "Introduction: Davidson' s Philosophical Project", in *Donald Davidson on Truth, Meaning, and the Mental*, Gerhard Predyer (ed.), Oxford: Oxford University Press, 2012.

117. Letson, B. H. , *Davidson' s Theory of Truth and Its Implications for Rorty's Pragmatism*, New York: Peter Lang, 1997.

118. Ludwig, K. , "Skepticism and Interpretation", *Philosophy and Phenomenological Research*, Vol. 52, No. 2, 1992.

119. Ludwig, K. , "Davidson's Objection to Horwich's Minimalism about Truth", *The Journal of Philosophy*, Vol. 101, No. 8, 2004.

120. Lynch. M. P. , (ed.), *The Nature of Truth: Classic and Contemporary Perspectives*, Cambridge: The MIT Press, 2001.

121. Malpas, J. , "Mapping the Structure of Truth: Davidson Contra Rorty", in *Truth and its Nature* (*if any*), Jaroslav Peregrin (ed.), Springer Netherlands, 1999.

122. Manning, R. , "Interpreting Davidson' s Omniscient Interpreter", *Canadian Journal of Philosophy*, Vol. 25, No. 3, 1995.

123. McDowell, J. , "In Defence of Modesty", in *Michael Dummett*, Barry M. Taylor (ed.), Dordrecht: Kluwer, 1987.

124. McDowell, J. , *Mind and World*, Cambridge, Mass: Harvard University Press, 1994.

125. McGinn, C. , "Charity, Interpretation, and Belief", *The Journal of Philosophy*, Vol. 74, No. 9, 1977.

126. Medina, J. , "What is 'True' in Internal Realism?", *Enrahonar*, No. 25, 1996.

127. Miller, A., "What is the Acquisition Argument?", in *Epistemology of language*, *Alex Barber* (*ed.*), Oxford: Oxford University Press, 2003.

128. Miller, A., "What is the Manifestation Argument?", *Pacific Philosophical Quarterly*, Vol. 83, 2002.

129. Moser, P. K., "Rationality without Surprises: Davidson on Rational Belief", *Dialectica*, Vol. 37, No. 3, 1983.

130. Mou, B., "Tarski, Quine, and 'Disquotation' Schema (T)*", *The Southern Journal of Philosophy*, Vol. 38, No. 1, 2000.

131. Mueller, A. and Fine, A., "Realism, Beyond Miracles", in *Hilary Putnam*, Yemima Ben – Menahem (ed.), New York: Cambridge University Press, 2005.

132. Neale, S., "The Philosophical Significance of Gödel's Slingshot", *Mind*, Vol. 104, No. 416, 1995.

133. Neale, S. and Dever, J., "Slingshots and Boomerangs", *Mind*, Vol. 106, No. 421, 1997.

134. Neale, S., "On Representing", in *The Philosophy of Donald Davidson*, Lewis Edwin Hahn (ed.), Illinois: Open Court Publishing Company, 1999.

135. Olson, K., *An Essay on Facts*, Stanford: CSLI/University of Chicago Press, 1987.

136. Pagin, P., "Semantic Triangulation", in *Interpreting Davidson*, Peter Kotatko, Peter Pagin and Gabriel Segal (ed.), Stanford: CSLI, 2001.

137. Putnam, H., "What is 'Realism'?", *Proceedings of the Aristotelian Society*, New Series, Vol. 76, 1975.

138. Putnam, H., "What is Mathematical Truth?", in *Philosophical Papers I: Mathematics, Matter and Method*, Cambridge: Cambridge University Press, 1975.

139. Putnam, H., *Meaning and the Moral Science*, London: Routledge and Kegan Paul, 1978.

140. Putnam, H., "Reply to Dummett's Comment", in *Meaning and Use*,

Avishai Margalit (ed.), Dordrecht: Reidel, 1979.

141. Putnam, H., "Models and Reality", *The Journal of Symbolic Logic*, Vol. 45, No. 3, 1980.

142. Putnam, H., *Realism with a Human Face*, James Conant (ed.), Cambridge, MA: Harvard University Press, 1992.

143. Putnam, H., "Reference and Truth", in *Philosophical Papers II: Realism and Reason*, Cambridge: Cambridge University Press, 1983.

144. Quine, W. V. O., *Word and Object*, Cambridge: MIT Press, 1960.

145. Quine, W. V. O., "Two Dogmas of Empiricism", in *From a Logical Point of View*, 2nd ed., Cambridge: Harvard University Press, 1961.

146. Quine, W. V. O., "Truth by Convention", in *The Ways of Paradox and other Essays*, New York: Random House, 1966.

147. Quine, W. V. O., *Theories and Things*, Cambridge, Mass: Harvard University Press, 1981.

148. Quine, W. V. O., *Pursuit of Truth*, Reversed Version, Cambridge: Harvard University Press, 1992.

149. Quine, W. V. O., "Where do We Disagree?", in *The Philosophy of Donald Davidson*, Lewis Edwin Hahn (ed.), Illinois: Open Court Publishing Company, 1999.

150. Ramberg, B., *Donald Davidson' s Philosophy of Language: An Introduction*, Oxford: Blackwell, 1989.

151. Ramberg, B., "Post – ontological Philosophy of Mind: Rorty Versus Davidson", in *Rorty and His Critics*, Robert Brandom (ed.), Malden, Mass.: Blackwell Press, 2000.

152. Ramsey, F. P., "Truth and Probability", in *The Foundations of Mathematics and Other Logical Essays*, R. B. Braithwaite (ed.). London: Routledge and Kegan Paul, 1931.

153. Ramsey, F. P., "Facts and Propositions", *Proceeding of the Aristotelian Society*, Supplementary Volumes, Vol. 7, 1927.

154. Rasmussen, S., "The Intelligibility of Abortive Omniscience", *The Philosophical Quarterly*, Vol. 37, No. 148, 1987.

155. Rodriguez－Pereyra, G., "Searle' s Correspondence Theory of Truth and the Slingshot", *The Philosophical Quarterly*, Vol. 48, No. 193, 1998.

156. Rorty, R., *Philosophy and the Mirror of Nature*, Princeton: Princeton University Press, 1979.

157. Rorty, R., "Pragmatism, Davidson and Truth", in *Truth and Interpretation: Perspectives on the Philosophy of Donald Davidson*, Ernest Lepore (ed.), Basil Blackwell, 1986.

158. Rorty, R., *Contingency*, *Irony*, *and Solidarity*, Cambridge: Cambridge University Press, 1989.

159. Rorty, R., "Is Truth a Goal of Enquiry? Davidson vs. Wright", *The Philosophical Quarterly*, Vol. 45, No. 180, 1995.

160. Ruffino, M., "Church' s and Gödel' s Slingshot Arguments", *Abstracta*, Vol. 1, No. 1, 2004.

161. Russell, B., *An Inquiry into Meaning and Truth*, London: George Allen and Unwin, 1940.

162. Russell, B., *The Problems of Philosophy*, Oxford: Oxford University Press, 1921.

163. Schantz, R., "Davidson on Truth", in *Reflecting Davidson: Donald Davidson Responding to an International Forum of Philosophers*, Ralf Stoecker (ed.), Berlin: de Gruyter, 1993.

164. Searle, J., *The Construction of Social Reality*, London: Free Press, 1995.

165. Sellars, W., *Empiricism and the Philosophy of Mind*, Robert Brandom (ed.), Cambridge, MA: Harvard University Press, 1997.

166. Soames, S., "What is a Theory of Truth?", *The Journal of Philosophy*, Vol. 81, No. 8, 1984.

167. Sosa, E., " 'Circular' Coherence, 'Absurd' Foundations", in *Truth and Interpretation: Perspectives on the Philosophy of Donald Davidson*, Ernest Lepore (ed.), Basil Blackwell, 1986.

168. Stephen Neale, *Facing Facts*, Oxford: Clarendon Press, 2001.

169. Stoutland, F., "Putnam on Truth", in *The Practice of Language*,

M. Gustafsson and L. Hertzberg (ed.), Dordrecht: Springer, 2002.

170. Stroud, B., "The Significance of Naturalized Epistemology", in *Midwest Studies in Philosophy*, Vol. 6, 1981.

171. Taylor, B., *Modes of Occurrence: Verbs, Adverbs, and Events*, Oxford: Blackwell, 1985.

172. Tarski, A., "The Semantic Conception of Truth: And the Foundations of Semantics", *Philosophy and Phenomenological Research*, Vol. 4, No. 3, 1944.

173. Tarski, A., "The Concept of Truth in Formalized Languages", in *Logic, Semantics, Metamathematics*, translated by J. H. Woodger, Oxford: Clarendon, 1956.

174. Thagard, P. and Nisbett, R. E., "Rationality and Charity", *Philosophy of Science*, Vol. 50, No. 2, 1983.

175. Verheggen, C., "Triangulation", in *A Companion to Donald Davidson*, Ernie Lepore and Kirk Ludwig (ed.), NY: Wiley – Blackwell, 2013.

176. Verheggen, C., "Triangulation and Philosophical Skepticism", in *Triangulation: From an Epistemological Point of View*, Maria Amoretti and Gerhard Preyer (ed.), Heusenstamm: Ontos, 2011.

177. Vermazen, B., "The Intelligibility of Massive Error", *The Philosophical Quarterly*, Vol. 33, No. 130, 1983.

178. Vermazen, B., "Testing Theories of Interpretation", in *Truth and Interpretation: Perspectives on the Philosophy of Donald Davidson*, Ernest Lepore (ed.), Basil Blackwell, 1986.

179. Wallace, J., "Translation Theories and the Decipherment of Linear B", *Theory and Decision*, Vol. 11, No. 1, 1979.

180. Whorf, B. L., "The Punctual and Segmentative Aspects of Verbs in Hopi", *Language*, Vol. 12, No. 2, 1936.

181. Williams, J. R. G., "Reference", *A Companion to Donald Davidson*, Ernie Lepore and Kirk Ludwig (ed.), NY: Wiley – Blackwell, 2013.

182. Williams, M., "Scepticism and Charity", *Ratio*, Vol. 1, No. 2, 1988.

183. Williams, M., "Wittgenstein and Davidson on the Sociality of Lan-

guage", *Journal for the Theory of Social Behaviour*, Vol. 30, No. 2, 2000.

184. Wright, C., *Truth and Objectivity*, Cambridge, MA: Harvard University Press, 1992.

185. Young, J. O., "The Slingshot Argument and the Correspondence Theory of Truth", *Acta Analytica*, Vol. 17, No. 29, 2002.

186. David, M., "The Correspondence Theory of Truth", *The Stanford Encyclopedia of Philosophy* (Fall 2016 Edition), Edward N. Zalta (ed.), <https://plato.stanford.edu/archives/fall2016/entries/truth-correspondence/>.

187. Ludlow, P., "Descriptions", *The Stanford Encyclopedia of Philosophy* (Fall 2013 Edition) Edward N. Zalta (ed.), <https://plato.stanford.edu/archives/fall2013/entries/descriptions/>.